불교와의 첫 만남

불교와의 첫 만남

불교교재편찬위원회 지음

불광출판사

진리를 전달하는 데 있어서 붓다는 항상 듣는 이의 수준과 입장을 먼저 고려했다. 대상의 근기根機에 맞게 법을 설하였다고 하여 붓다의 설법을 수기설법隨機說法이라고도 한다. 오늘날 우리가 불교를 전하는 데 있어서도 우선 염두에 두어야 할 것은 그 가르침의 대상이다. 빠르게 변화하는 시대에 살고 있고 활자보다는 영상에 친숙한 세대에게는 불교를 가르치는 새로운 방식이 필요할 것이다. 종립대학교에서 불교를 처음으로 접하는 신입생들을 대상으로 불교를 가르치는 입장에서 어떻게 그들의 눈높이에 맞는 불교 강의를 할 것인가 하는 문제를 늘 고민하게 된다. 듣는 이들을 흥미롭게 하면서도 붓다의 가르침을 전하는 데는 소홀하지 않아야 하기 때문이다.

최근의 한 조사에 따르면 한국의 젊은이들은 점점 종교에서 멀어지고 있다. 특히 불교는 다른 종교에 비해 젊은 신자의 비율이 더 낮은 것으로 나타났다. 이는 젊은 세대들이 불교를 낡고 어려운 종교라고 생각하지 않을까 하던 것이 그저 우려가 아니었음을 보여준다. 젊은 이들이 좀 더 편안하게 불교에 다가오도록 만드는 것이 절실하다. 그러나 단순한 교세 확장이 아니라 힘들고 지친 젊은이들이 불교를 통해 위로와 해답을 얻고 격려를 받는 것을 목표로 해야 한다. 불교를 바로 알고서 행복을 얻고 올바른 삶의 지침을 얻기를 바라야 한다. 불교는 심오한 사상 체계이기도 하지만 현실의 고통에 바로 적용할 수 있는 해결책이기도 하기 때문이다.

또한 불교는 책이나 박물관 속의 종교가 아니라 현장에서 생생하게 살아 있는 종교이다. 한국의 문화와 사상에도 불교적 요소는 매우 큰 비중을 차지하고 있다. 아시아의 여러 나라에서 불교는 그 사회를 지탱해주는 기둥이자 생활의 중심이다. 또한 서양의 많은 학자들이 오래전부터 학문적인 관심에서 불교 연구를 해 왔고, 현재는 학문의 세계를 넘어 신앙과 문화 차원에서 불교에 관심을 가지는 서양인들도 점점 늘어나고 있다.

이 책은 불교학 개론서가 아니라 불교에 대한 관심과 호감을 불러일으키고 기초적인 불교 이해를 돕는 길잡이를 발간한다는 의도로 기획하였다. 따라서 교리에 대한 심도 있는 설명보다는 불교의 교리, 역사, 문화 전반에 대한 개괄적인 소개에 중점을 두고 집필하였다. 또한 불교의 과거만큼이나 현재와 미래의 불교의 모습을 이 책을 통해 찾을 수 있기를 희망하였다. 이를 위해 전체 내용을 〈붓다의 생애와 가르침〉, 〈불교의 역사와 문화〉, 〈불교와 현대사회〉로 나누어 구성했다. 〈붓다의 생애와 가르침〉에서는 종교로서의 불교, 붓다의 생애, 붓다의 근본 가르침에 대해 서술한다. 〈불교의 역사와 문화〉에서는 대승불교와 인도, 동남아, 중국, 일본, 티베트, 한국의 불교 역사와 문화에 대해 알아본다. 마지막 〈불교와 현대사회〉에서는 불자의 신행과 실천, 선과 명상, 현대사회와 불교 윤리, 불교의 비폭력 평화운동, 불교와 미래에 대해 다루고 있다.

　본문에는 관련 사진을 실어 독자들의 이해를 돕고자 했다. 관심 있는 분야에 대해 보다 깊이 알고 싶은 이들에게는 각 장에서 제시하는 참고문헌이 도움이 될 것이다. 초심자를 위한 쉬운 안내서를 목표로 했지만 불교라는 주제를 쉽게 설명하기가 만만치 않았다. 부디 독자들이 이 책을 통해 지식으로서의 불교만이 아니라 행복을 가져다주는 도구로서의 불교를 발견하게 되기를 바란다.

2015년 1월 23일

동국대학교(경주) 불교교재편찬위원회

목   차

Ⅱ. 불교의 역사와 문화

III. 불교와 현대사회

I

붓다의 생애와 가르침

1장
종교로서의 불교

1절 | 종교란 무엇인가?

1. 종교를 물어야 하는 이유

종교란 무엇인가? 이 물음에 대답하기 앞서 반드시 짚고 가야 할 점은, 우리가 종교라고 부르는 대상은 실제로 존재하지 않는다는 사실이다. 불교, 유교, 기독교, 이슬람교 등 개별적 대상 외에 이들이 다 합쳐진 어떤 하나의 대상, 즉 종교란 우리의 관념일 뿐 실재가 아니다. 저명한 종교학자 윌프레드 캔트웰 스미스 Wilfred Cantwell Smith는 명저 『종교의 의미와 목적』에서, 바로 이런 이유 탓에 종교에 대한 무수한 왜곡이 생겨난다고 지적한다. 존재하지도 않는 대상을 두고 '무엇인가?'라고 묻는 것은 애당초 어불성설이다. 이 질문에 대한 전문가들의 대답이 수백 가지로 각양각색인 이유도 바로 이 때문이다. 또한 답이 여럿이란 정답이 없다는 뜻이기도 하다.

그러나 다양한 종교들이 서로 전혀 다른 개별적 존재임에도 불구하고 이들을 관통하는 동질성이나 보편성 또한 분명히 존재한다. 그러므로 현실적으로 이들을 한꺼번에 묶어 생각할 필요가 생겨난다. 즉 종교라고 부를 대상은 실재하지 않지만, 논의의 편의상 종교라는 용어의 사용이 불가피하다는 뜻이다. 다시 말해 앞으로 여기서 사용하는 종교라는 용어는 해당 대상은 없으나 현실적 불가피성 탓에 편의상 사용하게 된다는 점을 먼저 지적하고자 한다.

종교는 오랫동안 개인의 삶과 인류의 역사에 지대한 영향을 끼쳐 왔다. 지난 수천 년간 종교는 인류의 삶과 역사에서 가장 큰 동력 중의 하나였다. 그러나 합리적 이성과 객관적 사실에 근거한 과학 시대가 열리면서 그 영향력은 현저히 줄어들고 있다. 이 시대는 분명히 세속화의 시대, 즉 탈종교의 시대이다. 오랫동안 종교에 열광하던 사람들이 스포츠나 연예로 몰려가고 있다.

그러나 과학에 의해, 그동안의 많은 종교적 진술들이 허위나 오류로 드러났음에도 불구하고 종교는 여전히 위력을 발휘하고 있다. 아직도 많은 이들이 가장 존경하는 인물로 과학자보다는 종교인을 꼽으며, 여전히 자신을 종교인으로 고백하고 있다. 최첨단 항공기나 슈퍼컴퓨터를 가동하기 전에 고사나 기도를 해야만 안심하는 사람들이 허다하며, 많은 사람들이 피땀 흘려 모은 전 재산이나 심지어 생명까지도 종교적 신념에 따라 내바치는 데서 행복해한다. 다시 말해 과학의 발전에 따른 종교의 종말을 논하는 이들도 없지 않으나, 종교는 최첨단 과학 시대에도 여전히 고통을 극복하고 행복을 보증하는 중요한 동력으로 작동하고 있다.

종교는 인간 외부에 존재하는 대상적 무엇이기 전에, 인간 내부에 존재하는 인간의 본질적 요소이다. 그러므로 인간이 존재하는 한 종교도 존재할 수밖에 없다. 따라서 우리는 여전히 종교가 무엇인가를 물을 수밖에 없다. 다만 종교란 무엇인가라는 물음은 자기 종교의 관점에서만 내리기 마련인 종교에 대한 정의가 아니라 바로 이런 관점, 즉 종교와 행복과의 관계라는 관점에서 논해져야 한다.

2. 종교의 일반적 특성

종교는 학문이 아니다. 종교는 윤리가 아니고 예술이 아니다. 학문이 참[眞]을 추구하고 윤리가 선[善]을 지향하며 예술이 아름다움[美]을 도모한다면, 또한 스포츠나 예능이 즐거움[樂]을 추구한다면, 종교가 추구하는 가치와 목적은 이들과는 분명히 다르다.

인간은 나름대로의 가치와 목적을 설정하고 그것을 추구하며 그것의 성취를 통해 행복을 느끼는 존재이다. 일반적으로 인간은 타자를 지배하는 힘[財], 성적 쾌락[色], 맛있는 먹을거리[食], 즐거운 놀이와 편안한 휴식[睡], 남과 다른 우월감[名] 등이란 다섯 가지의 추구와 성취를 통해 행복을 누리려 한다. 이들 돈과 권력 혹은 이성異性이나 명예 등은 모두 인간의 일상적 차원에서 이루어지는 것들이다.

이와 달리 종교는 위와 같은 일상적 가치들을 무의미하게 여긴다. 종교는 이런 가치들로는 궁극적 행복을 성취할 수 없다고 판단한다. 도리어 종교는 이런 일상적 가치들을 지향의 대상이 아닌 초월의 대상이라고 믿는다. 적극적으로 말하자면, 이런 일상적 가치들은 인간을 옥죄어 고통스럽게 하는 사슬이므로 극복의 대상이라는 뜻이다. 진정한 행복은 이러한 일상을 극복하고 초월한 세계나 경지에서 비로소 새롭게 성취할 수 있다고 믿는다. 즉 종교는 인간의 모든 활동 중에서 유일하게 초월적 행복을 지향하는 활동이다. 불교나 기독교에서 그것을 가리켜 부르는 이름은 부처님 나라 혹은 하나님 나라로 서로 다르지만, 예외 없이 모두 우리의 일상을 초월한 어떤 것임이 틀림없다. 어떤 종교학자는 종교의 이러한 초월지향적 성격을 두고 '인간이 꿈꿀 수 있는 가장 높은 이상'이라고 표현한다.

종교는 일상에서 이성적으로 묻고 답할 수 있는 차원의 끝, 즉 궁극에서 그것 너머를 향한 관심과 답변이다. 그렇기에 혹자는 종교를 궁극적 관심[ultimate concern]이라 한다. 때로 이 일상의 초월이나 궁극적 관심이 현실에 대한 무관심이나 포기가 아니냐는 우려도 있다. 그러나 이 역시 종교의 초월지향적 성격을 부정하는 말이 아니라, 인간의 일상과 연관된 초월이어야 한다는 강조의 말일 뿐이다. 이처럼 종교의 첫째가는 보편적 특성은 초월지향이다.

둘째, 종교는 인간을 전격적으로 변화시키는 힘이다. 종교는 수십 명을 연이어 죽인 연쇄살인범도 한순간에 변화시키는 힘이 있다. 남의 목숨을 가차 없이 빼앗던 사람이 간단한 발심發心이나 회심回心을 통하여 자신의 목숨을 아낌없이 내어놓기도 하고, 남을 속이고 강탈해서까지 재산을 끌어모으던 사람이 전 재산을 기부하고 빈손이 되기도 한다. 또한 일생을 바쳐 추구하던 모든 세속적 가치들을 한 순간에 던져버리고, 남과 세상을 위한 활동에 일생을 투신하기도 한다. 즉 종교는 이기적 인간을 희생과 헌신의 이타적 인격으로 변화시키는 강력한 힘을 가지고 있다.

셋째, 종교는 체험을 통한 안심安心의 길이다. 종교는 이론이나 논리가 아니다. 종교는 깨달음이기도 하고 믿음이기도 한 어떤 체험적 과정이다. 이런 점에서 종교는 철학이나 사상과 분명히 변별된다. 종교는 체험을 통해 완전하고 궁극적인 마음의 평화, 즉 안심을 성취한다.

종교에는 학문적, 윤리적, 예술적 요소가 모두 존재한다. 거의 모든 종교에는 사상이나 철학, 계율戒律이나 계명誡命, 춤과 노래와 음악과 미술이 있다. 그러나 앞서 지적한 요소들은 오로지 종교에만 있다. 종교학자들은 이러한 요소들을 모두 합쳐 거룩함[聖]이라 한다. 그리고 이러한 요소를 인격으로 갖춘 이들을 성인聖人이라 부르고, 이러한 요소들을 갖는 인간의 활동과 그 결과를 종교라 부른다. 그리고 이 종교야말로 인간의 행복을 위한 필수 불가결의 요소라고 믿는 것이다.

2절 | 종교로서의 불교의 특성

1. 종교로서의 일반적 특성

불교는 앞서 논한 종교 일반의 특성들을 고스란히 갖고 있다. 첫째, 불교는 깨달음을 추구하고, 그것을 성취한 인격인 붓다Buddha와 그것이 이루어진 세상인 부처님 나라[佛國土]를 염원한다. 이는 일상에서 누구나 밥 먹고 옷 입듯이 할 수 있는 일상적 경험이 아니라, 일상을 초월하는 특별하며 지고한 경험이다. 그리고 깨달음이라는 체험으로 얻을 수 있는 붓다라는 인격과 그 활동으로 성취할 수 있는 불국토야말로 인간의 궁극적이고 완전한 행복이라고 믿는다.

둘째, 불교를 향하여 발심한 불자佛子들은 그 전과 전혀 다른 삶을 살아간다. 세속적이고 이기적 삶을 등지고 자신의 삶 전부를 초월을 위한 수행에 바치거나, 자신의 소유 전부를 세상에 내놓는 보시布施와 자비慈悲의 삶을 살아간다. 즉 발심한 불자들은 일상적 가치들을 하찮게 여기거나 포기하고, 초월을 위한 수행과 세상에 대한 헌신에서 행복을 찾는다. 불교는 이기적 인간에서 이타적 인간으로 변모하는 전인적全人的 전환을 가능케 하는 종교이다.

셋째, 불자들은 발심하여 수행을 하거나 이타적 삶에 들어서기만 해도 강한 안심을 느낀다. 일단 자신이 선택한 바른 길, 진리의 길에 들어서기만 해도 궁극적 해탈, 즉 완전한 행복을 기약할 수 있다고 믿기 때문이다. 시간적으로 진행해 왔고 공간적으로 확산해 온 다양한 불교 전통 속에서, 특히 믿음을 강조하는 불교 종파에서는 믿음만으로도 붓다나 보살[Bodhi-Sattva]의 보살핌[加被]에 의해 완전한 행복을 성취할 수 있다고 가르친다. 나아가 이 믿음을 바탕으로 깨달음이나 불국토의 성취라는 초월을 체험한 불자들은 완전한 마음의 평화, 즉 안심을 누린다. 불교는 이처럼 종교 일반의 보편적 특징들을 고스란히 갖춘 종교이다.

이 외에도 종교 일반의 보편적 특징으로 흔히 논의되는 주제로서 제도 종교의 3요소가 있다. 이른바 창시자, 창시자의 가르침, 창시자의 가르침을 신봉하는 공동체로서 교조敎祖, 교리敎理, 교단敎團이다. 불교는 이 세 가지를 중요한 보배라는 의미로 삼보三寶라고 부르고, 구체적으로 각각 불佛, 법法, 승僧이라 한다.

불은 불타佛陀의 줄임말이다. 불타는 인도의 산스크리트 붓다라는 말마디가 발음을 따라 옮겨진 중국말로서 현지 발음은 퍼퉈 Fotuo, 지역에 따라 퍼춰 혹은 퍼붜이다. 그러니까 인도말 붓다가 중국 지역 발음 풔춰로, 그리고 우리말 부처로 전해졌으며, 여기에 가르칠 교敎 자가 합쳐져 불교라는 단어가 만들어진 것이다. '부처-풔춰-붓다'로 소급되는 이 말의 뿌리는 알다 · 보다 · 깨닫다라는 의미를 갖는 동사 보드budh이다. 이 말이 앎 · 봄 · 깨달음이라는 과거분사형 명사 붓디buddhi가 되고, 이것이 다시 아는 자 · 보는 자 · 깨달은 자라는 뜻의 인칭 명사 붓다Buddha가 되었다. 앞서 말한 대로 깨달음의 체험으로써 붓다가 되면 죽음을 포함하는 일체의 속박과 한계를 초월하여 완전한 자유와 행복을 성취한 인격이 된다.

법法은 산스크리트 다르마dharma의 중국말 번역어이다. 다르마는 진리, 가르침, 일체 존재, 의무로서의 길 등 다양한 의미를 갖는데, 여기서는 진리 혹은 가르침이라는 뜻이다.

불佛(사르나트 박물관 소장 초전법륜상)

법法(해인사 팔만대장경판)

승僧(통도사 스님들 안행 장면)

승僧은 산스크리트 상가[saṃgha]에서 왔다. 상가는 고대 인도에서부터 사용되던 말로 단체나 회의 또는 조직을 지칭했는데, 차츰 종교 단체의 지도자와 그 신봉자들을 일컫는 말로 국한해서 사용하였다. 인도의 불자들은 이 말을 자신들의 신행 공동체, 즉 남녀 출가수행자인 비구[bhikkhu]와 비구니[bhikkhuni] 및 남녀 재가신자在家信者인 우바새[upāsaka]와 우바이[upāsikā] 전체를 통칭하여 사용했다. 시간이 지나면서, 이 용어는 화합을 중시하는 신행 공동체라는 뜻으로 화합중和合衆이라는 의미도 지니게 되었다. 중국 사람들은 이 '상가'를 소리 나는 대로 옮겨 승가僧伽, 썽치에라고 했다가 '승'으로 축약해서 불렀다. 한국에 와서 여기에 존칭 어미 '님'이 붙어 '승님'이 되고 다시 '스님'이 되었다. 스승으로서 '상가'라는 의미에서 '사승師僧-스승-스승님-스님'으로 전해졌다는 설도 있지만 전자가 일반적인 견해이다. 요즘 평칭으로 쓰이고 있는 승려僧侶는 상가의 소리 번역[僧伽]의 첫 글자와 의미 번역[衆侶]의 끝 글자가 합쳐진 말이다.

이 불·법·승 삼보를 믿고 따르겠다는 다짐과 실천을 삼귀의三歸依라고 한다. 불자들은 일상생활이나 다양한 의례의 첫머리에서 이 삼귀의를 끊임없이 반복해서 고백하고 다짐한다. 다시 말해 불교는 삼보를 믿고 의지함으로써 행복을 찾는 종교이다. 초기불교 시대의 불자들은 다음처럼 삼귀의를 3창三唱함으로써 불교에 입문하는 통과의례로 삼았다.

저는 이제 세존께 귀의합니다. 그리고 그 가르침과 승가에 귀의합니다. 원컨대 오늘부터 시작하여 목숨을 마칠 때까지 세존께 귀의하는 불자로서 받아주시옵소서.

- 『숫타니파타』, 「사품」

2. 불교 고유의 특성

1) 인간 중심적 종교

불교 역시 발생 당시에는 하나의 신흥종교였다. 불교가 성립할 당시 기성종교는 매우 다양했으나 주류는 바라문교[Brahmanism]였다. 초기 바라문교는 신에게 찬양을 바치고 은총을 구하는 신 중심적 신앙이었다. 바라문교의 신앙과 실천은 『베다Veda』와 『브라흐마나Brāhmaṇa』 및 『아란야카Āraṇyaka』, 그리고 『우파니샤드Upaniṣad』라는 문헌을 중심으로 전개되었다.

BCE 15~10세기 사이에 성립한 『베다』는 중앙아시아 대평원을 떠돌다 인도로 들어와 정착한 아리안Aryans들이 자신들의 안위를 지켜준 신들을 찬양하는 찬송가이다. 당시 인도 사람들은 우주를 창조한 창조적 인격신이며 세계의 본질이기도 한 브라흐만Brāhman 신을 비롯하여 수많은 다양한 신들을 신봉했다.

『브라흐마나』는 이러한 신들을 제단에 불러 모셔 놓고 여러 공희 제물供犧祭物들을 바치고 기원을 드리는 제사의 방법과 의미를 담고 있

『리그베다』

다. 『아란야카』는 세속을 떠나 숲에서 전적으로 종교적 삶을 살아가는 사람들을 위한 제사와 종교적 실천을 설명한다. 이 시기에는 제사가 삶의 가장 중요한 일부였기 때문에, 이를 담당한 사제司祭인 브라흐민Brahmin의 지위와

권위가 가장 높을 수밖에 없었다.

『우파니샤드』는 BCE 8세기 무렵, 즉 붓다가 등장하기 2~3백 년 전쯤부터 성립한 문헌으로서, 지나친 신 중심적 제사주의를 반성하고 철학적 사색을 전개하고 심화시킨 문헌이다. 여기서는 인격신 브라흐만이 세계를 창조한 다음, 창조된 개개의 사물 안에 내재^{內在}한다. 개물^{個物}에 내재한 각각의 브라흐만을 아트만^{Ātman, 自我}이라 불렀는데, 브라흐만과 아트만이 동일체임[梵我一如]을 깨달으면 해탈을 이룬다고 믿었다.

이처럼 붓다의 가장 큰 종교적 배경이었던 바라문교는 신에게 믿음을 바치고 은총을 얻거나, 자신과 세계가 결국 신적 존재임을 믿고 깨닫는, 신 중심적 종교였다. 현재 지구촌의 대부분 종교인들 역시 이런 신 중심적 신앙생활을 하고 있다. 한편 붓다가 등장했던 당시 인도에는 전통적 바라문교와 노선이 다른 혁신적 종교가와 사상가들이 속속 출현했는데, 이러한 새로운 종교인들을 사문[sramaṇa]이라고 불렀다. 이들은 대개 도덕부정론자, 요소론자, 숙명론자, 우연론자, 유물론자, 회의론자, 고행주의자 등이었다.

붓다는 이들과 전혀 다른 사상과 실천을 주장했다. 붓다는 인간의 현재와 미래는 다름 아닌 인간 자신이 행하는 행위가 결정한다고 가르쳤다. 현재는 과거 행위의 결과이고 현재 행위는 미래 결과의 원인이라는 것이다. 이러한 사상을 업설^{業說}이라고 하는데, 붓다는 업설에서 가장 중요한 요소를 인간의 의지라고 보았다. 인간의 의지가 개입하지 않은 행위는 결과를 초래하지도 않는다고 하여, 인간의 의지를 인간 자신의 현재와 미래를 좌우하는 결정적 요소로 보았다.

인간 사회에서는 선한 행위를 한 사람이 행복을 누리지 못하고 도리어 불행에 빠지거나, 악한 행위를 한 사람이 불행을 겪지 않고 도리어 행복을 누리는 부조리를 수없이 경험한다. 인간 세상의 이러한 부조리를 운명론자는 운명으로, 우연론자는 우연으로, 유신론자는 신의 뜻으로 설명한다. 이런 입장들은 그 어느 것도 세계와 인간의 부조리를 해명하고 극복하는 도덕률을 건립할 수 없는 심각한 맹점을 품고 있다. 그러나 업설은 인간 자신의 의지에 근거하여 이를 해명하고 해결한다. 또한 우주와 인간 역사를 만들어가는 원동력을 인간의 의지에 둠으로써, 인간은 당장의 고통스런 현실을 스스로의 의지로 딛고 일어서 극복해야 한다고 말한다. 즉 업설은 주체적 의지와 자발적 행위를 가진 창의적 인간상을 부각시킨다. 불교의 가장 큰 종교적 특성 중 하나는 이처럼 인간 중심적 성격에 있다.

> 자기야말로 자신의 주인, 어떤 주인이 따로 있을까?
> 자기를 잘 다룰 때, 얻기 힘든 주인을 얻을 것이다.
>
> - 『법구경』, 「제2 기신품(己身品)」

불교는 인간의 현존을 현실적으로 분석하고 성찰하여, 그에 근거한 현실적 극복 방법을 제시하는 합리적이고 이성적인 인간 중심적 가르침이다.

2) 자력수행적 깨달음의 종교

많은 종교들이 초월적 존재에게 믿음과 숭배를 바치고, 그 초월적 존재는 반대급부로 인간에게 은총과 사랑을 베푸는 구조를 가지고 있다. 특히 신 중심적 종교에서 은총과 사랑은 구원의 결정적 조건이다. 구원은 인간 스스로의 노력으로 성취하는 것이 아니라 신으로부터 주어질 뿐이며, 노력의 대가인 보수가 아니라 주는 이가 조건 없이 주는 선물과 같다. 즉 구원은 인간 쪽에서 볼 때 자력적인 무엇이 아니라 타력적인 무엇이다. 유대교, 기독교, 이슬람교 등이 이런 구조를 갖는 가장 대표적인 유신적有神的 계시종교 전통들이다. 어떤 종교인들은 이런 구조를 가져야만 종교라고 주장하기도 한다. 극단적 은총론을 펴는 어떤 종교들은, 인간이 전적으로 타력 구원을 믿지 않고 인간 스스로 무엇을 해야 하고 또 할 수 있다고 믿는 것이 가장 큰 죄라고 주장한다. 또한 그 죄가 모든 고통의 근원이라고 믿기도 한다.

한편 이와 달리 불교는 신의 은총을 상정하지 않는다. 불교는 행복과 불행 모두 인간 자신의 탓이라고 믿는다. 따라서 인간 자신의 노력 없이는 구원은 물론 그 어떤 것도 성취할 수가 없다. 불교는 이러한 이치를 진리로 믿고, 그것을 해결할 주체, 즉 자신을 믿는다.

> 그대들은 저마다 자신을 섬으로 삼고 자신을 의지하라.
> 또한 진리를 섬으로 삼고 진리를 의지하라.
>
> - 『마하파리닙바나숫타』

불교는 기본적으로 인간의 현존을 고통으로 이해한다. 그리고 그 고통의 원인을 파악하여 그것을 극복함으로써 열반[nirvāṇa], 즉 완전한 행복에 도달할 수 있다고 믿는다. 그리고 이러한 목적을 성취하기 위해서는 반드시 자신의 실천적 수행이 필수적이다. 붓다는 이 실천적 수행을 여덟 가지[八正道]로 요약했는데 여기서 가장 중요한 실천이 깨달음을 위한 수행이다. 붓다가 제시한 깨달음을 위한 수행은 세계와 인간의 참모습을 통찰하는 일이다. 히브리 사람들이 초월자가 들려주는 진리를 소리로 '들으려' 했다면, 그리스 로마인들은 진정한 실재를 형상으로 '그려' 파악하려 했다. 그러나 붓다는 세계와 인간의 참모습을 '통찰[觀]하여 깨달음[覺]'으로써 진리를 파지把持했다.

　붓다에 의하면, 우리는 진리를 알지 못해 그 무엇을 소유하거나 영원케 할 수 있다고 착각한다. 우리는 진리, 즉 세계와 인간의 참모습[實相]을 그릇되게 알기[無明] 때문에 그것을 소유하려거나[取] 영원케 하려는[着] 헛된 노력[業]에 몰두한다. 이로 인해 인간의 삶은 결국 고통이 된다. 반대로 세계와 인간을 바르게 보고 깨닫는다는 것은, 일체의 존재와 현상이 자기만의 고유한 성품이 없어[無自性] 마치 흐르는 물처럼 찰나찰나 변하기 때문에, 결코 소유할 수도 영원케 할 수도 없다고 보는 것이다. 세계든 인간이든 물질이든 정신이든, 일체 존재는 순간순간 변하면서 흘러가는 요소들의 연속적 흐름[相續, saṃtāna]의 현상으로서 자성自性이 없다. 그렇기에 이런 흐름 속에는 항속적으로 존재[恒存]하거나 스스로 존재하는 자존적自存的인 실체라는 것도 결코 없다. 그러므로 도무지 소유하거나 영원케[取着] 할 대상이 없는 것이다. 이러한 진리를 모르고 소유와 영원을 갈망[渴愛, taṇhā]하는 망상이 바로 죽음을 포함한 모든 고통의 원인이다.

　이러한 진리를 깨달아 도달하는 궁극적 행복의 경지를 열반이라고 한다. 붓다는 깨달음을 결코 신비화시키지 않았다. 세계와 인간의 본성이 찰나찰나 연속하는 요소들의 집합적 흐름일 뿐 소유하고 영원케 할 실체가 없음[無自性]을 알면[見性], 그로써 누구든 나와 나의 것에 대한 갈망을 풀고 마음의 자유와 평안을 누릴 수 있다는 것이다. 이것이 열반이고 해탈이며 궁극적 행복이다. 경전의 표현을 그대로 따르면, 진리를 깨닫는다는 것은 사성제四聖諦와 연기법緣起法을 통찰하여 확연히 아는 것이다. 네 가지 거룩한 진리와 일체 존재가 원인과 조건에 의해 생겨나고 소멸한다는 진리를 확실하고 분명하게 깨달은 사람은, 소유와 영원에 대한 헛된 집착과 노력을 버리고 완전하고 영원한 대자유를 얻는 것이다. 달리 말하자면 일체의 존재와 현상들이 '무상無常하고 괴로움[苦]이고 무아無我'임을 바로 보는 사람은, 그 어떤 것도 소유하려 하고 성내고 미혹[貪瞋痴]되지 않음으로써 해탈의 대자유를 누릴 수 있는 것이다.

잠 못 드는 사람에게 밤은 길고
피곤한 나그네에게 길은 멀 듯이
진리를 모르는 어리석은 사람에겐
생사의 밤길은 길고도 멀어라.

- 『법구경』, 「제5 우암품」

불교는 이처럼 깨달음으로 행복에 이르는 종교이며, 이는 오로지 자기 스스로의 수행으로만 성취할 수 있다. 인간은 깨달음의 가능성[佛性]을 가지고 태어나므로, 누구나 수행하여 깨달으면 부처가 될 수 있는 것이다. 반면에 하늘의 신들이라 할지라도 깨닫지 못하면 생사를 윤회하는 고통의 존재일 뿐이다.

석가모니 붓다의 근본 가르침과 정신은 스스로의 힘으로 깨달아서 부처가 되려는 자력수행에 있음이 틀림없다. 그러나 후기의 대승불교는 자력수행과 함께 타력신앙을 강조하기도 한다. 특히 후대에 성립한 정토불교에서는 인간 스스로 행하는 자력수행의 어려움과 한계를 지적한다. 그래서 아미타불과 같은 초월적 신격으로부터 가피加被를 받아 그 힘으로 극락정토에 왕생함으로써, 그곳에서 깨달음을 성취하여 붓다가 되고 해탈한다는 타력신앙의 불교가 성립한다. 현재 한국의 대다수 대중 불자들은 자력수행과 함께 이러한 염불이나 기도와 같은 타력신앙을 겸하여 실천하는 신행 생활을 하고 있다.

3) 내면과 마음에 집중하는 종교

1990년대부터 유럽과 북아메리카를 중심으로 하는 지구촌 대중사회에 불교에 대한 관심이 매우 높아지고 있다. 미국의 세계적 시사 대중잡지 《타임Time》은 1년에 수차례씩 불교를 커버스토리로 다루는데, 주요 내용은 미국 지식인들이 불교식 명상 수련에 몰려들고 있다는 소식이다. 명상 수행에 관심을 보이는 이들은 주로 사회의 엘리트 지성인들로서, 이들은 명상을 통해서 강한 심리적 치유와 안정을 경험한다고 한다.

앞서 말한 대로, 인도 사람들은 붓다가 등장하기 200~300년 전부터 『우파니샤드』라는 문헌을 성립시켰다. 『우파니샤드』의 가장 큰 중심 주제는 명상과 고행이었는데, 붓다는 그 영향을 크게 받아 자신만의 새로운 수행법을 재정립했다. 붓다는 깨닫기 전과 깨닫는 과정에서, 그리고 깨닫고 난 후에도 가장 많은 시간을 명상 수행에 할애했다. 그가 제시한 명상 수행의 방법은 그것을 집중적으로 거론한 『대념처경[Mahāsatipaṭṭhāna Sutta]』 등에 잘 나타나 있는 대로 위파사나vipassanā, 관법, 사티sati, 마음챙김, 사마타samatā, 마음집중이며, 또한 프라즈냐prajna, 지혜이다.

이러한 수행법은 신체와 그 현상[身, kāya], 감각적 · 정서적 느낌[受, vedanā], 마음의 활동들[心, citta], 일체의 개념 및 사물과 현상[法, dhamma] 등을 통찰의 대상으로 삼는데, 붓다는 이들 중에서도 특히 마음에 대한 통찰을 중요시했다. 마음을 위주로 한 통찰 수행으로써 지혜가 생겨나고 그 지혜로 깨달음을 성취할 수 있다. 그 깨달음으로 도달한 열반의 경지란 죽음 앞에서마저 완전한 자유와 평안을 유지할 수 있는 확고부동한 마음의 상태, 바로 그것이다.

대승불교 시대를 맞이하면서 마음에 대한 중요성은 더욱 강조되었다. 마음에 관한 가장 치밀한 통찰로 유명한 유식唯識학파에서는 마음의 구조와 생리를 터득하고[知心], 깨달아서[覺心], 내 마음을 내 맘대로 쓸 줄 알 때[用心], 행복의 문이 열린다고 한다. 원효元曉 스님은 당나라 유학길에 오르던 중 어두운 밤 국경 근처의 무덤 곁에서 한 바가지 물을 달게 마셨다. 그러나 다음 날 밝은 아침 그것이 해골에 고인 물임을 알고 구토를 경험한다. 그러고는 곧장 다음처럼 토로한다.

마음이 일어나면 온갖 존재와 현상이 생겨나고

心生則種種法生

마음이 사라지면 탑[龕]과 무덤[墳]이 둘이 아니다

心滅則龕墳不二

온 세상 일체 현상이 오직 마음과 의식뿐이니

三界唯心 萬法唯識

마음 밖에 진리가 없는데 어찌 달리 구하겠는가?

心外無法 胡用別求

- 『송고승전』

탑이라고 생각하고 잤던 곳이 무덤이었으며 달게 마셨던 물이 해골물이었음을 알고 나서, 그는 깨끗함과 더러움이란 단지 마음의 문제라고 보았다. 원효 스님은 세상사도 진리도 모두 다 마음의 문제임을 간파하고, 그토록 염원했던 당시 최고 선진국이었던 중국 유학을 중도에 포기하고 되돌아온다. 불교는 행복과 불행이 객관적 여건에 의해 좌우되는 것이 아니라 일체유심조一切唯心造, 즉 마음먹기에 달렸다고 본다. 수천억 부자도 불만스런 인생을 살고, 단칸방 월세를 사는 가난한 사람일지라도 행복한 인생을 살 수 있는 것은, 행과 불행이 마음에 달렸기 때문이다. 지눌知訥 스님도 '자신의 마음이 참 부처요, 참 진리'라고 강조하였다. 마음 밖에 행복이 따로 없고 마음 밖에 진리가 없으니, 모든 사람은 마땅히 자기 마음에서 행복과 진리를 구하라는 뜻이다.

불교만큼 마음을 행복의 열쇠로 여기고 그것을 성찰하는 수행법을 개발한 종교는 없다. 불교는 이처럼 밖에서 진리와 행복의 길이 계시되기를 기다리는 종교가 아니라 인간의 내면, 즉 자신의 마음 안에서 행복을 찾는 종교이다.

4) 세상에 헌신하는 종교

앞서 깨달음을 위한 통찰 수행이란 무아와 무취착無取着의 진리를 마음으로 관찰하는 수행이라 했다. 그러나 이러한 관찰 수행은 몸으로 하는 실천으로 나아가야 한다. 무아와 무취착의 실천, 즉 '나' 없음과 '내 것' 없음의 적극적 실천을 다름 아닌 자비행이라고 한다. 특히 초기불교의 한계를 지적하며 새로운 불교 개혁 운동으로 전개한 대승불교는 이 자비의 실천을 강력히 천명한다. 대승 시대 불자들은 자신의 깨달음을 위한 구도求道보다도 세상 사람들의 구제救濟가 더 우선이라고 여겼다. 그들은 이러한 생각, 즉 자신을 세상에 헌신하려는 마음을 가지고 그것을 실천하는 이들을 보살이라고 불렀다. 대승 불자들은 깨달음을 성취한 붓다보다도 세상에 헌신하는 보살 정신과 보살행을 지향했다. 대승大乘, Mahāyāna이라는 말 자체가 큰 탈 것이라는 뜻으로, 세상 중생들을 피안의 저 언덕으로 실어 나르겠다는 의미를 지닌다.

대승불교에서 지향하는 깨달음은 자비를 위해서 미루어지고 유보된다. 깨닫고 나서야 자비행으로 나서려 한다면, 몇 사람이나 자비를 실천할 수 있겠는가! 대승 수행자인 보살들은 자신의 깨달음을 위해 일평생 화두話頭 하나로 명상에만 잠겨 보내는 것은 너무 이기적이라고 생각했다. 불교는 이러한 가르침을 한마디로 묶어서 동체대비同體大悲, 즉 '온 세상을 한 몸으로 여기는 위대한 자비'라고 한다. 세상이 한 몸이라는 연기적 진리의 깨달음, 그리고 그러한 깨달음에 입각한 실천이 세상을 한 몸으로 여기고 살아가는 위대한 자비의 삶인 것이다.

불교는 깨달음으로 행복을 찾는 종교지만 깨달음 목적주의는 아니다. 불교는 깨달음이 궁극적으로 사회화되어야 한다고 믿는다. 깨달음의 사회화란, 깨닫고 나서 그것을 사회적 차원으로 승화시키는 것이 아니라 자비의 실천을 통해서 나와 세상이 함께 깨달아 가는 과정을 말한다. 불교는 붓다의 가르침으로서, 깨달음의 종교이면서도 궁극적으로 세상에 자신을 헌신하는 자비의 종교이다.

5) 윤리적 평화의 종교

윤리적 삶을 중시하지 않는 종교는 드물다. 인도의 자이나교[Jainism]는 아힘사$^{\text{ahiṃsā, 不殺生}}$라고 하여, 살아 있는 일체의 존재에 상처를 입히는 것조차 엄금하기도 한다. 자이나교 수행자들은 남의 생명을 해쳐 살아가기보다는 자신이 죽는 편이 낫다고 생각한다. 따라서 이 아힘사를 지키기 위한 최고의 실천은 단식이며, 그로써 죽음에 이르는 것이다. 자이나교 창시자 마하비라^{Mahāvīra}도 단식 끝에 죽었으며 많은 자이나 신자들 역시 단식으로 죽는다.

불교는 자이나교처럼 극단적 불살생을 천명하지는 않는다. 그러나 자신이 해를 입을지언정 남을 해치지 않으려는 정신은 불교도 마찬가지다. 불교의 윤리적 실천 덕목 가운데 첫째 강령도 불살생이다. 불교는 사람의 생명은 물론이거니와 호흡, 지각知覺, 운동, 번식하는 능력이 있는 일체 존재의 생명을 해치지 않는다. 초기불교 시대 출가수행자들의 여섯 가지 필수 소지품[比丘六物] 중 하나는 물 거르개였는데, 이는 물속에 있을지도 모르는 생명체를 걸러내기 위함이었다. 벌레를 죽이지 않기 위해 뜨거운 물을 식혀서 버리거나, 노상의 생물을 밟지 않기 위해 쇠고리가 달린 지팡이[六環杖]로 소리를 내며 걷던 옛 수행자들 모습에서 불교의 생명 존중 자세를 알 수 있다.

불교는 이러한 생명 존중 사상에 입각하여, 자신의 생명이 해침을 입을지언정 그것을 지키기 위해 남의 생명을 빼앗는 행위를 해서는 안 된다는, 무저항 비폭력의 정신을 지키고 실천하고자 노력해 왔다. 불교는 이러한 정신과 실천이 아니고는 지구촌의 평화를 유지할 수 없다고 믿는다. 세계 불자들은 불교의 이름으로 전쟁을 한 경우가 한 번도 없다는 평가를 자랑스럽게 여긴다. 사소한 벌레의 생명까지도 자신의 목숨과 마찬가지로 소중하게 여기는 이들이라면, 사람의 생명은 논할 필요도 없을 것이다. 불교의 이러한 생명 존중과 평화 정신은, 자신을 위해서 폭력을 휘두르고 전쟁마저도 마다치 않는 종교인과 지구인들에게 큰 의미를 줄 것이다.

이런 관점에서 불교는 이웃 종교들과도 평화로운 공존을 지향한다. 불교는 자신과 '다름'을 '틀림'으로 받아들이지 않는다. 자신과 다르다는 것을 틀리다는 것으로 대하면, 타 종교를 모두 척결해버리고자 하는 배타주의가 되거나 아니면 결국 자기 종교로 포섭해버리고자 하는 포괄주의가 될 것이다. 그러나 불교는 이웃 종교들을 각자 나름대로 옳음이 있다고 보고, 대화를 통해 서로 배우고 협력코자 하는 다원주의적 입장을 취한다. 대화는 자신을 쇄신할 수 있는 기회이고, 협력은 세상에 효율적으로 헌신할 수 있는 기회이기 때문이다.

깨달음, 다르마, 마음, 명상 수행, 무저항 비폭력, 보살, 붓다, 삼귀의,
상가, 완전한 마음의 평화, 인간 중심, 인간의 의지, 일상과 초월,
자력수행, 자비, 전인적 전환, 타력신앙

연구문제

1) 종교의 어떤 성격으로 학문, 윤리, 예술과 변별할 수 있을까?

2) 종교를 인간이 꿈꿀 수 있는 가장 높은 이상이라 하는 의미는 무
   엇일까?

3) 제도 종교의 3요소로서 불법승 삼보와 삼귀의를 설명해 봅시다.

4) 불교가 갖는 종교로서의 일반적 특성 세 가지를 설명해 봅시다.

5) 인간 의지를 불교의 인간 중심적 특성에서 가장 중요한 요소로
   설명해 봅시다.

6) 자력수행과 타력신앙을 비교해 봅시다.

7) 마음이 행과 불행의 관건이라는 주장에 대해 비판적 관점에서
   생각해 봅시다.

8) 붓다와 보살을 자비의 개념으로 비교해 봅시다.

9) 무저항 비폭력을 비판적 관점으로 설명해 봅시다.

참고문헌

· 『불교개론』, 대한불교조계종 포교원 지음, 조계종출판사, 2012.

· 『불교사상의 이해』, 불교교재편찬위원회 지음, 불교시대사, 2012.

· 『청소년 불교 입문』, 대한불교조계종 포교원 포교연구실 지음, 조계
   종출판사, 2014.

· 『불교와 인간』, 교양교재편찬위원회 지음, 동국대학교출판부,
   2009.

· 『불교학개론』, 교양교재편찬위원회 지음, 동국대학교출판부, 2010.

2장
붓다의 생애

1절 | 역사적인 붓다의 일생

역사적인 관점에서 붓다^{Buddha}의 전기를 간략히 살펴보자. 고타마 싯다르타^{Gotama Siddhattha}가 주민등록상의 고유명사라고 한다면, 붓다라는 말은 존칭어이다. 붓다가 되기 전 그의 성씨는 고타마이고 이름은 싯다르타였다. 싯다르타라는 의미는 소원을 성취한다는 뜻이다.

고타마 싯다르타의 직계 가족을 대략 설명하면 다음과 같다. 2,600여 년 전, 싯다르타는 현재의 인도 국경과 네팔에 걸쳐 자리 잡고 있었다는 카필라밧투^{Kapilavatthu} 왕국의 왕 숫도다나^{Suddhodana}와 왕비 마야^{Māyā}의 사이에서 왕자로 태어났다. 어머니 마야 부인은 왕자를 낳은 지 7일 만에 세상을 떠났고, 그 뒤 그녀를 대신해 그의 여동생인 마하파자파티^{Mahāpajāpatī}가 태자를 양육했다. 왕자의 이복동생으로 난다^{Nanda}가 있었고, 29세에 출가하기 전 아내 야소다라^{Yasodharā}와의 사이에서 낳은 외아들 라훌라^{Rahula}가 있었다. 즉 붓다는 역사적으로 실존했던 인물이며, 부모 형제가 있었고 아내와 아들도 있었던 것이다. 그는 35

2장
붓다의 생애

1절 | 역사적인 붓다의 일생

역사적인 관점에서 붓다[Buddha]의 전기를 간략히 살펴보자. 고타마 싯다르타[Gotama Siddhattha]가 주민등록상의 고유명사라고 한다면, 붓다라는 말은 존칭어이다. 붓다가 되기 전 그의 성씨는 고타마이고 이름은 싯다르타였다. 싯다르타라는 의미는 소원을 성취한다는 뜻이다.

고타마 싯다르타의 직계 가족을 대략 설명하면 다음과 같다. 2,600여 년 전, 싯다르타는 현재의 인도 국경과 네팔에 걸쳐 자리 잡고 있었다는 카필라밧투[Kapilavatthu] 왕국의 왕 숫도다나[Suddhodana]와 왕비 마야[Māyā]의 사이에서 왕자로 태어났다. 어머니 마야 부인은 왕자를 낳은 지 7일 만에 세상을 떠났고, 그 뒤 그녀를 대신해 그의 여동생인 마하파자파티[Mahāpajāpatī]가 태자를 양육했다. 왕자의 이복동생으로 난다[Nanda]가 있었고, 29세에 출가하기 전 아내 야소다라[Yasodharā]와의 사이에서 낳은 외아들 라훌라[Rahula]가 있었다. 즉 붓다는 역사적으로 실존했던 인물이며, 부모 형제가 있었고 아내와 아들도 있었던 것이다. 그는 35

세에 정각을 성취하고 그 후 45년간 수많은 사람에게 가르침을 베풀다 80세에 입멸했다.

불교 역사상 수많은 붓다가 존재한다. 과거에도 붓다가 있었고 미래에도 붓다가 나올 것이다. 붓다는 한 분이 아니며, 따라서 많은 붓다를 신앙의 대상으로 삼아왔다. 그러므로 역사적 존재인 불교의 개조開祖를 다른 제불諸佛과 구별하기 위하여 '석가모니 붓다'라고 이름 하기도 한다. 그는 석가족 Sakya 출신이었으므로 '석가족 출신의 성자'란 뜻으로 석가모니釋迦牟尼라고 불린다. 모니란 원래 침묵을 의미하지만 성인의 한 특징으로 여겨져 성자를 의미한다. 다른 말로 석가세존釋迦世尊이라고도 하는데 이것을 줄여서 석존釋尊 또는 세존世尊이라고 한다.

붓다라는 말은 원래 고유명사가 아니고 보통명사이다. 붓다는 동사 어근 'budh[깨어나다]'에서 유래한 명사이며 자각自覺한 사람을 의미한다. 그래서 영어로는 대개 'The Awakened One[깨어난 자]'으로 옮긴다. 일차적 의미는 잠에서 깨어나 눈을 뜬 사람이라는 말이지만, 종교적으로는 무명無明의 잠에서 깨어난 분이라는 존칭이다. 따라서 무지의 상태에서 실상을 볼 수 있는 눈을 뜨기만 하면 누구나 붓다라고 불릴 수 있는 것이다. 불타佛陀라는 한역어는 붓다의 음역이고 이를 의역하면 각자覺者, 깨어있는 사람이다. 우리나라에서는 불타를 부처라고 음역하였고, 여기에 존칭 접미사 '님' 자를 붙여 일반적으로 부처님이라고 부른다.

고타마 싯다르타가 무지의 잠에서 깨어난 지 얼마 지나지 않았을 때 길을 가고 있었다. 도중에 어떤 사람이 고타마 싯다르타가 범상한 인물이 아님을 알고 물었다.

"당신은 누구십니까? 신입니까?"

붓다는 그렇지 않다고 대답했다.

"당신은 사람입니까?"

붓다는 그렇지 않다고 대답했다. 대답을 듣고 당황해하는 질문자에게 붓다는 말했다.

"나는 무지의 잠에서 깨어난 자[붓다]이다."

2절 | 탄생과 성장

1. 왕자의 탄생과 예언

태자의 부왕인 숫도다나는 나이가 마흔에 이르도록 한 명의 아이도 얻지 못했다. 어느 날 밤 마야 부인은 황금으로 장식한 여섯 어금니를 가진 코끼리가 하늘에서 내려와 오른쪽 옆구리로 들어가는 꿈을 꾸었다. 숫도다나 왕은 거룩한 태자를 낳을 꿈이라는 해몽을 듣고 기뻐했다. 마야 부인은 곧 임신했고 출산일이 다가오자 룸비니^{Lumbinī} 동산에 이르렀다. 온갖 꽃으로 만발한 청화한 봄날, 마야 부인은 심신이 매우 유쾌함을 느끼며 오른손으로 무우수無憂樹 가지를 잡고 있었다. 그 순간 태자는 자연스레 탄생했다. 태자는 태어나자마자 사방으로 일곱 발자국씩 걸어가서, 한 손으로는 하늘을 가리키고 한 손으로는 땅을 가리키며 외쳤다.

"하늘 위와 하늘 아래 나 홀로 존귀하네. 모든 중생은 모두 괴로워하

고 있다. 내가 저들을 편안하게 하리라

[天上天下 唯我獨尊 三界皆苦 我當安之]."

태자를 본 아시타^Asita 선인은 태자의 미래를 예언했다.

"이 왕자는 서른두 가지 대장부의 형상과 여든 가지 미묘한 모습을

갖추었습니다. 이 세속에 있으면 전륜성왕轉輪聖王이 되어 온 천하를

통치할 것이며, 세속을 떠나 도를 닦으면 반드시 큰 도를 깨달아

붓다가 되어 널리 중생을 구제할 것입니다. 그런데 태자는 반드시

집을 떠나 붓다가 될 것입니다."

태자가 태어난 지 이레 만에 어머니 마야 부인은 세상을 떠났다. 마

야 부인의 동생인 마하파자파티 부인이 태자를 양육했다.

룸비니 전경

2. 태자의 유년 시절

태자는 매우 총명하고 인자했다. 일곱 살에 여러 경전을 배워 모두 통달하고, 활쏘기나 말타기 등 무술도 모두 통달했다. 이렇게 학문과 무술에 정통하고 또한 자애로운 성품도 보여주었다. 태자가 10여 세 되었을 때, 태자의 사촌인 데바닷타^{Devadatta}가 공중에 날아가는 새를 쏘아 맞혔고 그 새가 태자의 동산에 떨어졌다. 태자는 새의 생명을 가 엾게 여겨, 곧 그 화살을 뽑고 약을 발라 싸매 주고 돌봐주었다. 농사 철에 태자는 부왕을 따라 들에 나가 백성들이 밭을 가는 광경을 구경 했다. 농부들이 소를 채찍질하면서 밭을 갈아엎을 때, 쟁기 날에 찢겨 다치고 끊어진 벌레들을 새가 재빨리 날아들어 쪼아 먹는 것을 보고, 태자는 홀로 나무 밑에 고요히 앉아 생각했다.

'모든 생명들은 행복하게 살기를 바라는데, 국왕은 백성을 부려먹고, 농
사짓는 백성은 소를 부려먹고, 벌레는 쟁기에 찢기고 또 날래고 힘센 날
짐승들에게 쪼아 먹히고 만다. 차마 볼 수 없는 생사生死의 고통이다.'

부왕은 태자가 세상의 즐거움에 뜻이 없고 깊이 명상에 잠기기를 좋아 하는 것을 보고, 태자가 장차 출가하지 않을까 염려했다. 부왕은 태자를 위하여, 여름엔 시원하고 겨울엔 따뜻하고 봄가을 철엔 춥지도 덥지도 않 은 계절의 별장[三時殿]을 지어 철따라 거처하게 하고, 수많은 어여쁜 소 녀를 뽑아 모시도록 하고, 노래와 춤과 음악으로 즐겁게 했다. 그러나 태 자는 향락에 마음이 끌리지 않았다. 태자 나이 17세가 되는 해에 이웃 나 라의 야소다라 공주를 선택하여 태자비로 맞이했다. 그러나 태자는 홀로 앉아 명상에 잠기곤 했다. 궁녀들이 태자는 부부의 도를 모른다고 숫도다 나 왕에게 보고하므로 왕은 태자가 출가할까 더욱 걱정했다.

3절 | 출가와 정각

1. 사문유관 - 노병사老病死 그리고 출가자를 만나다

하루는 태자가 성 밖으로 나가 유람하고 싶어 했다. 태자는 곧 보배 수레를 타고 동문으로 나가 동산으로 향했다. 그때 도중에서 한 노인을 보았다. 머리는 희고 이는 빠지고 얼굴은 주름지고 허리는 꼬부라져 지팡이를 짚고서, 힘없는 걸음으로 숨을 헐떡거리며 걸어가고 있었다. 태자가 시자侍者를 돌아보고 물었다.

"저 사람은 어떤 사람인가?"

"저 사람은 늙은 사람입니다."

태자는 또 물었다.

"어떤 것을 늙었다고 하는가?"

"늙었다는 것은 수명이 거의 다 되어 앞으로 살 목숨이 얼마 남지 않은 것을 늙었다고 하는 것입니다."

태자는 또 물었다.

"나도 앞으로 저렇게 될 것이며 저런 재앙을 면하지 못한다는 말인가?"

"그렇습니다. 한 번 나면 반드시 늙는 법입니다. 거기에는 귀천이 있을 수 없습니다."

그러자 태자는 마음이 매우 우울해져 곧 마부에게 수레를 돌려 궁중으로 돌아가자고 명령했다. 태자는 조용히 깊은 사색을 했다. '이 늙음의 괴로움은 내게도 반드시 있을 것이다.' 부왕은 시자로부터 태자가 길에서 노인을 만나 수심에 잠겨 있다는 말을 듣고, 오욕五欲의 향락으로 그 마음을 즐겁게 하여 출가하지 못하게 했다. 시간이 다소 지난 뒤에 태자는 다시 마부에게 명령하여 수레를 장식해서 남문으로 나갔다가 도중에 한 병자를 만났다. 그는 몹시 쇠약한 몸에 배가 부었고 얼굴에는 검버섯이 피었는데, 혼자 더러운 오물더미 위에 누워 있었으나 아무도 돌보는 사람이 없었으며, 심한 아픔으로 못내 고통스러워하며 말도 하지 못했다. 태자는 마부를 돌아보고 물었다.

"저 사람은 어떤 사람인가?"

"저 사람은 병든 사람입니다."

"어떤 것을 병이라 하는가?"

"병이란 온갖 고통에 못 견디게 시달려 살지 죽을지 기약이 없는 것입니다. 그래서 병이라 하는 것입니다."

"그럼 나도 앞으로 저렇게 되어 저런 괴로움을 면하지 못한다는 말인가?"

"그렇습니다. 태어나면 반드시 병이 있기 마련입니다. 거기에는 귀천이 따로 있을 수 없습니다."

그러자 태자는 마음이 우울해져 곧 마부에게 명령하여 수레를 돌려 궁중으로 돌아갔다. 태자는 조용히 깊은 사색에 잠겼다. '이 병의 괴로움은 내게도 반드시 있을 것이다.' 또 그 뒤 어느 날 태자는 마부에게 명령하여 수레를 타고 서문으로 나갔다가 한 죽은 사람을 보았다. 울긋불긋한 비단 깃발이 앞뒤에서 인도하고 친척들은 슬피 울부짖으며 상여를 따라 성 밖으로 나가고 있었다. 태자가 마부에게 물었다.

"저 사람은 어떤 사람인가?"

"저 사람은 죽은 사람입니다."

태자는 또 물었다.

"어떤 것을 죽음이라 하는가?"

"죽음이란 목숨이 다한 것입니다. 숨길이 끊기고 체온이 식어 모든
감각기관이 무너지는 것입니다. 죽고 사는 것이 서로 길을 달리하여
사랑하는 가족과 이별하게 됩니다. 그러므로 죽음이라 하는
것입니다."

태자는 또 물었다.

"그럼 나도 반드시 저렇게 될 것이며 저런 재앙을 면하지 못한다는
말인가?"

"그렇습니다. 태어난 자에겐 반드시 죽음이 있습니다. 거기에는 귀천이
따로 있을 수 없습니다."

그러자 태자는 마음이 서글퍼져 곧 마부에게 명령하여 수레를 돌려
궁중으로 돌아갔다. 태자는 잠자코 깊은 사색에 잠겨 있다가 이렇게
생각했다. '이 죽음의 고통은 나에게도 반드시 있을 것이다.' 또 어느
날 태자는 마부에게 명령하여 수레를 타고 북문으로 나갔다가 도중에
서 한 사문沙門을 만났다. 그 사문은 법의法衣를 입고 발우를 들고 오직
땅만 보며 걸어가고 있었다. 태자가 곧 마부에게 물었다.

"저 사람은 어떤 사람인가?"

"저 사람은 사문입니다."

"어떤 사람을 사문이라 하는가?"

"사문이란 모든 은혜와 사랑을 끊고 집을 떠나 도道를 닦는
사람입니다. 그는 모든 감각기관을 잘 제어하여 바깥 욕망에 물들지
않으며, 자비스런 마음으로 어떤 생명도 해치지 않습니다. 괴로움을
당해도 슬퍼하지 않고 즐거움을 만나도 기뻐하지 않으며, 모든 것을

잘 참는 것이 마치 대지大地와 같습니다.

그러므로 사문이라 합니다."

그때 태자는 말했다.

"훌륭하구나, 이 도야말로 바르고 참되어 영원히 번뇌를 여의고,

미묘하고 맑고 비었으니 오직 이것만이 참으로 기뻐할 만한

것이로다."

그리고는 마부에게 명령하여 수레를 돌려 그 사문에게 다가가 물었다.

"그대는 수염과 머리를 깎고 법의를 입고 발우를 들었구나.

마음에 구하는 것이 무엇인가?"

사문은 대답했다.

"출가자란 마음을 길들여 항복받아서 영원히 번뇌를 여의고자 하며,

자비심으로 모든 생물을 사랑하여 침노하거나 해치지 않고,

마음을 비워 고요하게 하며 오로지 도 닦기만을 힘쓰는

사람입니다."

태자가 말하였다.

"훌륭하구나, 이 도야말로 가장 진실한 것이로다."

태자는 늙고 병든 사람을 보고 이 세상의 고뇌苦惱를 알았으며, 또 죽은 사람을 보고 세상에 대한 집착이 없어졌다. 그리고 사문을 보자 확연히 출가할 결심을 한다. 태자는 타인의 늙음, 병듦, 죽음을 보고 자신의 문제로 예상하며, 진정 무엇을 해야 할 것인가를 고민했다. 언제든지 목숨이 끊겨 죽을 수 있으므로 무의미하게 살 수 없다는 생각을 하게 되었다.

2. 태자의 출가

노병사의 실상을 목격하고 번민하던 태자는 출가한 사문을 만나면서 출가를 결심한다. 태자는 부왕의 처소로 나아가 생사의 문제 해결을 위해 출가하게 해달라고 간절하게 청했다.

"이 모든 세간은 만나면 반드시 헤어지나니 그러므로 원컨대 이 집을
떠나 진정한 해탈을 구하려 합니다. 부왕이시여, 이 세상에 만나는
자는 반드시 이별하게 됩니다. 아무리 은혜와 사랑이 지중한 부모와
자식 사이라 하더라도 이별하고야 마는 것입니다. 소자는 영원히
이별을 여의는 법을 배우고자 하오니, 부왕은 소자의 뜻을 살피시어
집을 떠나 도 닦는 길을 허락하여 주소서."

이 말을 들은 부왕은 눈물을 흘리면서 애원했다.

"태자여, 이 아비를 위하여 나라를 맡아 다스리고 세상에서 할 일을
다한 뒤에 집을 떠나 수도해도 좋지 않는가. 어찌하여 이 늙은
아비를 버리고 집을 떠나려 하는가?"

그러나 태자는 굳건하게 대답한다.

"부왕님, 이 세상의 오욕락五欲樂은 한정이 있고 세속 일은 끝이
없사오며, 무상無常의 귀신은 예고가 없고 은혜와 사랑은 마침내
이별하고야 마는 것입니다. 그 무엇을 믿고 더 기다리겠습니까?
나고 죽음이 없는 도와 이별이 없는 법法을 찾아 닦는 것만이 오직
참된 길입니다. 그 밖에 또 무슨 참됨이 있겠습니까?"

늙음, 병듦, 죽음은 우리가 일상적으로 애착하고 있는 대상을 결국 헤어지게 만든다. 눈에 보이는 것 모두 다 무상하니, 거기에서 즐거움을 좇는 것은 고통 속으로 들어가는 것이다.

"늙음, 병듦, 죽음을 가만히 생각하면 언제 들이닥칠지 예측할 수가 없어 밤낮으로 잠자는 일도 잊고 있나니 무슨 경황에 오욕을 즐길 것인가? 늙음, 병듦, 죽음은 불꽃 같아서 결단코 이를 것임은 명백한 일이거늘, 오히려 걱정할 줄 모른다면 참으로 목석木石의 마음이라 하겠습니다."

태자는 병도 늙음도 없고 죽음도 없으며 근심 걱정도 없고 더러움도 없는, 위없이 안온한 열반을 구하고자 출가하기로 결심했다.

"내가 출가한 것은 병듦이 없고, 늙음이 없고, 죽음이 없고, 근심·걱정·번뇌가 없고, 지저분함이 없는 가장 안온한 행복의 삶[涅槃, 열반]을 얻기 위해서였다."

29세가 되던 해 늦은 밤, 모두 잠들어 있었다. 부왕도, 어머니 마하파자파티도 잠들어 있었다. 갓 태어난 아들 라훌라도 야소다라 부인의 품에 안긴 채 잠들어 있었다. 태자는 조용히 마부를 불러 말을 준비하여, 말을 타고 궁중에서 벗어났다.

출가하는 싯다르타 조각상(콜카타 인도박물관 소장)

카필라밧투를 떠난 태자는 동쪽을 향해 밤새도록 말을 달려 날이 밝아 라마^{Rama} 시에 이르렀다. 다시 아노마^{Anomā} 강을 건너 깊은 숲에 들어가서는 마부와 말을 돌려보내고 당시 그곳에서 수행하던 사람들을 만났다. 태자는 그들이 수행하는 광경을 관찰했다. 어떤 자는 풀, 나무껍질, 잎으로 옷을 만들어 입었으며, 하루에 한 끼, 이틀에 한 끼, 혹은 사흘에 한 끼를 먹거나 나무 열매나 꽃으로 요기했다. 어떤 자는 물과 불을 신神으로 받들어 섬기고, 또 어떤 자는 해와 달을 신으로 섬겼다. 한 다리를 들고 서 있거나 진흙 속, 혹은 가시덤불에 누워 있거나 물과 불에 누워 있기도 했다. 태자는 그것을 보고 선인들에게 물었다.

"당신들이 하는 고행은 매우 기특하오.

그런데 고행으로 어떤 과보果報를 구하려 하오?"

"이 고행으로 장차 천상에 나고자 하오."

"천상에 나면 비록 즐겁다고 하지만 그곳도 복이 다하면 다시

육도윤회 하나니, 어찌 고행을 닦아서 고작 고통의 과보를 구하려

하는가?"

태자는 남쪽으로 갠지스 강을 건너 마가다^{Magadha}국 수도인 라자가하^{Rājagaha}를 지나가고 있었다. 마가다국의 빔비사라^{Bimbisara} 왕은 높은 누각 위에서 태자를 바라보고, 수레를 몰고 나가 태자를 맞이하며 제안했다.

"내가 이 나라의 반을 나누어 주겠소. 그것이 적다면 이 나라 군사를

내줄 터이니, 다른 나라를 정벌하여 그 땅의 왕 노릇을 하도록 하오.

태자의 요구라면 무엇이든 다 들어주겠소."

태자는 왕의 호의에 감사하면서도 단호하게 거절한다.

"대왕이시여, 대왕의 나라를 저에게 내주시겠다는 말씀은 너무나
고맙습니다. 그러나 저는, 내 나라도 버리고 나왔는데 어찌
대왕의 나라를 차지할 것이며, 하물며 군사를 일으켜 다른 나라를
빼앗겠습니까? 저는 이제 나라보다 재산보다 귀중한 도를 위하여
집을 떠나온 것입니다. 세속의 오욕락을 구하기 위함은 아닙니다."

태자는 범비사라 왕을 작별하고 알라라칼라마^{Āḷārakālāma}라는 수행자
를 찾았다. 그는 무소유처정^{無所有處定}을 생사에서 벗어난 경지로 이해하
고, 이를 제자들에게 가르치고 있었다. 태자는 곧 이 선정을 배워 성취
했다. 알라라칼라마는 태자가 특별히 총명하여 그 법을 체득한 것을
알고 최상의 경례를 하며 존숭했다.

"존자와 같은 좋은 동행자를 얻어서 참으로 기쁘오. 내가 얻은 법을
존자가 스스로 얻었고 존자가 얻은 법을 내가 스스로 얻었소. 나와
같이 우리 제자를 지도하여 주시오."

이때 태자는 생각했다. '이것은 나고 죽음을 벗어나는 최상의 정각
正覺과 열반涅槃은 아니다.' 태자는 알라라칼라마와 작별하고 다시 웃다
카라마풋타^{Uddakarāmaputta}라는 수행자를 찾아갔다. 이 수행자는 비상비
비상처정非想非非想處定을 성취하고 있었다. 태자는 그로부터 그 선정을 익
혀 오래지 않아 체득했다. 태자는 이 비상비비상처정이 아직 번뇌가
다한 것은 아니며, 또한 불사不死인 열반을 성취한 것이 아님을 깨달았
다. 태자는 선인에게 물었다.

"이 선정 밖에 더 훌륭한 삼매三昧, samādhi는 없습니까?"

"나는 그보다 더 훌륭한 삼매를 알거나 또 얻은 바도 없노라."

"이 삼매를 얻으면 나고 죽음을 깊이 벗어나게 됩니까?"

"그것은 나도 모르거니와, 이 삼매를 얻으면 팔만사천 겁劫 동안은
나고 죽음을 면할 수 있지만, 그 뒤에는 나도 알 수 없노라."

태자는 이 선정이 열반에 이르는 것도 아니며, 번뇌의 뿌리가 다 끊
어진 것도 아님을 알고 선인과 작별하였다. 태자는 여러 수행자들을
만나보았으나 모두가 참다운 해탈의 법인 열반의 도가 아님을 알고서
이렇게 생각했다.

'이 세상에 진정한 도를 얻은 자는 없다. 이 도는 내 스스로 판단할 것
이요, 사람을 좇아 얻을 것이 아니다. 세상 사람은 애욕에 탐착하거나
사견邪見과 아집我執에 얽매여 있다. 모든 사견과 아집을 여의고, 또 애
욕의 뿌리를 뽑아 생사를 벗어나 가장 높은 정각을 이루어야 하겠다.'

이렇게 결의하고, 마가다국의 네란자라Neranjara 강 동쪽 근처 숲으로
들어갔다. 태자는 모든 고행자들이 아직 경험하지 못한 고행苦行을 닦
기로 결심했다. 태자는 하루 쌀 한 숟갈과 참깨 한 숟갈만을 먹으며,
또는 하루 쌀 한 낱과 깨 한 알씩만 먹으며 수행했다. 옷은 몸을 겨우
가리는 한 벌이며 몸을 씻거나 머리를 깎지도 않았다. 바람이 불거나
비가 오거나, 겨울이나 여름이나 자리를 뜨지 않았다. 이렇게 한 해 두
해를 지나니 살과 피는 다 말라버리고 뼈만 앙상하게 남았다. 손으로
몸의 먼지를 털려면 몸의 털이 말라 떨어지고, 손으로 배를 만지려면
문득 등뼈가 만져지는 것이었다. 나무하는 아이들이 쑥대로 콧구멍을
찔러 보고, 혹은 입과 귓구멍도 찔러 보며 흙과 먼지를 끼얹기도 했
다. 그러나 태자는 죽은 듯이 조금도 움직이지 않았다. 혀를 입천장에
고이고, 마음을 거두어 한 생각에 매고, 숨 쉬는 것을 세며, 때로는 코

와 입을 닫아 호흡의 길을 막으면 두 귓구멍에서 북 치는 소리가 나기도 하며, 또는 온몸에 뜨거운 기운이 가득 차고 겨드랑이에 땀이 흐르기도 했다. 태자는 기력이 다하여 땅에 쓰러지기도 했다. 태자가 이렇게 고행을 닦은 지 6년째 되던 해, 이렇게 생각했다.

붓다의 고행상(라호르 박물관 소장)

'나는 6년간 고행하였지만 생사를 벗어나는 해탈을 성취할 수는 없었다. 이제 이 몸의 힘을 길러서 지혜와 해탈을 성취해야겠다.'

그는 차츰 음식물의 섭취 분량을 늘렸고 점차 기력을 회복했다. 우루벨라Uruvela 촌장의 딸 수자타Sujātā는 우유와 꿀에 쌀을 넣어 끓인 유미죽乳米粥을 정성껏 만들어 태자에게 올렸다. 얼마 동안 이러한 음식을 받아먹은 태자는 곧 본래의 몸 상태로 회복해갔다.

4. 항마와 성도

태자는 동쪽으로 걸어 전정각산前正覺山의 서쪽 가야Gayā에 이르렀다. 그곳은 매우 정결하고 부드러운 풀이 비단처럼 깔려 있고, 그 가운데 핍발라Pippala 나무가 솟아 있었다. 태자는 그 나무 밑으로 나아가, 어떤 목동이 베어다 준 부드러운 길상초吉祥草를 깔고 앉아 스스로 맹세했다.

'나는 이 자리에서 정각을 얻지 못하면 다시 일어나지 않을 것이다.'

이때 죽음의 신인 마왕[Māra]은 싯다르타 태자가 장차 모든 장애물을 정복하고 정각을 성취하여 붓다가 될 징조가 있음을 알았다. 그래서 마왕은 요염한 딸 셋을 뽑아 태자 앞에 보내어 미묘한 노래와 춤, 갖은 애교와 재롱으로 태자를 유혹케 했다. 그러나 생사의 뿌리를 뽑기 위해 금강정金剛定에 든 태자는 끝내 흔들리지 않았다. 마왕은 크게 두려워하며, 모든 신하를 부르고 마군의 군사를 동원했다. 가지각색의 험악한 형상으로 창 · 칼 · 활을 사용하며 칼비 · 돌바람 · 벼락 · 불을 일으켜 선정禪定에 든 태자를 습격해 왔다. 그러나 태자는 금강정에 든 채 어떤 경계에도 꼼짝하지 않았다. 그리고 그들을 미워하기는커녕 불쌍히 여겨 감싸 안아 주었다. 이와 같은 대선정大禪定과 대자비大慈悲로 인해 마군의 무기는 미묘한 꽃으로, 모진 비바람은 향기로운 바람으로 또 상서로운 구름으로 변했다.

태자는 모든 욕심을 여의고 잡념을 떠나 선정에 들었다. 고요하고

보드가야 대보리사 전경

대보리사 보리수

맑은 선정에서 지혜가 열려 모든 중생들이 저마다 지은 선업과 악업에 따라 빈부와 귀천 등이 나눠지고, 천상·인간·아귀·축생·지옥 등에 태어나는 과보를 알았다. 한밤중에 이르러, 태자는 지혜의 눈으로 모든 중생이 나고 죽는 인연을 관찰하여 고통의 원인과 그 해결 방안을 발견했다. 동쪽 하늘에서 샛별이 떠오르는 때, 태자는 활연히 지혜가 열려 정각을 성취했다. 태자는 이제 붓다, 즉 정각자正覺者가 되었다.

4절 | 설법 - 가르침을 베풀다

1. 범천권청

정각을 성취한 붓다는 미묘한 해탈의 즐거움을 누리면서 생각했다. '내가 고생 끝에 얻은 법은 매우 깊고 알기 어렵다. 저 어둡고 혼탁한 세상에서 탐욕貪慾·진에瞋恚·우치愚癡 등에 덮여 있는 인간들로서야 어떻게 내가 얻은 법을 알 수 있을 것인가. 이제 내가 그들에게 법을 바로 설한다면, 그들은 반드시 미혹하여 믿어 받아들이지 못할 것이요, 도리어 비방함 때문에 장차 악도惡道에 떨어져 모든 고통을 받을 것이다. 이것은 세상의 흐름을 거스르는 것이며, 미묘하고 심원하기 때문에 탐욕과 암흑으로 뒤덮여 있는 사람에게는 이해되지 않는 것이다. 나는 차라리 잠자코 법을 설하지 않고 열반에 드는 것이 좋을 것이다.'

그때 범천이 붓다 앞에 나타나 최상의 예경을 드리고, 한쪽 무릎을 땅에 붙이고 합장하고 아뢰었다[梵天勸請].

"부처님이시여, 지난 오랜 세상 동안 생사의 바다에서 나라와 처자와

몸까지 버리시어 수행한 것은 모두 중생을 위함이었습니다.

이제 최상의 도를 이루시고 어찌 잠자코 법을 설하지 않으시려

하십니까? 어리석은 중생이 생사의 바다에 빠져 나올 기약이

없습니다. 바라건대 부처님은 대비원력大悲願力을 저버리지 마시고,

법의 수레바퀴를 굴려주십시오."

붓다는 범천의 간청을 듣고 세상 사람들을 관찰했다. 사람들은 제
각기 다양하여 한결같지 않았으니 비유하면 연못의 연꽃들과 같았다.
어떤 연은 물 밑에서 벗어나지 못하면서 자라고 있고, 또 어떤 연은 수
면과 같은 수준까지 자라고 있다. 또 어떤 연은 수면 위로 올라와 더
러운 물에서 완전히 벗어나 있다. 연못의 연꽃은 아름답지만 연꽃이
자라는 연못 그 자체는 깨끗하지 않다. 연못은 더러운 이 세상을 비유
하고 있다. 마찬가지로 이 세상에는 욕망이 적은 사람, 많은 사람, 가
르침을 기꺼이 받으려는 사람, 그렇지 않은 사람, 머리가 좋은 사람,
머리가 둔한 사람 등 천차만별이다. 붓다는 자신의 설법에 관심을 보
이며 열심히 귀를 기울일 자가 있음을 알고 법을 설하기로 결심했다.

"이제 불사不死의 문을 열겠노라. 귀 있는 자 들어라."

2. 초전법륜 - 첫 설법

붓다는 이전에 수행 도중 만났던 두 선인을 가르치려고 생각했으
나 이미 죽은 것을 알고 6년 동안 같이 고행했던 다섯 수행자에게 법
을 설하기로 했다. 그때 다섯 사람은 바라나시의 녹야원이라는 옛 선

인들이 수도하던 곳에 머물러 있었다. 붓다는 곧 자리에서 일어나 거기를 향해 떠났다. 다섯 사람들은 멀리서 걸어오는 붓다를 바라보며 서로 말했다.

"사문 고타마는 고행을 버리고 좋은 음식을 받아먹더니,

다시 도 닦을 마음도 없이 저렇게 돌아다니는구나.

이제 이리로 오더라도 우리는 일어나 맞이하지도 말고 예경도 하지

말자. 그리고 앉을 자리를 찾거나 앉고자 하더라도 자기 마음대로

하게 내버려 두자."

그러나 붓다가 다섯 사람들 앞에 나타나자, 그들은 자기도 모르게 즉시 일어나 예배하고 받들어 맞이했다. 붓다는 그들을 향해 말했다.

"그대들은 나에게 아직도 교만한 생각을 갖고 있구나.

나는 이미 끊을 것을 끊고 깨칠 것을 깨치어 나의 할 일을 마쳤다.

너희는 이제부터 나를 사문 고타마라고 부르지 말고 붓다라고

불러라. 나는 정각을 성취했다. 도는 오직 몸을 괴롭게 함으로써만

이루어지는 것이 아니다. 고행과 쾌락의 두 극단을 벗어난 중도^{中道}

를 행하는 자만이 도를 얻는 것이다."

이 법문을 듣고 다섯 사람은 마음이 열리고 법안^{法眼}이 깨끗해졌다. 이 다섯 사람은 붓다의 제자가 되어 수행하여 아라한이 되었다.

3. 전법선언

붓다는 점차 제자가 늘어나 60명을 헤아리자 법을 널리 알리도록 선언했다[傳法宣言].

초전법륜지 사르나트 전경

"제자들이여, 나는 세상의 모든 번뇌와 업의 속박으로부터 벗어났다.
제자들이여, 너희들도 세상의 모든 속박으로부터 벗어났다.
비구들이여, 길을 떠나라. 많은 사람들의 이익과 안락을 위하여
세간을 연민하며, 인천人天의 이익과 복지와 안락을 위해 떠나라.
둘이 함께 가지 말고, 혼자서 가라. 늘 한결같이 하라.
제자들이여, 처음도 좋고 중간도 좋고 끝도 좋으며 뜻과 형식을
갖추어 훌륭한 법을 설하라. 오로지 깨끗하고 완전하게 원만히 해서
청정한 수행을 밝히도록 하라. 제자들이여, 나도 또한 가르침을 펴기
위하여 우루벨라로 갈 것이다."

붓다는 불교의 전법이 자기 자신만의 해탈에 있는 것이 아니라 모든
사람의 이익과 행복에 있음을 알리고 있다. 그리고 방법에 있어서도
합리적이고 이해할 수 있는 언어로 가르치도록 제시하고 있다.

4. 싱사파 숲의 나뭇잎

붓다가 코삼비^{Kosambī}에 있는 싱사파^{Simsapa}라는 숲에 머물고 있었다. 붓다는 나뭇잎 몇 개를 손안에 쥐고 제자에게 물었다.

"내 손안에 있는 나뭇잎 수와 싱사파 숲의 나뭇잎 수 중 어느 것이 많은가?"

제자들이 당연히 숲의 나뭇잎 수가 많다고 하자 붓다는 다음과 같이 말했다.

"내가 알고 있는 바를 여러분에게 조금밖에 이야기하지 않았다. 내가 이야기하지 않은 것이 훨씬 많다. 왜 그러한 것들을 말하지 않았는가? 그 이유는 열반에 이르는 데 도움이 되지 않기 때문이다."

붓다가 알고 있는 지혜의 양은 숲의 나뭇잎처럼 방대하지만 붓다가 우리에게 가르친 양은 한 움큼의 나뭇잎 수와 같다. 붓다가 알고 있었지만 우리에게 말하지 않은 것들은 직접적으로 우리 행복에 영향을 주지 않는 것들이다. 붓다의 유일한 관심사는 고통의 해결에 있었다. 바른 지혜에 의하여 우리 삶의 방식을 변화하여 완전한 행복에 이를 것을 원했던 것이다. 따라서 고통 해결에 관련이 없는 문제에 대해 붓다는 그 답을 알고 있었지만 말하지 않았던 것이다.

5. 독화살을 맞은 사람

말룬키아풋타^{Mālunkyāputta}라는 수행자가 우주의 기원과 같은 문제에 골몰하고 있었다. 그런데 이러한 문제에 대하여 붓다가 확실하게 대답하지 않았기 때문에 불만이었다. 그래서 어느 날 그는 붓다를 찾아가 붓다가 이런 문제에 관하여 답을 주지 않는다면 붓다를 떠날 것이라고 말했다. 붓다는 그를 조용히 바라보다가 독화살에 맞은 사람의 비유를 말했다.

"말룬키아풋타여! 여기 독화살에 맞은 사람이 있다고 가정하자. 그때 그의 친구들은 그를 위해 급히 의사를 데리고 왔다. 그러나 '나를 쏜 자는 누구인가? 나를 쏜 화살은 어떤 활인가? 화살은 어느 쪽에서 날아왔는가? 화살의 재료는 무엇인가?' 등의 질문을 해결하기까지, 그는 의사가 독화살을 뽑아서는 안 된다고 고집을 부렸다. 말룬키아풋타여! 그는 그런 것들을 알기 전에 죽지 않겠느냐? 말룬키아풋타여! '세계는 유한인가 무한인가? 정신과 육체는 동일한가 별개인가? 여래는 사후에도 존재하는가 존재하지 않는가?' 등의 문제에 대답한다고 해서 우리들의 인생고가 해결되지 않는다. 우리들은 현재 여기서 고통을 우선 해결해야만 한다."

6. 흉악한 살인마의 교화

연쇄살인범 앙굴리말라 Aṅgulimāla는 99명을 살해한 살인마였다. 그는 코살라국에서 '손가락 목걸이'라는 별명으로 통하고 있었다. 자신이 죽인 사람의 숫자를 기억하기 쉽도록 시체에서 잘라낸 손가락[aṅguli]으로 목걸이[māla]를 만들어 장신구처럼 목에 걸고 다녔기 때문에 붙여진 별명이었다. 이미 사람을 99명이나 죽인 그는 자신의 어머니까지 해치려 했다. 붓다는 잔인하여 손에 피를 묻히고 살육을 일삼는 살인마 앙굴리말라를 찾아갔다. 도중에 농부들이 살인마 앙굴리말라가 있는 곳을 향해 걸어가는 붓다를 보고 만류했다.

"세존이시여, 이 길로 가지 마십시오. 이 길에는 앙굴리말라라는 살인마가 있습니다. 그는 잔인하여 손에 피를 묻히고 살육을 일삼고 있습니다. 그는 사람을 죽여서 손가락뼈로 목걸이를 만들고 있습니다. 세존이시여, 이 길을 열 사람, 스무 사람, 서른 사람, 마흔 사람, 쉰 사람이 모여서 가도, 오히려 그들은 앙굴리말라의 손아귀에 놓일 것입니다."

이와 같이 만류했음에도 붓다는 묵묵히 앞으로 나아갔다. 앙굴리말라는 멀리서 붓다가 오고 있는 것을 보고 있다가, 칼과 방패를 잡고 활과 화살을 메고 붓다를 바싹 쫓아갔다. 앙굴리말라는 온 힘을 다해 달려도 보통 걸음으로 걷고 있는 붓다를 따라잡을 수가 없었다. 그래서 앙굴리말라는 이와 같이 생각했다. '참으로 놀라운 일이다. 나는 일찍이 질주하는 말을 따라잡을 수 있었다. 그런데 오늘 온 힘을 다해 달려도 보통 걸음으로 걷고 있는 이 수행자를 따라잡을 수가 없다.' 그는 멈추어 서서 붓다에게 외쳤다.

"수행자여, 멈추어라. 수행자여, 멈추어라."

붓다는 대답했다.

"앙굴리말라여, 나는 멈추었다. 너도 멈추어라."

붓다의 대답에 의문이 생긴 앙굴리말라가 그 의미를 물었고, 붓다는 그 의미를 대답했다.

"나는 언제나 일체의 살아 있는 존재에 대한 폭력을 멈추고 있다. 그러나 그대는 살아 있는 생명을 해치려 달리고 있지 않느냐?"

라자가하의 영축산 향실

7. 붓다를 해치려는 사람

데바닷타는 붓다를 대신하여 교단의 우두머리가 되고자 하는 탐욕 때문에 붓다를 살해하려 했다. 여러 번 붓다를 살해하려고 했지만 실패했다. 어느 날 데바닷타는 산을 오르내리는 붓다를 향해 바위를 굴렸다. 바위의 한 조각에 붓다는 발을 심하게 다쳤지만 상처는 완치될 수 있었다. 다른 날에는 술을 잔뜩 먹인 코끼리를 붓다에게 달려들도록 했다. 힘세고 포악한 코끼리는 붓다 앞에서 코를 내리고 귀를 흔들며 두 무릎을 꿇었다. 앞으로 다가간 붓다는 코끼리의 미간을 쓰다듬으며 말했다.

"사람을 죽여서는 안 된다. 이제부터 자비로운 마음을 길러라."

붓다의 관용에도 불구하고 데바닷타는 자신의 허물을 뉘우치지 않고 도리어 승가의 분열을 조장했다. 병석에 눕고 나서야 데바닷타는 비로소 자신의 잘못을 뉘우쳤다.

8. 아들을 잃은 어머니

키사고타미Kisagotami는 가난한 친정집 탓으로 시집오는 날부터 천대를 받았다. 그러다가 아들을 낳자 그녀에 대한 가족들의 태도가 우호적으로 바뀌었다. 그러던 어느 날 갑자기 아이가 아프기 시작하다가 결국 죽고 말았다. 키사고타미는 눈물을 흘리며 죽은 아이를 안고 거리를 헤매고 다녔다. 머리는 헝클어지고 신발도 신지 않은 키사고타미는 강보에 싸인 아이를 내보이며 아이를 살려달라고 사람들에게 애원했다. 그러다가 마침내 붓다를 찾아뵙고 아이를 살려달라고 매달렸다. 말없이 키사고타미를 바라보던 붓다가 말했다.

"사람이 한 번도 죽어나간 적이 없는 집을 찾아 그 집에서 겨자씨 한 줌을 얻어 오십시오. 그러면 당신 말대로 해드리겠습니다."

다시 거리로 달려간 여인은 거리의 첫 번째 집 대문을 두드렸다.

"불쌍한 저를 위해 겨자씨 한 줌만 보시하십시오."

겨자씨를 주고 돌아서는 주인을 고타미가 불러 말했다.

"이 집에서 사람이 죽어나간 적은 없겠지요."

"이 사람아, 사람이 죽어나가지 않은 집이 어디 있겠나. 우리 집만 해도 얼마 전 아버님이 돌아가셨네."

두 번째 집, 세 번째 집, 네 번째 집을 찾아가 보았지만 사람이 죽어나가지 않은 집은 없었다. 붓다는 키사고타미에게 말했다.

"태어난 중생은 누구나 할 것 없이 모두가 반드시 죽는다."

이 말을 듣고 키사고타미는 생사의 문제를 풀기 위해 붓다의 제자가 되었다.

5절 | 마지막 여행과 입멸

1. 자기 자신과 법을 섬으로 삼으라

붓다는 마지막 여행을 마치고 80세에 입멸入滅한다. 마지막 우안거 직후 붓다는 격심한 병에 시달렸다. 그 질병의 고통은 죽음에 이를 정도로 지독한 것이었다. 붓다는 이 병고를 무사히 극복했다. 아난다는 붓다의 병고에 무척 놀랐지만, 붓다가 교단에 관해 어떤 유언도 말하지 않고 그냥 입멸하리라고는 생각하지 않았다고 고백한다. 이러한 아난다의 고백에 대해 붓다는 승단 존속과 유지 문제를 부정하며 다음과 같이 대답한다.

"아난다여! 승단[saṃgha]이 나로부터 무엇을 바라고 있는가?
아난다여, 나는 이미 법을 설했다. 무엇인가를 비밀스러운
가르침으로 남겨놓지 않았다. 아난다여! 여래는 법에 관하여 몰래
숨겨 두지 않았다. 아난다여, 요컨대 만약 누군가가 '나는 비구
승단을 지도한다'라고 하거나 '승단이 나에게 의지해야 한다'
라고 생각하는 자가 있다면, 그로 하여금 승단에 관하여 어떤 말을
하도록 요청하여라. 그러나 여래如來는 자신이 승단을 지도한다거나
승단이 자신에게 의지해야 한다고 생각하지 않는다. 따라서 왜
여래가 승단에 관하여 어떤 말을 해야 하겠는가?"

아난다는 붓다의 임박한 죽음을 목격하고 교단 유지라는 관심사로 붓다에게 교단 존속에 관하여 질문을 하지만, 붓다는 승단 유지에는 관심을 보이지 않고 개개인의 수행과 자율을 설하고 있다. 붓다는 후계자 지정 대신에 아난다에게 가르친다.

"너희들 개개인은 자신을 자신의 섬으로 만들어야지, 다른 어떤
것도 의지처로 삼지 마라. 너희들 개개인은 법을 자신의 섬으로
만들어야지, 다른 어떤 것도 의지처로 삼지 마라."

2. 붓다를 공경하는 법

녹야원에서 첫 설법을 행한 이래 붓다는 45년간 수많은 사람들에
게 가르침을 베풀고 80세에 입멸했다. 붓다는 파바^{Pāvā}에서 마지막 공
양을 마친 후 히란야바티^{Hiraññavatī} 강을 건너 말라^{Malla}족의 살라 숲에
도착한다. 그는 아난다에게 자신을 위해 두 그루의 살라^{Sala} 나무 사
이에 머리가 북쪽으로 가도록 침상을 펴라고 말한다. 그러고 나서 그
는 오른쪽 옆구리를 바닥에 대고 누웠으며, 한 다리를 다른 다리 위
에 올려놓는다.

"그때 세존은 우협으로 사자와獅子臥를 하고 한 발을 다른 한 발에
포갠 채 정념正念하고 정지正智하고 있었다."

두 그루 살라 나무의 새하얀 꽃잎이 비처럼 흩날려 붓다의 몸을 덮
었다. 천신들이 온갖 아름다운 꽃과 향을 가지고 붓다에게 공양했다.
붓다는 이러한 공양이 당신을 진정으로 공경하는 것은 아니라고 말
한다.

"귀중한 꽃과 향을 가지고 여래를 공양하는 것은 아니다. 사람들이
스스로 법을 받아들여 법답게 행동하는 것, 이것이 여래를 진정으로
공양하는 것이다."

쿠시나가라 열반당의 열반상

3. 붓다의 마지막 제자

붓다의 입멸이 임박했다는 소식을 들은 사람들이 하나둘 붓다가 있는 숲으로 찾아왔다. 가족과 함께 인사하는 사람들에게 붓다는 그들의 건강과 행복을 빌어주었다. 붓다가 피로하실까 염려한 아난다는 말라족 500명을 한꺼번에 인사시켰다. 숲의 정적을 깨고 한 늙은 바라문 수밧다 Subhadda가 찾아왔다.

"오늘 밤 사문 고타마께서 입멸하신다는 소식을 들었습니다.

늦었지만 꼭 뵙고 싶습니다."

"돌아가십시오. 부처님께서 지금 몹시 힘들어하십니다."

"늦어서 죄송하지만 저는 꼭 뵈어야 합니다. 제가 법에 대해 의심나는

것이 있어 그렇습니다. 한 번만 뵙게 해주십시오."

"그만두십시오. 부처님을 번거롭게 하지 마십시오."

그때 붓다는 그들의 대화를 듣고 아난다에게 말했다.

"아난다여, 그를 막지 마라. 법에 관한 질문은 나를 괴롭히는 것이 아니다."

수밧다는 설법을 듣고 붓다의 마지막 제자가 되었다.

4. 붓다의 최후 가르침과 입멸

붓다는 다음과 같은 최후의 가르침을 남긴다.

"제자들이여! 이제 나는 너희들에게 말한다. 제행諸行은 소멸하기 마련이다. 방일放逸하지 않고[appamādena] 정진하라."

방일[pamāda]은 어떤 자극에 의해 정신이 마비된 것을 가리키는 말로 특히 만취한 상태를 가리킨다. 이같이 자기를 잊고 자제함이 없이 온갖 욕망에 이끌려가는 것, 그것이 방일이다. 그러므로 게으르지 않는 불방일不放逸이란 그런 상태에 빠지는 일이 없는 자제와 집중과 지속을 그 특징으로 한다. 따라서 불방일은 마음이 깨어있는 상태를 의미한다.

붓다는 최후로 제자들에게 가르침을 설하고 나서 여러 선정을 출입한다. 선정에서 나온 직후 붓다는 입멸한다. 붓다의 입멸 과정이 정각처럼 선정과 밀접하게 연계되어 있다는 것은, 붓다가 마지막 순간까지 늘 '깨어있음'을 말하려 했음을 뜻한다. 이러한 의미에서 '깨어있는 자'를 의미하는 붓다라는 용어가 역사적인 붓다에게 가장 맞는 호칭일 것이다. 붓다의 탄생을 전하는 문헌에서도 붓다는 탄생할 때 또렷이 깨어있었다고 강조하고 있다. 탄생부터 입멸까지 붓다는 온전하게 깨어있는 사람[覺者]이었던 것이다.

자애로운 스승으로서 붓다의 모습은 입멸 직전까지 경전에 잘 나타나 있다. 마지막 여행길에서조차 붓다는 제자들에게 법을 설하고, 제자들로 하여금 수행을 하도록 격려하는 모습을 볼 수 있다. 80세라는 고령에 긴 여행을 하는 것조차 힘든데 제자들을 위해 마지막 순간까지 가르침을 베풀고 있는 것은 스승의 모습을 극명하게 드러내는 것이다. 붓다는 입멸 직전 제자들에게 불법에 관해 의문이 있으면 나중에 후회하지 말고 자유롭게 질문하라고 세 번씩이나 요청한다. 초전법륜부터 입멸까지 붓다의 일생은 자애로운 스승의 삶, 그 자체라고 할 수 있다.

키워드

고행, 범천권청, 불방일, 붓다, 사문유관, 입멸, 정각, 초전법륜,
출가

연구문제

1) 고타마 싯다르타의 출가 동기와 반드시 출가해야만 했던 이유를
   설명해 봅시다.

2) 붓다가 우리들에게 법을 설한 이유를 생각해 봅시다.

3) 노벨상 수상 소설인 헤르만 헤세의 『싯다르타』와 붓다의 전기를
   비교해 봅시다.

참고문헌

· 『부처님의 생애』, 대한불교조계종 교육원 지음, 조계종출판사,
  2010.

· 『고따마 붓다』, 성열 지음, 문화문고, 2008.

· 『행복을 가져오는 붓다의 말씀』, 안양규 지음, 도피안사, 2012.

3장

붓다의 근본 가르침

1절 | 윤회와 업보

1. 윤회

윤회輪廻란 수레바퀴가 돌듯 중생이 출생과 죽음을 반복한다는 뜻이다. 자신이 지은 업業에 따라 지옥, 아귀, 축생, 아수라, 인간, 천상을 계속 돌아다니는 것을 말한다. 모든 중생은 자기가 지은 업에 의해 좋은 환경에 태어나서 행복하기도 하고 나쁜 환경에 태어나서 불행하기도 한다. 윤회는 헤아릴 수 없는 먼 과거에서부터 시작했으며, 업을 제거하지 않는 한 미래에도 나고 죽고를 반복한다. 윤회에서 벗어난 것을 열반이라고 한다. 불교에서는 열반을 최고의 목표로 삼는다.

윤회는 삼계三界와 육도六道로 설명할 수 있다. 중생은 삼계 안에서 생사를 반복한다. 삼계는 욕계欲界, 색계色界, 무색계無色界를 말한다. 욕계는 육체적 욕망이 지배하는 세계로서 지옥, 아귀, 축생, 아수라, 인간, 천신의 일부로 구성되어 있다. 색계는 육체적 욕망으로부터는 자유롭지만 여전히 일종의 신체를 가진 천신들의 세계이다. 무색계는 욕망은 말할 것도 없고 육체조차도 없는 존재들이 사는 세계다. 이들은 순전히 정신적인 존재들이다. 그렇지만 천신일지라도 인연이 다하면 다시 그의 업에 따라 다른 곳에서 태어나야 하기 때문에 무색계도 완벽하지 않은 곳으로 여겨진다. 삼계는 비록 괴로움과 즐거움이 각각 저마다 다르지만 출생과 죽음이 반복하는 윤회의 세계이다.

삼계를 다시 세분하면 육도로 나뉜다. 육도란 지옥도^{地獄道}, 아귀도^{餓鬼道}, 축생도^{畜生道}, 아수라도^{阿修羅道}, 인간도^{人間道}, 천상도^{天上道}를 말한다. 지옥, 아귀, 축생 등 세 가지는 나쁜 세계이므로 3악도^{三惡道}라고 한다. 지옥에 사는 중생들은 긴 세월 동안 가장 극심한 고통을 받는다. 악업을 가장 많이 지은 자가 태어나는 곳이다. 아귀도에 사는 중생들은 목구멍이 바늘처럼 가는 반면 배는 대단히 큰 존재들로서, 항상 배고픔과 목마름 때문에 끊임없이 고통을 받는다. 음식이 목에 넘어가면 목에서 불이 나고 물을 마시면 목에서 불길이 솟는다고 한다. 축생도는 모든 종류의 벌레들, 물고기, 새, 동물들이 사는 곳이다. 축생의 세계는 약육강식이 지배하는 세계로, 강한 자가 약한 자를 잡아먹는 살생의 악행이 자주 벌어지는 세계이다. 아수라도는 천신을 상대로 싸움을 하는 아수라들이 사는 곳이다. 인간과 천상은 선업을 지은 존재들이 사는 좋은 세계로 선도^{善道}라 한다. 천신은 중생 중에서 가장 행복한 존재이다. 육도윤회의 중생 가운데 가장 많은 선업을 지은 자이다. 그렇지만 천신도 죽어서 다시 태어난다. 인간 세계는 즐거움과 괴로움이 적당히 있어 괴로움에서 벗어나려는 마음을 낼 수가 있으며, 수행하기에 가장 적당한 좋은 세계이다. 중생이 윤회하면서 인간의 몸을 받는 것이 얼마나 어려운가를 보여주는 이야기가 눈 먼 거북이의 비유이다.

육도윤회를 보여주는 티베트 사원의 천정 그림

"아주 넓은 바다에 구멍이 난 널빤지가 있다고 하자. 그리고 그 넓은 바다에는 눈 먼 거북이가 100년에 한 번씩 해면 위로 머리를 내민다고 하자. 그 눈 먼 거북이가 해면 위로 떠올라 널빤지 구멍에 머리를 집어넣는 일이 어느 정도 가능할까?"

제자들로부터 거의 불가능하다는 말을 듣자, 붓다는 그것보다 더 어려운 일이 사람의 몸으로 태어나는 것이라고 말한다.

2. 업보

업 業, karma이란 의도적인 행위란 뜻으로 윤회의 원동력이다. 행위인 업은 잠재했다가 조건을 만나면 결과, 즉 보報를 낳는다. 업과 과보의 관계는 식물에 비유해서 설명할 수 있다. 마치 씨앗이 물이나 온도 등 조건을 만나면 발아하고 성장하여 열매를 맺듯이, 업인 씨앗도 조건을 만나면 결과인 보를 만들어낸다. 업보業報의 기본 법칙은 '선인낙과善因樂果 악인고과惡因苦果'이다. 속담에 '콩 심은 데 콩 나고 팥 심은 데 팥 난다'는 말이 있듯이, 선한 행동이 그 원인으로 즐거움의 과보를 만들어내고, 악한 행동이 역시 그 원인으로 괴로움의 과보를 만들어낸다. 선행이 괴로운 과보를 만들어내거나, 악행이 즐거운 과보를 만들어낼 수 없다.

그러나 우리 주위에는 나쁜 짓을 하고도 잘 사는 사람이 있고, 반대로 착한 일을 많이 하는데도 괴로움에 빠져 있는 사람이 있다. 이것은 업과 보의 간격 때문에 일어난 현상이다. 업을 짓는 즉시 그 과보를 받는 경우도 있지만, 오랜 시간을 두고 그 결과가 생기는 경우도 있다. 지금 악업을 짓고 있으면서도 행복하게 사는 것은 과거의 선업에 의한 과보가 익어 행복한 것이고, 지금 저지르는 악업은 미래에 괴로운 과보로 돌아올 것이다. 결국은 자신의 행위에 의해 상응하는 과보를 받는다. 붓다는 인간이 어떠한 행위를 하였느냐에 따라서, 행복해질 수도 있고 불행해질 수도 있다고 가르친다.

어떤 종류의 씨앗이 뿌려지든지
같은 종류의 열매를 거두어들인다.
선善을 행한 자는 선을 거두어들이고
악惡을 행한 자는 악을 거두어들이네.

- 『상윳타 니카야 i』(사가타밧가)

자신이 스스로 지은 행위가 행복과 불행의 과보를 결정한다. 행위, 즉 업은 자기 자신의 것이기 때문에 그 과보는 엄격히 자신의 것이다. 다른 사람이 행한 선행의 좋은 결과를 자신이 취할 수도 없고, 자신이 행한 악행의 좋지 않은 결과를 다른 사람에게 전가할 수도 없다. 자신이 짓고 자신이 받는다는 자작자수自作自受나 자업자득自業自得의 원칙은 행위자의 자기책임을 강조한다. 선업을 지으면 행복이 오고, 악업을 지으면 불행이 온다. 그러므로 자신에게 어떤 과보가 오느냐 하는 것은 온전히 각자의 행위에 달려 있고, 또한 그 과보는 그 업을 행한 자신이 받아야 한다. 자신의 행복에 대한 책임은 오직 자기 자신에게 있으므로, 자신의 행복은 자기 스스로 창조할 수 있다. 따라서 신에게 기도하거나 다른 존재에게 의존할 필요가 없다는 것이다.

자신이 지은 행위는 없어지지 아니한다.
반드시 자기 자신에게 돌아온다.
행위의 주인은 행위의 과보를 만난다.
악행을 지은 어리석은 자는
자신이 스스로 그 행위의 고통을 느낄 것이다.

- 『숫타니파타』 666

자신에 의해 씨가 뿌려졌으니 언젠가 반드시 자신이 그 열매를 거둔다. 지금 다른 사람 모르게 행한 행위는 지금 당장 그 결과를 드러내지 않을 수도 있지만, 언젠가는 반드시 드러난다. 지금 행한 악업의 열매가 맺히기 위해서는 적절한 시간과 조건 등이 갖추어져야 한다. 따라서 그 어떤 행위도 그대로 없어지지 않는다. 그것은 반드시 그 주인에게 되돌아온다. 어리석은 자가 지은 악한 행위가 지금 당장 드러나지 않는 것처럼 보이지만, 재 속에 숨어 있는 불처럼 작열하며 어리석은 자를 쫓는다.

악업이 아직 익지 않은 동안 어리석은 자는 악업을 달콤하다고 착각한다.
악업이 익었을 때 어리석은 자는 고통에 빠진다.
- 『담마파다』 69

업은 행위 수단에 의거하여 3업[身業·口業·意業]으로 나뉘고, 그것을 다시 10업으로 세분한다. 즉 몸으로는 살생·도둑질·음행을 하고, 입으로는 거짓말·이간질·이치에 닿지 않는 말·욕설을 하며, 마음으로는 탐욕과 분노와 어리석음을 저지른다. 그래서 이를 10악업+惡業이라고 한다. 이를 도표로 보면 다음과 같다.

10악업+惡業

① 살생殺生 : 생명을 죽이는 행위 ·······················
② 투도偸盜 : 도둑질하는 행위 ·························· 신업身業
③ 사음邪淫 : 삿된 음행을 하는 행위 ···············

④ 망어妄語 : 사실과 일치하지 않는 말 ·············
⑤ 기어綺語 : 꾸미거나 부풀리는 말 ···················
⑥ 양설兩舌 : 이간질하는 말 ······························ 구업口業
⑦ 악구惡口 : 나쁜 욕설, 거친 말 ······················

⑧ 탐심貪心 : 탐욕 부리는 마음 ·························
⑨ 진심瞋心 : 미워하거나 분노하는 마음 ··········· 의업意業
⑩ 치심癡心 : 어리석은 마음 ·····························

몸과 입과 마음으로 짓는 행위 중에 가장 근본인 것은 마음으로 짓는 행위, 즉 의업意業이다. 불교에서는 의업을 신업과 구업의 근본으로 본다. 탐욕貪慾과 성냄[瞋恚], 어리석음[癡心]이 근본이 되어 입으로나 몸으로 악한 행위를 하는 것이다. 신체적 업이나 언어적 업보다도 정신적 업이 가장 비난할 만한 것이라고 붓다는 가르치고 있다. 탐욕, 성냄, 어리석음은 모든 악업의 근본이며, 특히 어리석음은 모든 악업에 내재해 있다. 탐진치貪瞋癡를 3화三火라고 부르기도 한다. 탐욕의 불꽃, 분노의 불꽃, 무지의 불꽃, 이 세 가지 불꽃이 가장 무서운 불이라고 가르치고 있다.

"제자들이여! 세 가지 불꽃이 있다. 무엇이 셋인가? 탐욕의 불꽃,
증오의 불꽃, 무지의 불꽃이 그것이다. 탐욕의 불꽃은 감각적인
쾌락에 빠져 있는 사람들에게서 활활 타오르고, 증오의 불꽃은
살생에 휩싸여 있는 사람들에게서 활활 타오르고, 무지의 불꽃은
붓다의 가르침을 모르는 사람들에게서 활활 타오르고 있다.
이 세 가지 불꽃을 알지 못하고 중생들은 쾌락에 빠져 자신을
해치고 있다."

- 이티붓타카 「제3품」

탐욕의 불꽃이 왕성하게 타오르면 탐욕의 대상을 향하여 돌진한다. 이런 모습을 붓다는 불구덩이 속으로 뛰어드는 것과 같다고 비유하고 있다. 일상생활에서 우리는 탐욕으로 싸움이 일어나 서로 다치는 일을 자주 접한다. 분노의 불꽃에 휩싸여 자신과 주위 사람을 해치는 경우도 쉽게 볼 수 있다. 부부 싸움 끝에 홧김에 집에 방화하여 가족들

이 모두 참사하는 경우가, 분노의 불꽃이 얼마나 위험한지를 잘 보여주는 예이다. 무지의 불꽃은 탐욕이나 분노의 불꽃과 달리 더 은밀하여 잘 드러나 보이지 않지만 가장 근본적인 것이다. 어리석은 행동은 항상 무지나 오해에 의해 이루어진다. 어리석게도 특정 이념이나 사상으로 수많은 생명을 해치는 경우가 여기에 속한다.

탐진치는 세 가지 독약, 즉 삼독^{三毒}으로 많이 알려져 있다. 탐욕의 독, 분노의 독, 무지의 독이 인간을 병들게 하고 있다는 진단이다. 중생이 고통에 빠져 있는 이유는 세 가지 독을 먹고 있기 때문이다. 삼독은 불행의 병원^{病源}인 셈이다. 이 세 가지 원인에 의해 살생 등 온갖 악업이 행해진다. 탐진치는 모든 악업의 근원으로 외부에서 발생하는 것이 아니라 마음 내부에서 발생한다. 외부 대상에서 고통의 원인을 찾지 않고 내부에서 찾는다는 입장은, 기본적으로 자기 자신의 마음 상태로써 행복 여부를 결정한다는 입장이다.

> 탐욕과 성냄과 어리석음은
> 사람의 마음을 결박하나니
> 안에서 생겨 스스로 해치는 것
> 마치 저 갈대의 열매 같다.

- 잡아함경 「제38권」

업보를 숙명론이나 운명론으로 오해하는 사람도 있다. 현재 우리의 삶은 이미 지은 업에 의해 영향을 받고 있다는 것은 사실이다. 그러나 현재 선업을 더 행하여 과거 악업의 과보를 어느 정도 변화시킬 수 있다. 업이 일단 형성된 뒤에는 과보를 초래할 수밖에 없다고 했지만, 업을 지은 사람의 노력에 따라 예상 가능한 결과를 다소 변화시킬 수 있다. 업을 지은 뒤에 다시 어떤 업을 짓느냐에 따라, 이미 결정된 업에 영향을 미칠 수 있다는 것이다. 그렇다고 해서 과보를 나타나지 않게 할 수 있다거나, 완전히 다른 것으로 바뀔 수 있다는 의미는 아니다.

경전에서는 이것을 소금물의 비유로 설명하고 있다. 한 조각의 소금 덩어리가 작은 그릇의 물속에 들어가면 그 물은 짠맛이 날 것이다. 같은 양의 소금이 갠지스 강에 녹는다면, 그것이 강물을 짜게 만들 수는 없다. 한 움큼의 소금을 한 잔의 물속에 넣으면 그 물은 짜서 마실 수 없지만, 그것을 큰 그릇의 물속에 넣으면 마실 수 있다. 한 잔의 물 속에 넣은 소금의 양과 큰 그릇의 물에 넣은 소금의 양은 동일하지만, 물의 양에 따라 소금물의 농도가 다르므로 마실 수 있는 물이 되기도 하고 그렇지 않을 수도 있다.

이처럼 이미 결정된 업도 우리 노력에 의해 그 결과를 어느 정도까지 변화시킬 수 있다. 즉 나쁜 업을 지었어도 그 뒤에 좋은 업을 많이 쌓는다면, 이미 지은 나쁜 업에 대한 과보는 고통스럽게 느껴지지 않을 수도 있다. 그러나 나쁜 업을 짓고 나서도 계속 나쁜 업을 짓는다면, 소금을 자꾸 조그마한 잔의 물에 집어넣는 것과 같다. 아주 짠맛을 느낄 것이다. 이와 같은 원리 때문에 업 이론은 숙명론적인 이론이 아니다. 사람은 자신의 운명을 자신의 의지와 노력에 의해 변화시킬 수 있는 것이다.

전생에 개로 태어날 악업을 지었지만, 한 사람은 선업을 많이 짓고 또 다른 한 사람은 악업을 많이 지었다고 한다면, 이번 생애에 그 둘은 다르게 살아간다. 개로 태어날 악업을 지었기 때문에 둘은 모두 개로 태어난다. 그러나 개로서 살아가는 생활은 각각 다르다. 선업을 많이 지은 사람은 애완견으로 태어나 주인의 지극한 보살핌을 받아 각종 물질적인 혜택을 누릴 수 있다. 반면에 악업을 계속 자행한 사람은 똥개로 태어나 주인에게 푸대접받다가 결국 음식으로 바쳐질 것이다. 똑같은 업을 지었다 해도 그 결과는 반드시 동일하지 않다. 상황에 따라 그 결과는 다르게 나타난다. 마치 '저 농부가 땅을 잘 다루고 잡초를 없앤 뒤에 좋은 종자를 좋은 밭에 뿌리면 거기에서 나오는 수확은 한량이 없지만, 그 농부가 땅을 잘 다루지 않고 잡초들을 없애지 않고서 종자를 뿌리면 그 수확은 말할 것도 없이 부실한 것'과 같다. 즉 같은 넓이의 밭에 같은 양의 종자를 심는다고 해도 밭 상태에 따라 수확량이 다르게 나타나는 것처럼, 업의 과보가 나타나는 것도 다르다.

악업은 3악도로 이끌고 선업은 천신이나 인간으로 태어나게 만든다. 살생 등 10악업을 자주 행하면 고통의 세계인 3악도에 떨어질 것이다. 설령 인간으로 태어나더라도 불행할 것이다. 살생을 자주 저지른 자는 지옥에 떨어지거나, 인간으로 다시 태어나더라도 단명하고, 투도를 하면 재산을 잃고, 사음을 하면 적대자가 생기고, 망어를 하면 무고하게 비난당하고, 양설을 하면 친구와 헤어지고, 악구를 행하면 불쾌한 소리를 듣고, 기어를 하면 자신의 말이 신용을 얻지 못하고, 술을 먹으면 정신이상자가 된다.

반대로 선업을 지으면 좋은 결과를 얻는다. 보시를 하면 다섯 가지 좋은 결과가 생긴다. ① 주위 사람으로부터 사랑받고 소중히 여겨진다. ② 아름다운 명성이 널리 사회적으로 알려진다. ③ 대인 관계에서 자신감이 생긴다. ④ 좋은 친구가 생긴다. ⑤ 죽어서 천상에 태어난다.

업에 대응하는 과보果報가 반드시 있다는 것을 인정한다면, 악업을 피하고 선업을 지어야 한다. 우리가 지금 행하는 행위가 반드시 그에 상응하는 결과를 초래한다는 사실을 아는 사람이라면 함부로 행동하지 않을 것이다. 오늘 나의 행동이 내일 나의 모습을 결정하므로 지금 선한 행위를 하는 것이 중요하다.

2절 | 사성제 - 네 가지 거룩한 진리

붓다가 정각을 성취한 후 녹야원에서 행한 최초의 설법이 사성제四聖諦이다. 사성제는 고성제苦聖諦·고집성제苦集聖諦·고멸성제苦滅聖諦·고멸도성제苦滅道聖諦로 이루어져 있으며, 줄여서 고성제·집성제·멸성제·도성제라고 한다. 고통의 원인과 그 해결에 관한 가르침이다. 사성제는 인생의 '고통' 문제를 해결하기 위해 의사가 병을 치료할 때와 같은 방법을 사용한다. 의사가 먼저 병을 진단하듯이 붓다는 인생의 '괴로움'을 말하고[고성제], 병의 원인을 찾아내듯이 괴로움의 원인을 규명한다[집성제]. 그리고 병 치료 후의 건강 상태를 말하듯이 괴로움이 소멸된 상태, 즉 열반을 설명했고[멸성제], 마지막으로 병의 치료 방법을 말하는 것처럼 열반에 이르는 길을 제시했다[도성제].

1. 괴로움에 관한 성스러운 진리 - 고성제

중생의 삶이 고통스럽다는 진단이다. 고통은 여덟 가지로 요약된다.

① 태어난다는 것은 괴로움이다. ② 늙는다는 것은 괴로움이다. ③ 병든다는 것은 괴로움이다. ④ 죽는다는 것은 괴로움이다. ⑤ 원수나 미운 사람[것]을 만나는 것은 괴로움이다[怨憎會苦]. ⑥ 사랑하는 대상과 이별하는 것은 괴로움이다[愛別離苦]. ⑦ 구해도 얻지 못하는 것은 괴로움이다[求不得苦]. ⑧ 요컨대, 인간을 구성하는 오온에 대한 집착이 괴로움이다[五取蘊苦].

여기서 보듯이 괴로움의 결론은 오취온고이다. '나'라는 존재는 오온五蘊으로 구성되어 있고, 중생은 이런 오온을 '나'라고 하거나 '내 것'이라고 집착하기 때문에, 이 취착의 대상인 오온으로 이루어진 우리의 삶 자체가 괴로움일 수밖에 없다는 것이다. 오온은 그 자체로 무상하게 변하는 것이며 불변하는 자아가 아니다. 이렇게 무상하게 생성하고 소멸하는 오온에 집착하여 자기라고 여기고 오온이 애착하는 대상을 탐하는 것이, 또한 그 자체로서 괴로움이라는 것이 고성제의 의미이다. 본질적으로 무상한 오온을 가지고 자아로 여기기 때문에, 우리는 끊임없이 근심하고 불안해하며 고통을 받는다. 늙기 싫고 병들기 싫으며 죽기도 싫고 명예와 재물을 잃고 싶지 않은 것이 자아의 의지이지만, 그러한 것들은 무상하기 때문에 자아의 뜻에 어긋나는 것이며, 결국 괴로움인 것이다.

붓다가 정각을 깨달은 후 얼마 지나지 않았을 때 설했다는 경전은, 우리가 살고 있는 세상이 얼마나 위험한가를 불로써 비유하고 있다. 붓다는 우리가 영위하고 있는 생활이 화재의 현장이라고 단호하게 비유하고 있다. 우리의 삶이 얼마나 고통으로 가득 차 있는지 실감나게 하는 비유의 가르침이다. 붓다는 세상이 불타고 있다고 진단한다.

"모든 것은 불타고 있다. 모든 것이 불타고 있다는 것은 무슨 뜻인가. 눈은 불타고 있다. 색채와 형태는 불타고 있다. 눈의 식별 작용은 불타고 있다. 눈의 접촉은 불타고 있다. 눈의 접촉에 의해 생기는 감수는 좋거나 나쁘거나 혹은 그 어느 쪽도 아닐지라도, 그것 역시 불타고 있다. 무엇에 의해서 불타고 있는가? 탐욕의 불로, 혐오의 불로, 미혹의 불로 모든 것은 타오르고 있다. 출생과 노쇠, 죽음과 근심, 슬픔과 고통, 번뇌와 번민에 의해서 불타고 있는 것이다."

우리 몸과 마음은 고통의 불로 타고 있지만, 그 고통을 알지 못하고 있다는 것이다. 우리 감각기관은 불쾌감을 초래하는 대상은 피하고, 쾌락을 안겨다 주는 것을 향해 달려가고 있다. 눈은 보기에 좋은 것을 향해 달려 나가고, 귀는 듣기 좋은 소리를, 코는 좋은 향기를, 혀는 맛나는 음식을, 몸[피부]은 부드러운 감촉을 향해 달리고 있다. 다섯 가지 감각기관이 추구하는 쾌락을 5욕락이라고 한다. 조금 과격하게 말하자면 우리들은 이런 물질적인 대상을 얻기 위해 혈안인 것이다. 그래서 붓다는 활활 타오르는 불로 비유하고 있는 것이다. 이와 유사한 비유로 우리가 살고 있는 세계를 불타고 있는 집에 비유하기도 한다. 집이 불타고 있는 줄도 모르고 우리는 헛된 즐거움에 빠져 살고 있다는 것이다. 우리는 윤회의 세계에서 생사를 반복하면서 피눈물을 흘린다. 이 윤회는 시작을 알 수가 없다. 참으로 오랜 세월 동안 사람들은 고통을 경험하고 재난을 경험하고 무덤을 증대시켰다. 사람들이 오랜 세월 유전하고 윤회해 오는 동안, 사랑하지 않는 사람과 만나고 사랑하는 사람과 헤어지면서 비탄해하고 울부짖으며 흘린 눈물의 양은, 4

대양에 있는 물보다 더 많다고 비교하고 있다. 중생이 위험한 삶을 영위하면서도, 어리석게 그것을 알지 못한다고 말하는 경전을 하나 더 살펴보자. 붓다는 우리 삶의 모습을 이렇게 비유하고 있다.

"어떤 청년이 광야에 놀다가 사나운 코끼리에게 쫓겨 황급히 달아나다가, 한 우물이 있고 그 곁에 나무뿌리 하나가 있는 것을 보았다. 그는 곧 그 나무뿌리를 잡고 우물 속으로 내려가 몸을 숨기고 있었다. 그때 마침 검은 쥐와 흰 쥐 두 마리가 그 나무뿌리를 번갈아 갉아 먹고 있었고, 그 우물 사방에 그리고 우물 밑에는 독사가 있었다. 그는 그 독사가 몹시 두려웠고 나무뿌리가 끊어질까 걱정이었다. 그런데 우물 옆 나무에 달려 있던 벌집에서 떨어지는 벌꿀을 즐기면서 청년은 모든 것을 잊어버리고 말았다."

나무뿌리에 매달려 있는 청년은 바로 우리 중생을 대변하고 있다. 나무뿌리를 갉아 먹고 있는 검은 쥐와 흰 쥐 두 마리는 밤과 낮을 비유한 것으로, 나무뿌리를 갉는 것은 시시각각 목숨이 줄어드는 것을 비유한다. 벌꿀은 5욕락을 비유한 것이다. 청년은 자신의 생명이 위험한 상황에 처해 있으면서도 떨어지는 달콤한 꿀에 탐닉해서 위험에 처한 상황을 망각하고, 거기에서 벗어나고자 하는 마음을 내지 않는다. 5욕락에 사로잡혀 위험에 노출되어 있다는 것을 망각한 채 살고 있는 중생들에게는 결국 죽음만이 기다리고 있다. 어디가 안전한 곳일까? 어떻게 그곳에 도달할 수 있을까? 이러한 물음들에 대하여 이상의 비유는 먼저 인생이 고통으로 위협받고 있다는 사실을 직시하라고 대답하고 있다.

2. 괴로움의 원인에 관한 거룩한 진리 - 고집성제

괴로움은 어떻게 발생하는 것일까? 모든 형태의 괴로움을 불러일으키는 것은 탐욕이다. 탐욕[taṇhā]은 한역 경전에선 갈애 ^{渴愛} 라고 번역한다. 목마른 사람이 애타게 물을 갈구하는 심리 상태를 보여주는 것으로 매우 강렬한 욕망이다. 갈애에는 세 종류가 있다. 감각적 쾌락에 대한 갈애[欲愛], 존재에 대한 갈애[有愛], 존재하지 않음에 대한 갈애[無有愛]이다. 눈 · 귀 · 코 · 혀 · 몸의 다섯 감각기관을 통해서 인식되는 대상에 대해서 생기는 탐욕을 욕애라고 하는데, 욕계에 살고 있는 우리에게 매 순간 일어나고 있는 것이다. 천상 세계에 태어나려는 강한 욕망이나 영원히 살고자 하는 탐욕을 유애라 한다. 무유애는 유애의 반대로 존재에 대한 폭력이나 자살에 대한 충동이다. 탐욕이 고통의 근원인 이유를 붓다는 다음과 같이 비유하고 있다.

"마을에서 멀지 않은 곳에 자그마한 고깃덩어리가 땅에 떨어져 있을 때, 까마귀나 솔개가 그것을 물고 달아나면 나머지 다른 까마귀나 솔개들은 앞다투어 그 뒤를 쫓는다. 그들도 먹고 싶기 때문에 쫓는 것이다. 만일 이 까마귀나 솔개가 그 조그마한 고깃덩이를 재빠르게 버리지 않는다면 다른 까마귀나 솔개들이 앞다투어 계속 쫓아오지 않겠느냐?"

고깃덩어리는 한정되어 있고 모든 까마귀와 솔개들은 한결같이 고기를 먹고 싶어 한다. 공급물량은 제한적인데 그것을 원하는 자가 많다면 당연히 경쟁이 생겨나기 마련이다. 누군가 먼저 포기하지 않으면 결국 싸움으로 발전할 수밖에 없다. 먹이를 위한 싸움은 생명의 위협으로, 살생이라는 악행으로 끝날 것이다. 그래서 붓다는 제자들에게 탐욕은 고깃덩이를 차지하려는 것과 같아 즐거움은 적고 괴로움만 많아서 심한 고통이 따른다고 경계한다. 배가 고파 음식을 요구하는 것은 당연하다. 그러나 배를 채우고 난 뒤에도 음식의 맛에 탐착해 있으면 문제라는 것이다. 자신의 생존에 필요한 것만큼만 취하고 더 이상 탐욕심을 내지 말아야 한다는 것이다. 그렇지 아니하면 탐욕심으로 인해 고통을 초래한다. 한정된 대상을 두고 경쟁하므로 사람들은 살인적인 경쟁에 몰두한다. 재산, 권력, 명예를 차지하기 위해 서로 다투다가 목숨을 잃는 경우를 자주 접할 수 있다.

> "탐욕 때문에 왕은 다른 왕들과 다투고, 부모는 자식과 다투고, 형제끼리 친구끼리 서로 다투는 것이다. 그러다 서로 죽이기까지 하니 이것이 탐욕의 재앙이다. 탐욕 때문에 사람들은 몸을 망치고 함부로 빼앗고 간음을 행한다."

탐욕은 결코 만족하지 않고 끊임없이 한 대상에서 또 다른 대상으로 옮아간다.

> "탐욕이란 어디를 가도 만족할 줄 모르는 것이다. 탐욕은 고통으로 가득 차 있어 우리들을 절망의 구렁으로 떨어뜨리고 무서운 재앙을 불러들인다."

탐욕의 끝없는 움직임 속에는 달성을 위한 긴장과 갈등이 놓여 있다. 쾌락을 주는 것은 추구하려 하고, 그렇지 않은 것은 피하려고 한다. 이러한 탐욕의 운동은 심신을 지치게 만들고 결국 고통으로 변하고 만다. 다른 사람보다 더 많은 돈을 가지고 싶고, 남으로부터 칭찬을 받고 싶고, 남보다 더 큰 권력과 명예를 누리고 싶어 한다. 탐욕은 기본적으로 이기주의의 발로이다. 사람들은 온갖 고생을 하면서도 수단을 가리지 않고 돈을 모으려고 한다. 설령 고생한 끝에 부자가 되었다고 해도 그는 이제 부를 지키기 위해 걱정과 근심을 겪어야 한다. 도둑이 훔쳐갈까, 친구나 친척들에게 뜯길까 온갖 걱정을 한다. 탐욕은 살생, 투도, 망어, 간음, 음주 등 악업을 짓도록 만든다.

만일 탐욕의 불을 끄지 않으면 자기를 해치고 남을 해치며,

자기와 남을 함께 해치고, 현세에서 죄를 짓고 후세에서 죄를 지으며,

현세와 후세에서 다 죄를 지어 그 때문에 마음의 근심과 괴로움이

생기기 때문이다.

- 잡아함경 「제4권」

3. 괴로움의 소멸에 관한 거룩한 진리 - 고멸성제

괴로움의 소멸은 곧 열반涅槃, nirvāṇa을 의미한다. 열반은 '소멸消滅'의 의미를 가진 말로서 '괴로움이 소멸된 상태'를 가리킨다. 고통이 완전히 없어진 상태, 다른 말로 표현하면 '고통에서의 완전한 해방' 또는 '최고의 행복'이라고 할 수 있다[涅槃第一樂]. 열반은 비교할 바 없는

크나큰 행복이라고 붓다는 가르치고 있다. 열반은 으뜸가는 행복이다. 수행을 통해 도달한 궁극적 경지를 불교에서는 해탈이나 열반이라는 말로 부른다. 열반은 불교의 궁극적 목표인 것이다. 라다라는 제자가 붓다에게 묻는다.

"그러면 세존이시여, 무엇을 위해 열반을 얻는 것입니까?"
"라다야, 너의 질문은 너무 지나치다. 묻는 데 끝을 모르는구나.
 라다야, 나의 가르침은 열반에 이르는 것이 목적이다. 우리들이 이
 거룩한 수행을 하는 것은 모두 열반에 이르기 위한 것이며, 열반에서
 끝나는 것이다."

열반에 관한 전형적인 정의는 세 가지 번뇌의 소멸이다.

열반이란 탐욕貪欲이 완전히 다하고 진에瞋恚가 완전히 다하고 치암痴暗이
완전히 다한 것이니, 일체 번뇌가 완전히 다한 것을 열반이라고 이름 한다
- 잡아함경 「제18권」

열반은 탐욕의 불, 분노의 불, 우치의 불이 영원히 끊어진 상태로 시원한 것이다.

초기경전에서는 열반을 무위법無爲法으로써 정의하고 있다. 무위란 문자 그대로 '만들어지지 아니한'이라는 의미로 유위有爲와 상대되는 말이다. 유위법, 즉 유위의 존재는 원인과 조건에 의해 만들어진 것을 지칭한다. 유위법은 만들어진 것이기 때문에 반드시 소멸한다. 반면에 무위법은 어떤 원인에 의해 형성된 것이 아니라 스스로 존재하므로 생

성과 소멸에서 벗어나 있다.

> 모든 행行은 무상無常하니 그것은 생멸生滅의 법이다. 생멸을 멸해 버리면
> 적멸寂滅은 즐거움이 된다
>
> - 잡아함경「제22권」

만들어진 것들, 즉 제행이 무상한 것이어서 생멸의 법칙에 종속되어 있지만, 적멸은 생멸에서 벗어나 있기 때문에 즐거움이라고 밝히고 있다. 물론 여기서 적멸이란 열반에 다름 아니다. 붓다는 열반에 대해서 이렇게 말한다.

> "태어나지 않고, 자라지 않으며, 조건에 구애받지 않는 것이 있다.
> 태어나지 않고, 자라지 않으며, 조건에 구애받지 않는 것이 없다면,
> 태어나고 자라고 조건에 따르는 데서 벗어날 수 없다. 태어나지
> 않고, 자라지 않으며, 조건에 구애받지 않는 것이 있기 때문에
> 태어나고, 자라고, 조건에 따르는 데서 벗어날 수 있는 것이다."

열반은 생사에서 벗어난 것으로 이 세상의 것과는 전혀 다르다. 번뇌의 불길이 꺼졌으므로 시원하고, 괴로움이 소멸되었으므로 평화롭고 행복한 상태가 곧 열반이라고 할 수 있는 것이다. 붓다가 출가한 목적이 인생의 괴로움으로부터 벗어나는 것이라고 할 때, 그 괴로움의 완전한 소멸인 열반이야말로 불교의 궁극적 목적인 동시에 최고의 가치이다.

4. 괴로움의 소멸에 이르는 길에 관한 거룩한 진리 - 고멸도성제

괴로움의 소멸에 이르기 위한 구체적인 실천 방법에 관한 가르침이 도성제道聖諦로서, 그 구체적인 수행법은 8정도八正道이다. 팔정도는 고苦를 끊는 길[道]에 대한 여덟 가지 구체적인 방법을 제시한 것이다. 이것은 중도中道로 불리기도 하는데, 열반에 이르는 바른 길은 감각적 쾌락을 구하는 데 있는 것이 아니고, 지나친 고행으로써 자신을 괴롭히는 데 있는 것도 아니며, 그 양 극단을 떠나있다는 의미이다. 그것들은 다음과 같다.

1) 바른 견해[正見]

대상을 있는 그대로 인식하는 것을 의미한다. 보시에 효과가 있다는 견해, 선업은 즐거운 과보를 악업은 나쁜 결과를 초래한다는 견해, 업에 따라 다음 세상에 태어난다는 견해, 최상의 지혜를 성취하고 우리를 이끌어줄 수 있는 스승들이 있다고 보는 견해, 괴로움에 대한 지혜, 괴로움의 일어남에 대한 지혜, 괴로움의 소멸에 대한 지혜, 괴로움의 소멸로 인도하는 길에 대한 지혜, 유익함[善]과 해로움[不善]을 꿰뚫어 아는 지혜이다.

2) 바른 사유[正思]

욕망에서 벗어나려는 의지, 남을 해치지 않으려는 의도, 남을 이롭게 하려는 의도이다.

3) 바른 말[正語]

말 한마디가 천 냥 빚을 갚기도 하지만, 때로는 입안에 도끼를 물고

다니기도 한다. 거짓말[망어]을 삼가고 적극적으로 진실만을 말한다. 이간질[양설]을 삼가고 적극적으로 화해시키고 화합하는 말을 한다. 거친 말[악구]을 삼가고 적극적으로 부드러운 말, 귀에 거슬리지 않는 포근한 말, 우정과 용기를 주는 말, 많은 사람이 받아들일 수 있는 말을 한다. 쓸모없는 말[기어]을 삼가고 적극적으로 의미 있는 말을 한다. 적절한 때에 사실에 근거해서 유용한 말을 한다.

4) 바른 행위[正業]

살생하지 않는다[불살생]. 모든 생명은 폭력을 당하지 않고 행복하게 살기를 원한다. 모든 생명에 대한 사랑의 마음을 일으켜 살생하지 않는다. 남이 주지 않는 것을 가지지 않는다[불투도]. 내가 일해서 얻은 것이 아니면 가지지 않는다. 삿된 성행위를 하지 않는다[불사음]. 성적^{性的}인 방종을 삼가는 것을 이른다.

5) 바른 생활[正命]

바른 직업과 정당한 방법으로 생계를 꾸려가야 함을 의미한다. 나와 남에게 이익이 되는 직업이 바른 직업이다. 생업을 영위함에 있어 다른 생명에게 해를 끼칠 우려가 있는 일, 가령 무기 제조 및 판매, 마약 거래 등에 종사하지 않는 것이다.

6) 바른 노력[正精進]

사악하고 해로운 법[不善法]들을 일어나지 못하게 노력하고, 이미 일어난 사악하고 해로운 법들을 제거하기 위하여 노력한다. 유익한 법

[善法]들을 일어나도록 노력하고 이미 일어난 유익한 법들을 지속시키고 증장시키도록 노력한다.

7) 바른 관찰[正念]

바른 알아차림으로 대상을 잊어버리지 않고 기억하여 알아차리는 것이다. 자신을 이루고 있는 육신[身], 느낌[受], 마음[心], 생각[法]을 있는 그대로 관찰하여 집착하지 않는다.

8) 바른 정신 통일[正定]

올바른 정신 통일을 말하며 4선정禪定을 가리킨다. 선정이 깊어질수록 일상적인 생각과 감정이 사라지며, 지혜가 나타날 수 있는 있는 최적의 마음 상태를 이룬다.

팔정도는 팔지성도八支聖道라고도 하며, '여덟 개의 부분으로 이루어진 성스러운 도'라는 의미이다. 여덟 개의 요소가 한 세트로 되어 있어 서로 유기적으로 결합되어 있기 때문에 각각이 별개의 것은 아니다. 팔정도의 바른 수행은 자신의 행위와 말을 바르게 이끌고 마음을 정화시킨다. 팔정도는 불교의 대표적인 수행법으로 세 가지 배움[三學]이 갖추어져 있다. 계학戒學 · 정학定學 · 혜학慧學의 삼학은 붓다의 가르침을 배우는 내용과 순서를 밝힌 것이다. 계戒는 윤리적인 수행이며 정定은 평소의 산란한 마음을 일정한 대상에 집중함으로써 산란한 마음을 다스린다. 혜慧는 대상을 있는 그대로 볼 수 있는 안목을 말한다. 팔정도와 삼학을 연관 지어 살펴보면 바른 말 · 바른 행위 · 바른 생활은 계학에, 바른 노력 · 바른 관찰 · 바른 집중은 정학에, 바른 견해 · 바른 사유는 혜학에 속한다.

3절 | 무아

불교의 근본 사상인 무아無我는 보통 사람들이 지니고 있는 이기적인 자아의식自我意識이 허구임을 보여준다. 그릇된 자아 관념은 모든 고통의 근본 원인이라고 붓다는 가르치고 있다. 무아의 가르침에 의하면 자아라는 생각은 가상적인 것, 거짓된 믿음으로 실재와는 거리가 멀다. 자아에 대한 그릇된 견해는 개인적인 갈등에서부터 국가 간의 전쟁에 이르기까지 모든 문제의 근원이다. 고통의 발생 근저에는 나와 남을 심리적으로 분리시키는 자아의식이 뿌리 깊게 박혀 있다. 남과의 비교를 통해서 우리는 우월 의식과 열등의식을 일으키고, 즐거움과 고통의 악순환을 되풀이한다.

자아의식의 테두리를 벗어나지 못한 범부들은, 자아의식을 일으키는 배후에 영원불변한 실체가 있다고 당연하게 여긴다. 즉 영원불변한 영혼과 같은 실체가 인간 내부에 머물면서 모든 사고와 감정 그리고 행동을 감독하고 지시하다가, 육신의 죽음에 상관없이 상주한다는 그릇된 견해가 있다. 이른바 아견我見이라는 것인데, 이것이 이기적인 욕망과 집착을 일으켜 고통을 초래한다. 아견은 아我와 아소我所, 나의 것라는 분별 의식과 이기적인 욕망, 집착, 증오, 악의, 교만, 이기주의 그리고 다른 불선한 생각들과 엮여서 문제들을 만들어낸다. 요컨대 이러한 그릇된 견해에 세상의 모든 고통의 근원이 놓여 있는 것이다. 이렇듯 고통을 일으키는 아견을 부정한 것이 무아인 것이다. 아인슈타인은 자아 분리감이 착각이라고 밝히고 있다.

> "인간은 우주라고 불리는 전체의 한 부분으로 시간과 공간에 제한되어
> 있다. 자기 자신, 자신의 생각과 감정은 다른 사람과 분리하여 있는
> 것으로 경험한다. 일종의 의식의 시각적 착각이다. 이런 착각은
> 우리에게 일종의 감옥이며 우리를 자신의 개인적 욕망에 가두어 버리고,
> 자신에게 아주 가까운 몇몇 사람에게만 우리를 제한한다."

자기중심적인 좁은 견해는 '나'의 인생, '나'의 문제, '나'의 고통 등 '나'를 강조하며 다른 존재와 전혀 별개로 여기는 것이다. 마치 특정 파도에만 초점을 맞추고 다른 파도나 바다 전체를 보지 못하는 것과 같다. '나'의 본질은 다른 사람의 본질과 떨어져 존재하지 않고, 특이 [unique]하지도 않다. 그럼에도 사람들은 변함없이 견고한 '나'가 있다고 착각한다. 이러한 자아의식은 실상 감옥에 다름 아니다.

무아의 참뜻은 통속적인 '나[我]'라는 존재의 부정이 아니라, '나'라는 개체의 독립적 실체가 있다는 거짓 인식을 부정하는 것이다. '나'는 '나' 아닌 무수한 타자들과 맺은 관계 속에서 비로소 존재하는 것이다. '나'라는 독특한 실체를 고집할 것이 아니라, 나를 구성하는 그 '나' 아닌 것들과의 관계성을 바로 깨닫는 것이 무아의 가르침이다. 내 몸을 구성하고 있는 요소는 자연에서 온 것이며 다시 자연으로 돌아

간다. 모든 존재는 수많은 인연으로 존재하는데 '나'라는 존재도 바로 그 인연의 산물이다. 다시 말해 무아는 나와 타자와의 관계성을 확인하는 것이며, '내가 너와 완전히 다른 존재가 아니다'라는 자타불이^{自他}를 확인하는 것이다. 무아의 가르침은 '나'라는 아상^{我相}의 울타리를 벗어나게 하며, 협소한 자기 인식을 벗어 버리고 총체적인 관점에서 '나'를 자각하는 것이다. 그래서 무아설은 분리된 '나'에 대한 생각에서 벗어나 모든 존재와의 관계에서 '나'를 보는 것이다.

1. 오온

오온은 인간을 형성하고 있는 다섯 가지 구성 요소이다. 이는 현상적으로 인간으로부터 나타나 보인다. 자신의 주관적 경험 사실과 대상과의 관계에서 일어난 경험 사실을, 오온의 견지에서 설명할 수 있다. 오온 분석의 목적은 오온에서 어렴풋이 사람들이 지니고 있는 자아의 관념을 제거하는 데 있다.

일상생활에서 범부는 늘 '자아라는 생각'에 근거하여 살아간다. '자아'라는 고정불변의 주재자^{主宰者}가 있어서 모든 사고와 감정을 담당하고 행동한다고 느낀다. 이런 뿌리 깊은 자의식은 자신과 자신을 둘러싼 세계를 분리시킴으로써 자기를 더욱 고립시키고 투쟁과 갈등의 삶을 영위하게 한다. 오온의 분석을 통해 무아를 가르치려는 것이다. 오온은 흔히 오취온^{五取蘊}이라고 불리는데 그 이유는 우리가 오온을 '나' 또는 '나의 것'으로 집착하기 때문이다. 몸과 마음은 다섯 가지 무더기 [오온]로 이루어져 있는데 이것을 우리는 '나'라고 그릇되게 집착한다.

1) 색온 色蘊

색이란 육체를 가리킨다. 육체는 물질적인 네 가지 기본 요소인 4대四大와 이 4대에서 파생된 물질인 4대소조색四大所造色으로 이루어져 있다. 4대란 지·수·화·풍으로서 지地는 뼈, 손톱, 머리카락 등 육체의 딱딱한 부분이고, 수水는 침, 혈액, 오줌 등 액체 부분이다. 화火는 체온이고 풍風은 몸속의 기체, 즉 위장 속의 가스 같은 것을 가리킨다. 4대소조색이란 4대로 이루어진 다섯 종의 감각기관[五根]인 눈[眼], 귀[耳]. 코[鼻], 혀[舌], 몸[身] 등이다. 4대는 인간의 몸이나 자연의 물질을 구성하는데 본질적으로 어떠한 차이도 없다.

2) 수온 受蘊

수受는 느낌을 말한다. 느낌은 세 가지로 흔히 분류한다. 좋다는 느낌[樂受], 싫다는 느낌[苦受], 그리고 좋지도 싫지도 않은 중립적 느낌[不苦不樂受] 등이다. 수는 내적인 감각기관들과 그것에 상응하는 외적인 대상들과의 만남에서 생긴다.

3) 상온 想蘊

상想은 대상을 인지하는 지각 작용이며 표상 작용이다. 대상의 특징을 파악하는 것이다.

4) 행온 行蘊

의지적인 작용을 가리키며 업으로 이해한다. 행은 수, 상, 식을 제외한 모든 정신 작용과 그 현상이다. 예를 들면 기억, 상상, 추리 등이 여기에 속한다.

5) 식온 識蘊

식識은 구별해서 아는 것[識別]이다.

온蘊은 '모임[集合]'이라는 뜻으로, 오온은 좁은 의미로는 인간 존재를 가리킨다. 인간은 물질적인 요소인 색과 정신적인 요소인 수, 상, 행, 식 등 다섯 개의 요소로 이루어져 있다. 자아가 존재한다고 보는 아견은 오취온에서 비롯한다. 오온을 고정적인 자아라고 생각하고, 그것에 집착한다. 자아의 실재를 믿는 사람들은 모두 오취온에서 자아를 헤아리고 있는 것이다. 범부는 색, 수, 상, 행, 식의 오온을 자신과 동일시하거나 자신의 일부 내지 전부로 여기고 있다. 오온에 대하여 집착이 있기 때문에 '내가 존재한다'라고 하는 아견이 발생하는 것이다. 오온 하나하나에 대해 또는 전체에 대해 아견, 아소견을 일으키는 것을 막기 위해 무상, 고, 무아를 가르친다.

"색은 무상하다. 무상은 곧 고이고, 고는 곧 무아이다. 무아인 것은 나의 것이 아니다. 이와 같이 관찰하는 것을 정견이라 한다.
이와 같이 수, 상, 행, 식은 무상하다. 무상은 곧 고이고,
고는 곧 무아이고, 무아인 것은 나의 것이 아니다."

색이 무상한 이유는 색을 구성하는 요소가 이미 무상하기 때문이다. 무상한 요소에 의해 이루어진 색이 항상恒常할 수 없는 것이다. 인간 존재를 구성하고 있는 다섯 개의 요소는 모두 무상한 것이므로, 이와 같은 요소들로 이루어진 인간 존재 역시 무상이다. 무상은 잠시 존재하

다가 사라진다는 의미이다. 따라서 곧 사라지는 것을 영원한 '나'라고 집착하지 말라는 것이다.

오온을 거품, 신기루, 허깨비 같은 것이라고 비유하고 있다. 색이 무상하다는 사실을 언급하였는데, 색의 무상함이 왜 고가 되는 것일까? 무상한 것은 생멸의 법칙에서 벗어나지 못하므로 고통이라는 것이다. 육신이 태어나 성장하고 죽기까지 거기에는 반드시 병과 죽음의 고통이 뒤따른다. 한편 색의 무상이 고통과 연결되는 이유는 색의 무상성을 제대로 파악하지 못하고 집착함에 있는 것이다. 범부는 색의 변이變異함에 따라 마음도 변이한다. 마음은 색에 구속되어 있다. 그것은 색을 너무 집착한 나머지 자신과 동일시한 데서 비롯한다. 변이하는 색과 그것을 그대로 잡아 두려고 하는 마음 사이에서 필연적으로 고통이 발생한다.

인간을 구성하는 이 다섯 가지 요소는 긴밀하게 상호작용을 하기 때문에 하나의 독립된 '나'가 개별적으로 분리되어 존재한다고 착각하게 된다. '마치 여러 가지 목재材木를 한데 모아 세상에서 수레라 일컫는 것처럼, 모든 오온이 모인 것을 임시적으로 존재[衆生]라 부른다.' 수레는 바퀴, 차체車體, 축軸 등 여러 요소가 모였을 때 비로소 존재할 수 있는 것일 뿐, 이 요소들과 관계없이 홀로 존재할 수는 없다. 인간 존재도 마찬가지다. 색온 등 5요소가 모일 때 비로소 인간이라는 존재도 성립할 수 있다. 그러나 이 다섯 가지 요소는 잠시도 지속하지 않고 생멸을 반복하는 무상한 것이다. 이렇게 무상한 오온에 대한 지나친 집착이 '나'가 있다는 잘못된 생각을 만들어낸다.

나도 없고 나의 것도 없다는 것을 확실하게 이해할 때, 우리들은 무엇에 집착할 것이며, 누구에게 분노를 품을 것이며, 무엇에 두려움을

느끼겠는가. 붓다는 팃사 ^{Tissa} 비구에게 "만일 색[육체]에 대해서 탐냄
이 떠나고 욕망이 떠나고 생각이 떠난 후에 그 색이 변하거나 달라진
다면, 그때 너에게 어떠한 근심, 슬픔, 번민, 괴로움이 생기겠느냐?"라
고 묻는다. 팃사는 "아닙니다."라고 대답한다. 수, 상, 행, 식 등 다른
4온에 대해서도 같은 문답을 한다. 오온이 무아임을 알면 오온이 변
해도 괴로워하지 않게 된다. 그것은 마치 어떤 사람이 숲 속의 나무들
을 베어서 가져가도 우리들이 근심하거나 슬퍼하지 않는 것과 같다는
것이다. 왜냐하면 그 나무들은 '아도 아니고 아소도 아니기 때문'이다.

2. 12처

12처+二處도 역시 무아를 가르치려는 것이다. 12처의 처處는 인식이
성립하는 장소를 의미한다. 12처에 의하면 다른 종교에서 말하고 있
는 영혼 같은 것을 인정할 수 없다. 정신 현상은 영혼과 같은 존재에
서 발생하는 것이 아니다. 그것은 감각기관과 그 기관에 관계된 대상
과의 만남에서 생긴다. 12처란 눈[眼根], 귀[耳根], 코[鼻根], 혀[舌根],
몸[身根], 마음[意根] 등 여섯 개의 감각기관[六根]과 그것에 상응하는
여섯 개의 대상[六境], 즉 빛깔과 형태[色境], 소리[聲境], 냄새[香境],
맛[味境], 닿을 수 있는 것[觸境], 생각[法境] 등을 합친 것이다. 즉 눈
은 색깔과 형체에, 귀는 소리에, 코는 향기에, 혀는 맛에, 피부는 접촉
되는 것에, 마음은 생각하는 것에 각기 대응한다.

눈[眼] 등을 여섯 개의 기관이라는 의미에서 6근이라 부르고, 6내처六
內處라고도 한다. 6근의 근은 기관器官이라는 의미 이외에, 기관이 가지고

있는 기능까지를 포함한다. 다시 말해 안근은 안구만을 가리키는 것이 아니라 볼 수 있는 눈의 기능까지 포함한다. 제6의 의근意根은 구체적으로 신체 어디에 있는지 말할 수 없지만, 여기에서 의식意識이 발생한다.

6근에 상응하는 바깥 세계의 대상, 즉 빛깔과 형태, 소리, 냄새, 맛, 닿을 수 있는 것, 생각 등을 6경이라 부르고 6외처六外處라고도 한다. 인식이 성립하기 위해서는 반드시 감각기관과 거기에 상응하는 대상이 만나야 한다. 눈에는 빛깔 또는 형태가, 귀에는 소리가, 혀에는 맛이, 몸[피부]에는 접촉할 수 있는 것이, 마음[意根]에는 생각[法]이 만나야 한다. 여기에서 법을 '생각'이라고 말했지만 좀 더 정확하게 말한다면, 마음으로 생각할 수 있는 아이디어나 관념 등을 말한다.

12처는 다음과 같이 표시할 수 있다.

6내처 六內處 = 6근 六根	6외처 六外處 = 6경 六境
① 안처 眼處 = 안근 眼根	⑦ 색처 色處 = 색경 色境
② 이처 耳處 = 이근 耳根	⑧ 성처 聲處 = 성경 聲境
③ 비처 鼻處 = 비근 鼻根	⑨ 향처 香處 = 향경 香境
④ 설처 舌處 = 설근 舌根	⑩ 미처 味處 = 미경 味境
⑤ 신처 身處 = 신근 身根	⑪ 촉처 觸處 = 촉경 觸境
⑥ 의처 意處 = 의근 意根	⑫ 법처 法處 = 법경 法境

6근 중 여섯 번째 마음은 눈, 귀, 코, 혀, 몸이 담당하지 못하는 모든 정신적 기능을 수행한다. 기억, 계산, 비교, 평가, 예상 등 모든 정신적 기능을 행하고 있기 때문에 가장 분주하다. 아울러 마음, 즉 의근은

앞의 5근과 달리 현재는 물론이고 과거, 미래에 걸쳐 작용한다. 눈 등 5근이 현재 진행 중인 대상에만 작용하지만 마음은 과거나 미래의 것에도 작용하므로 한층 분주하다. 지나치게 활동량이 많은 마음을 조절해주는 것이 필요하다.

대개 우리는 '나'라는 불변의 영혼이 있어 보고 듣는다고 생각한다. 그러나 12처에선 '나'라는 영혼이 없이 인식이 성립한다고 가르친다. 보는 인식 작용은 눈을 통해서 이루어지고, 듣는 작용은 귀를 통해서, 냄새를 맡는 것은 코를 통해서, 맛보는 것은 혀를 통해서, 감촉은 몸[몸의 각 부위에 있는 피부]을 통해서, 생각은 마음을 통해서 이루어진다.

3. 18계

18계^{十八界}는 12처를 더욱 상세하게 분류한 것으로 역시 무아를 가르치려는 것이다. 12처에 6식^{六識}을 추가한 것으로, 안 · 이 · 비 · 설 · 신 · 의^{眼耳鼻舌身意} 6근과 색 · 성 · 향 · 미 · 촉 · 법^{色聲香味觸法} 6경과 6식인 안식 · 이식 · 비식 · 설식 · 신식 · 의식을 말한다. 감각기관인 근^根, 대상세계인 경^境, 식별 작용인 식^識의 세 범주로 분류하고, 다시 그 각각을 여섯 종의 요소로 분석한 것이며, 무상 · 무아의 교리에 근거하여 인식 작용을 고찰한 것이다. 즉 근 · 경 · 식에 의해 인식이 성립한다고 보는 것이다. 눈, 귀, 코, 혀, 육체, 마음 등과 여기에 상응하는 물질, 소리, 냄새, 맛, 감촉할 수 있는 것, 생각이 서로 만날 때 안식^{眼識}, 이식^{耳識}, 비식^{鼻識}, 설식^{舌識}, 신식^{身識}, 의식^{意識} 등의 여러 가지 정신 현상이 발생한다. 여섯 가지 감각기관과 그것에 관계하는 여섯 가지 대상이 합처질 때 여섯 가지 식[六識]이 생기는 것이다. '비유하면 두 손이 서로 마주쳐서 소리를 내는 것처럼, 눈과 물질을 인연하여 안식이 생긴다 [다른 5식도 동일하다].'

12처 가운데 여섯 내적 영역에서 식별 작용을 6식으로 각각 따로 분류하고, 6근·6경·6식의 대응 관계를 보여준다. 눈과 색깔·형체와 시각이, 귀와 소리와 청각이, 코와 향기와 후각이, 혀와 맛과 미각이, 피부와 접촉되는 것과 촉각이, 마음과 생각되는 것과 마음의 식별 작용이 대응한다. 18계설에서는 12처의 경우와는 달리 6근과 6경을 합쳐서 객관계로 보고, 6식을 주관계로 보았다.

18계의 상호 관계를 표시해 보면 다음과 같다.

6근 六根	6경 六境	6식 六識
① 안계眼界	⑦ 색계色界	⑬ 안식계眼識界
② 이계耳界	⑧ 성계聲界	⑭ 이식계耳識界
③ 비계鼻界	⑨ 향계香界	⑮ 비식계鼻識界
④ 설계舌界	⑩ 미계味界	⑯ 설식계舌識界
⑤ 신계身界	⑪ 촉계觸界	⑰ 신식계身識界
⑥ 의계意界	⑫ 법계法界	⑱ 의식계意識界

붓다에 의하면 인간의 모든 경험은 열여덟 가지[十八界]로 압축된다. 즉 눈, 귀, 코, 혀, 몸, 마음 등 여섯 가지 감각기관과 그 대상인 색이나 형태, 소리, 냄새, 맛, 촉감, 생각 등 여섯 가지 감각기관의 대상, 그리고 감각기관과 그 대상 사이에서 발생하는 여섯 가지 의식을 합해 열여덟 가지이다. 그리고 이것들 이외에 달리 '나'라는 존재가 있는 것은 아니다.

4. 연기

연기緣起는 붓다의 가르침 가운데 가장 핵심적인 교리 중 하나이다. 붓다는 12연기를 통하여 깨달음을 얻었다고 하며, 또 어떤 경전에 의하면 12연기가 붓다의 정각 내용이라고 한다. 연기의 가르침을 붓다 당시의 사상과 대조해 보면 그 의미가 더욱 명확해진다.

붓다 당시 세 종류의 이론이 있었다. 첫째, 브라흐마 주재신主宰神을 믿는 사람은 인간의 행복과 불행이 궁극적으로 인간 그 자신의 책임은 아니며, 신의 의지에 달려 있다고 믿는다. 둘째, 인간의 고락苦樂은 전적으로 과거에 행한 행위의 결과라고 믿는 사람도 있었다. 셋째, 인생의 운명은 일정한 원인이나 이유에 의해 일어나는 것이 아니고, 완전히 우연한 기회에 의해 일어나는 것에 지나지 않는다고도 믿었다. 이러한 세 가지 견해는 우리가 노력을 계속하더라도, 현세의 삶이 노력에 의해 절대로 고쳐질 수 없다는 것이다. 이에 비해 연기는 개개인의 노력이나 수행을 통하여 괴로움에서 벗어날 수 있다고 가르치고 있다.

연기의 연緣은 '~에 의거해서'라는 의미로 원인을 가리키고, 기起는 '일어남'이라는 뜻으로 결과를 말한다. 따라서 연기란 인과를 가르치는 것으로, 모든 존재가 여러 가지 원인이나 조건을 말미암아서 형성되는 원리를 설명하고 있다. 연기의 원리를 좀 더 구체적으로 살펴보면 다음과 같다.

此有故彼有차유고피유　此起故彼起차기고피기
이것이 있으므로 저것이 있다. 이것이 일어나므로 저것이 일어난다.
此無故彼無차무고피무　此滅故彼滅차멸고피멸
이것이 없으므로 저것이 없다. 이것이 사라지므로 저것이 사라진다.

여기에서 '이것이 있기 때문에 저것이 있다'와 '이것이 일어나므로 저것이 일어난다'라는 구절은 존재의 발생을 설명한다. 그리고 '이것이 없기 때문에 저것이 없다'와 '이것이 사라지기 때문에 저것이 사라진다'라는 구절은 존재의 소멸에 대한 설명이다. 모든 존재는 그것을 형성시키는 원인과 조건에 의해서, 그리고 상호 관계에 의해서 존재하기도 하고 소멸하기도 한다는 것이다. 결국 연기란 존재의 '관계성關係性'을 말한다. 비유하면 세 개의 갈대가 아무것도 없는 땅 위에 서려고 할 때 서로 의지해야 설 수 있는 것과 같다. 만일 그 가운데 한 개를 제거해버리면 두 개의 갈대는 서지 못하고, 만일 그 가운데서 두 개의 갈대를 제거해버리면 나머지 한 개도 역시 서지 못한다. 그 세 개의 갈대는 서로 의지해야 설 수 있는 것이다.

연기의 원리에 의하면 어떠한 존재도 우연히 생겨났거나 또는 혼자서 존재하는 것은 없다. 모든 존재는 그 존재를 성립시키는 여러 가지 원인이나 조건에 의해서 생겨난다. 연기법의 입장에서 보면 고통의 고유성固有性 또는 실재성實在性은 인정할 수 없다. 고통은 신이나 절대자와 같은 어떤 존재가 우리를 벌주기 위해서 만든 것도 아니고, 우연히 존재하는 것도 아니다. 그것은 어떤 원인과 조건에 의하여 생긴 것이다. 따라서 고를 발생시키는 원인과 조건을 제거해버린다면, 고통도 사라질 것은 당연한 일이다. 붓다는 먼저 고통을 발생시키는 원인을 찾아 제거함으로써 고통에서 벗어 날 수 있었다.

12가지로 이루어진 인과 관계는 다음과 같다.

1) 무명 無明

올바른 법[正法], 즉 진리에 대한 무지를 가리킨다. 구체적으로는 연기의 이치에 대한 무지이고, 사성제에 대한 무지이다. 고는 진리에 대한 무지 때문에 생기므로, 무명은 모든 고를 일으키는 근본 원인이다.

2) 행 行

행이란 행위, 즉 업을 가리킨다. 행에는 몸으로 짓는 신행身行, 身業과 언어로 짓는 구행口行, 口業과 마음으로 짓는 의행意行, 意業 등 3행이 있다.

3) 식 識

식은 분별 작용으로서 안식, 이식, 비식, 설식, 신식, 의식 등 6식이 있다. 식이란 표면적인 의식뿐 아니라 잠재의식도 포함한다. 인간이 죽을 때, 육체는 소멸하지만 의식의 흐름은 무상하게 변하면서도 일정한 경향성을 가지고 이어진다.

4) 명색 名色

명은 정신적 요소를 말하고 색은 육체적 요소를 가리킨다.

5) 육입 六入

6입이란 눈, 귀, 코, 혀, 몸, 마음 등의 여섯 가지의 감각기관, 즉 6근이다.

6) 촉觸

감각기관과 그 대상, 그리고 인식 작용 등 3요소가 만날 때 촉이 일어난다. 여섯 가지 인식 기관은 그것들에 상응하는 대상과 접촉한다. 눈은 색이나 형체, 귀는 소리, 코는 냄새, 혀는 맛, 몸은 감촉, 마음은 생각이 그 대상이다. 촉에도 눈, 귀, 코, 혀, 몸, 마음 등 여섯 개의 감각기관에 의한 6촉六觸이 있다.

7) 수受

수는 감각을 가리킨다. 여섯 가지 감각기관이 그 대상들과 접촉함으로써 감각을 형성한다. 감각은 크게 즐거운 것, 괴로운 것, 즐겁지도 괴롭지도 않은 것 등 셋으로 분류된다. 수란 즐거운 감정, 괴로운 감정, 즐거움도 괴로움도 아닌 감정과 그 감수感受 작용을 말한다.

8) 애愛

감각에 대한 애착이 일어난다. 즐거운 것에 대해서는 끝없이 향유하려는 탐욕이 일어나고, 괴로운 것에 대해서는 싫어하고 미워하는 마음이 일어난다. 좋고 싫음에 대한 분별과 집착이 이후의 단계를 지배하여 괴로움을 낳고 급기야 윤회의 원동력이 된다.

9) 취取

취는 취착取著의 의미로서 올바르지 못한 집착이다. 맹목적인 애증愛憎에서 발생하는 강렬한 애착을 가리킨다. 어떤 대상에 대해 욕망이 생기면 뒤따라 그것에 집착심을 일으키게 된다.

10) 유 有

유란 존재를 말한다. 현 존재는 집착에 의존하여 한 개체로서 다시 존재하게 된다. 전 단계인 집착은 현 존재의 구성 요건이자 다음 생을 위한 필요충분조건이다. 혹은 유를 다음 생의 예비적 단계로 해석하기도 한다.

11) 생 生

집착의 힘에 의해 또 다른 생이 이어진다.

12) 노사 老死

한번 태어난 이상 늙고 죽는 것은 피할 수 없다.

연기의 가르침은 기본적으로 괴로움의 발생 구조와 소멸 구조를 보여준다. 고통도 여러 조건에 의해 형성된 것이므로 그 원인 내지 조건을 제거하면 사라진다. 이러한 연기 원리를 인간 내면에 적용시켜 고통의 근원을 추적한 것이 12지 연기이다. 고통의 원인을 인간의 힘이 미칠 수 없는 외부 요인에 돌리지 않고 인간의 무명에 두고, 주체적 인간의 수행 및 정진에 의해 괴로움을 제거할 수 있음을 보여주는 것이 12지 연기이다. 노병사라는 고통의 현상도 그 자체 원인을 가지고 있다. 절대적인 신이 만든 것도 아니고 그렇다고 우연히 발생한 것도 아니라는 것이다. 여러 가지 인연이 결합하여 고통이라는 현상이 발생한다. 만약 그 원인을 제거하면 당연히 그 고통도 사라진다.

5. 윤회와 무아

무아의 가르침에 의하면 영원불변한 자아는 존재하지 않는다. 윤회에 의하면 죽음과 재생이 반복한다. '자아'나 '영혼' 같이 영원하고 변함없는 실재나 실체가 없다면, 다시금 존재할 수 있는 것, 혹은 죽은 뒤에 다시 태어날 수 있는 그것은 무엇인가? 불교의 윤회관에 의하면 한 생에서 다음 생으로 이어지는 고정불변의 영혼은 없다. 그렇지만 한 생에서 다음 생으로 이어지는 것이 아무것도 없다는 의미는 아니다. 윤회를 위해서 한 생에서 다른 생으로, 영혼과 같은 어떤 것이 반드시 옮겨 가야 할 이유는 없다는 것이다.

예를 들면 A라는 사람이 죽어 B로 태어났을 경우, A와 B는 같은 존재일 것인가 아니면 전혀 다른 존재일 것인가? 이 문제에 대한 불교의 대답은 A와 B는 서로 같지도 않고 다르지도 않다는 것이다. 그것은 마치 하나의 과일나무에 열린 열매를 먹고 씨를 땅에 심었을 때 다시 나무가 성장해서 열매를 맺고, 또 그 열매의 씨를 심으면 또 새로운 나무가 성장하는 것과 같다. 달리 비유를 들면 A라는 등잔의 불을 B라는 등잔에 옮겨 붙일 때, A의 불과 B의 불이 같은 것도 아니고 다른 것도 아닌 것과 같은 이치이다. B의 불이 A로부터 옮겨 온 것이라는 관점에서 보면 같은 불이라고 할 수 있겠지만, B의 불이 B의 연료를 연소시키면서 타는 것이기 때문에 A의 불과 같다고 할 수도 없는 것이다.

나비의 비유를 들어 이것을 좀 더 쉽게 설명할 수 있다. 나비의 알[卵]은 애벌레로, 그리고 애벌레에서 번데기로 변하고, 번데기에서 결국 나비의 모습으로 나타난다. 알의 상태에서 나비로 변하는 전 과정을 거치면서, 어떤 고정불변하는 것이 전달되지는 않는다. 알이 변해서 애벌레가 되고, 그리고 애벌레가 변해서 번데기로, 번데기가 변해서 나비로 되는 것일 뿐이다. 알과 나비는 같은 것이 아니다. 그리고 알의 상태에서 나비로 되기까지 변하지 않고 옮겨 가는 '어떤 것'은 없지만, 알과 나비 사이에는 불가분의 관계가 있다. 나비의 알 속에는 이미 나비가 될 수 있는 조건이 들어 있다. 그래서 나비는 나비 알에서만 나오는 것이지, 모기 알에서는 나올 수 없다. 불교에서 윤회란 고정불변하는 어떤 주체가 한 생에서 다른 생으로 '옮아 가는 것[移轉]'이 아니라, 존재 그 자체가 변화하면서 '계속'하는 것이다.

키워드

10악업, 12처, 18계, 6경, 6근, 8정도, 무아, 사성제, 삼계, 삼독, 삼화, 업보, 연기, 열반, 오온, 육도, 윤회, 중도

연구문제

1) 전생과 내생에 관한 학문적인 연구에 대해 더 알아봅시다.

2) 완전한 행복이 어떠한 것인지 생각해 봅시다.

3) '나'라는 자아의식은 어떻게 형성된 것일까?

4) 자아의식이 왜 문제가 되는 것일까?

5) 인생이 고통인 이유는 무엇일까?

6) 일상생활 속에서 삼독의 예를 찾아봅시다.

참고문헌

· 『불교사상의 이해』, 불교교재편찬위원회 지음, 불교시대사, 2012.
· 『붓다의 가르침과 팔정도』, 월폴라 라훌라 지음, 전재성 옮김, 한국빠알리성전 협회, 2005.
· 『불타의 세계』, 中村元 지음, 김지견 옮김, 김영사, 1990.

II
불교의 역사와 문화

1장

새로운 불교 운동
대승불교

1절 | 대승불교의 출현

1. 대승의 의미

우리가 일상에서 만나는 불교는 얼핏 보기에 하나의 불교 같다. 불교도는 너나 할 것 없이 부처님을 섬기고 스님들을 존경한다. 그리고 스님들은 절에 기거하면서 법당에 부처님을 모신다. '부처님 오신 날'을 맞으면 연등을 들고 거리를 행진하는 모습도 한가지다. 하지만 조금 더 주의해서 살펴보면 모두 다 불교라고 하지만 각각의 양상은 꽤나 다양하다. 한국에서 보는 불교도 조금씩 다르고, 외국에서 만날 수 있는 불교는 한국 불교와 또 다르다. 인류가 진화하면서 각 지역의 인종이나 문화가 다양해졌듯이, 불교도 오랫동안 변화하고 발전하면서 여러 갈래 전통을 형성했다. 이들 전통은 조금씩 다른 주장을 펼쳤고, 자기 나름의 생각을 발전시켰다. 2,600년 불교 역사에서 보자면 가장 큰 변화는 대승불교*乘佛敎의 출현이다. 대승불교가 출현하면서 불교 내부에는 아주 뚜렷한 불교의 갈래가 형성됐다.

그렇다면 대승불교는 무슨 의미일까? 그리고 이 불교 전통은 무엇을 주장하고 지향할까? 한자 대승은 '크다'는 의미의 대大와 '탈 것'이란 의미의 승乘으로 이루어진 말이다. 자전거나 자동차 아니면 기차나 전철 등 '탈 것'이 많은 요즘과 달리, 고대에는 탈 것이라고 해 봐야 소나 말이 끄는 수레가 고작이었다. 그렇다면 대승은 '큰 수레' 정도로 이해할 수 있다. 그런데 '수레가 크다'는 것은 무엇을 의미할까? 수레가 크면 많은 물건과 많은 사람을 실을 수 있다. 당연히 많은 일을 할 수 있고, 그만큼 그 수레는 값어치가 있다.

　대승은 인도 고대어인 산스크리트로는 마하야나Mahāyāna이다. 이 말은 마하와 야나로 이루어졌는데, 마하mahā는 '크다' 혹은 '훌륭함'을 의미하고, 야나yāna는 '수레' 혹은 '가르침'을 의미한다. '크다'라는 의미는 꼭 덩치가 큰 것을 의미하지는 않는다. 지금도 사람 됨됨이가 훌륭하고 사회를 위해 큰 역할을 한 인물을 '큰 사람'이라거나 '큰 인물'이라고 한다. 그래서 '크다'는 때로 '위대함'이나 '훌륭함'을 의미한다. 또한 수레를 타고 먼 길을 가고 안전하게 목적지에 도달하는 것이란, 우리 삶에서 보자면 마치 하나의 가르침에 따라 살아가는 방법과도 같다. 이렇게 보면 마하야나는 '훌륭한 가르침'으로 해석할 수 있다.

　마하야나는 '큰 수레'이자 '훌륭한 가르침'을 의미한다. 여기서 한 가지 궁금함이 생긴다. 대승불교가 출현하기 전에도 불교는 존재했고, 그 불교는 부처님의 가르침을 전했다. 대승불교를 말하는 사람은 왜 자신의 불교만을 훌륭하고 위대한 가르침이라고 명명했을까? 어떻게 보면 이런 주장은 당연하다. 대승불교는 기존 불교에 대한 반성으로 새롭게 시도한 불교이다. 그들은 자신들의 주장이나 지향이 불교 본래

의도에 잘 맞고 불교의 이상을 잘 반영한다고 생각했다. 그래서 기존 불교를 '작은 수레'이자 덜 훌륭한 가르침이라는 의미로 소승小乘이라고 폄하하고, 자신의 불교는 대승으로 더 위대한 불교라고 주장했다.

불교 역사 전체로 보자면 대승불교 범주에는 인도에서 출현한 대승불교 전통뿐만 아니라, 중국을 비롯한 동아시아에서 번성한 대승불교 전통도 포함된다. 고대 중국에는 대승불교뿐만 아니라 부파불교의 전통도 소개됐지만, 대승불교가 중국 불교의 주류가 되었다. 중국을 비롯해 한국, 일본, 베트남 등 한문으로 쓰인 불전을 사용한 불교권은, 이 영향 속에서 실질적으로 대승불교권으로 확정할 수 있다. 아울러 인도 대승불교와 밀접한 관계를 맺고 있는 티베트 불교 전통도 대승불교 범주에 포함할 수 있다. 티베트 불교는 단지 티베트 지역뿐만 아니라 몽골이나 만주 지역에서 몽고족이나 만주족의 신앙이었고, 또한 히말라야에 인접한 라타크와 같은 인도 일부 지역과 부탄 등지에도 중요한 전통으로 자리 잡았다. 이렇게 보면 대승불교는 광대한 지역에서 다양한 민족과 문화 전통 속에서 작동하고 있다.

2. 대승의 기원

한국을 포함한 동아시아의 불교인이라면 자연스럽게 대승불교 전통을 받아들이고, 심정적으로 대승불교도라고 느낀다. 우리 불교 전통이 주로 대승불교와 관련되기 때문이다. 대승불교는 불교 자체의 기원과는 다른 기원을 갖는다. 그것은 새롭게 출현한 불교이기 때문이다. 이 새로운 불교 운동인 대승불교는 언제쯤 그리고 어떤 과정을 거처 출현했을까?

'대승'이라는 말은 불교가 출현하고 한참 지나서 등장한다. 대승이란 단어는 기원후 1세기 후반에 사용한 것으로 추정하며, 『소품반야경』이라는 대승경전에서 처음 보인다. 물론 이 추정은 현재 확인할 수 있는 경전에서만 가능하다. 대승이라는 표현을 사용하지 않고서 대승불교의 성향을 가진 경전은 이보다 앞서 존재했다. 최초기 대승경전은 기원전 2세기에서 1세기 정도에 성립했을 것으로 학자들은 생각한다. 대승경전이 이 시기 출현했다면 대승불교의 움직임은 더욱 이른 시기에 시작했을 것이라고 추측할 수 있다.

대승불교로 정형화하기 전 불교 내부의 새로운 움직임은 무엇이었을까? 사실 이 사건은 2,000년 전의 일로 정확히 결정하기란 거의 불가능하다. 학자들 사이에도 이와 관련하여 거의 가설에 가까운 견해를 제기한다. 어떤 계기로 대승불교의 흐름이 발생했고 그 모습은 어떠했는지, 다양한 답변을 시도했다. 주요하게는 세 가지 문제다. 첫째, 기존 불교와 구분되는 대승불교의 주장은 무엇인가? 둘째, 대승불교 운동의 주체는 누구인가? 셋째, 대승불교인의 신앙 행태는 어떠했나?

대승불교가 보인 가장 두드러진 공통적 주장은, 모든 중생을 남김없이 구제하기 위해서 정각을 이룬다는 목적의 동일성과 부처님은 자연인으로서 80세 일기로 입적한 게 아니라 구원자로서 초시간적으로 존재한다는 붓다의 현재성이다. 이와 관련해서는 다음 장에서 더욱 자세하게 살피기로 하고 여기서는 나머지 문제에 대해 조금 더 살펴보자.

벨기에의 저명한 불교학자 에티엔 라모트Étienne Lamotte는 대승불교가 기존 출가자 승단에 반발한 재가신자들의 활동에서 기원한다고 주장

산치 대탑

한다. 그에 따르면 출가자 중심의 기존 교단은 다양한 주장과 요구 때문에 분열하고 때로는 서로 투쟁하며, 불교에 대한 해석을 독점하려 했다. 이 때문에 재가자들은 출가자의 종교적 권위가 지나치다고 생각했고, 자신들이 중심을 이루어 새로운 불교 해석과 신앙 운동을 시도하였다는 것이다. 라모트의 이런 입장은 이후 대승불교 기원에 관한 중요한 학설로 학계에서 통용되었다.

라모트의 견해와 다소 유사하게 일본의 저명한 불교학자 히라카와 아키라[平川彰]도 대승불교가 성립하는 데는, 재가신자들의 역할이 중요했다고 파악한다. 특히 그는 불탑을 중심으로 형성된 불교도 집단이 기존 교단과 거리를 두고 발전했고, 그들이 재가신자와 출가자를 망라한 보살 교단을 형성했다고 주장한다. 붓다의 죽음 이후 그의 유골을 봉안한 사리탑을 조성했는데, 이 불탑의 관리는 재가신자들이 주로 담당했다. 당연히 이 사리탑 중심으로 행해진 불탑 신앙도 재가 신자들 위주였을 것이라고 추측할 수 있다. 실제 『유마경』이나 『승만경』 같은 대승경전은 출가자가 아닌 재가자가 주인공으로 등장하고, 『법화경』에서는 불탑 신앙을 중요하게 이야기한다.

하지만 재가자와 불탑 신앙을 핵심으로 대승불교의 기원을 설명하는 것에 반대하는 견해도 있다. 미국의 불교학자 그레고리 쇼펜^{Gregory Schopen}은 인도 고대 비문 연구를 통해 불탑 신앙에 참여하는 불교도가 대부분 출가자임을 확인했고, 불탑 신앙도 사원과 관련되어 있음을 밝혔다. 또한 그는 많은 초창기 대승경전이 불탑 신앙을 전적으로 지지한 것은 아니었다고 강조하였고, 오히려 경전 신앙이 대승불교 기원의 핵심이었음을 주장한다. 실제로 많은 대승경전에서, 경전을 읽고 쓰고 그리고 다른 사람에게 전해 주는 공덕을 대단히 강조한다.

쇼펜의 생각으로는, 대승불교 초기에는 기존 불교 내에서 성장한 일부 승려가 서로 다른 집단으로 나뉘어 대승경전을 완성했고, 각기 그 경전에 대한 숭배를 행하면서 느슨하게 연대하고 있었다고 본다. 이런 상황에서 반야경 계열 경전이 출현하고 거기서 대승이라는 정체성이 강화되면서, 점차 대승불교라는 하나의 테두리로 경전과 다양한 전통이 모여들었다는 것이다. 결코 처음부터 정형화한 대승불교가 존재한 것은 아니었기 때문에 대승경전은 일원화되지 않은 텍스트였다. 이렇게 대승불교 기원은 불탑 신앙과 경전 신앙이라는, 두 가지 다소 다른 전통의 역할과 관련이 있는 것으로 이야기할 수 있다.

3. 소승과 대승

대승불교가 출현하자 그를 따르는 대승불교인들은 기존 불교를 소승불교라고 비판했다. 과연 기존 불교는 그런 폄하를 당할 정도로 어떤 문제를 안고 있었을까? 그리고 그들은 대승불교와 어떤 차이가 있었을까? 한자 번역어인 소승은 고대 인도어인 산스크리트로는 히나야나Hinayāna이다. 물론 이런 표현은 대승 문헌에 주로 등장한다. 경우에 따라서 일부 대승 문헌은 기존 불교를 대단히 강한 어조로 비난하기도 한다. 이런 비난 때문에 과연 두 전통이 불교라는 하나의 범주 안에 속할 수 있을까 하는 의구심을 갖기도 한다.

하지만 고대 인도에서 기존 불교와 대승불교가 그렇게까지 적대적이지 않았음을 보여주는 사례도 있다. 7세기 당나라 고승 현장玄奘이 인도 유학을 다녀온 후 저술한 『대당서역기大唐西域記』에는, 당시 인도 사원을 소승 사원과 대승 사원으로 구분하여 기록하기도 하지만 어떤 사원은 소승 승려와 대승 승려가 함께 거주했다고 기록한다. 이는 무엇을 의미할까? 기존 불교와 새롭게 출현한 대승불교는 서로 용납 가능한 수준이었음을 말한다. 아울러 대승불교가 어느 시점에서 전격적으로 완성된 것이 아니라 오랜 시간에 걸쳐 형성되었기 때문에, 그 과정에서 기존 불교의 내용은 지속적으로 활용됐다.

대승불교에서 말하는 소승불교는 크게 대승불교 출현 이전의 불교 전체를 가리킨다. 그렇다면 붓다가 자연인으로서 수명을 다한 이후 전개된 불교 전통이, 적어도 대승불교 이전까지는 모두 소승이 되는 셈이다. 하지만 대승불교가 실제 이론적으로나 종교적으로 공격하고 경쟁한 불교 전통은, 대승불교가 형성되는 시기에 주요한 권위를 가지고 있던 주류 불교를 말한다. 현재 학계에서는 이 전통을 부파불교라고 부르기도 한다. 이때 부파部派는 다양한 분파를 의미한다. 당시 주류 불교는 붓다의 교설에 대한 다양한 해석에 따라 여러 분파로 나뉘어 있었고 대단히 정교한 교리 논쟁을 진행했다.

부파불교를 아비다르마abhidharma 불교라고도 한다. 이때 다르마dharma 는 일반적으로 불법佛法으로 옮겨지는데, 붓다의 가르침을 가리킨다. 그리고 아비abhi는 '~에 대한' 또는 '뛰어난'의 의미다. 그래서 아비다르마는 '붓다의 가르침에 대한 논의' 혹은 '뛰어난 붓다의 가르침' 정도로 해석할 수 있다. 붓다의 제자 입장에서 붓다 가르침을 이해하려면, 그 가르침이 과연 무엇을 의미하는지 생각하지 않을 수 없다. 이는 대단히 자연스러운 현상이라고 할 수 있다. 또한 그들은 붓다의 다양한 가르침을 보다 체계적으로 그리고 정합적으로 이해하려고 노력했다.

아비다르마 불교의 노력으로 붓다의 가르침은 대단히 정교한 교리 체계로 확립되었다. 이는 이후 불교에 커다란 영향을 끼친다. 대승불교의 주요한 교리도 대부분 아비다르마 불교가 제시한 교리의 극복 내지 변형이었다고 할 수 있다. 하지만 이런 영향에도 불구하고 대승불교와 기존 아비다르마 불교의 차이를 추출할 수 있다. 아비다르마 불교가 붓다의 가르침에 대한 합리적 이해와 분석에 치중했다면, 대승불교는 붓다 가르침의 본질이 무엇이냐 하는 질문을 했고 붓다가 가진 구원성을 탐구했다. 그래서 대승불교인들은 독특한 교리를 제시하기도 했지만, 그보다는 중생 구제라는 근원적 가치를 특별히 강조한다.

기존 불교에 대한 대승불교의 지적이 정당한지 여부는 판정할 수 없지만 그들의 의도는 명백하다. 대승불교는 중생 구제라는 종교적 이상을 실현하기 위해 한 개인이 개인적 수행을 통해 깨달음을 얻는 방식을 거부하고, 중생 구제를 위한 행위가 결부되어야만 진정한 깨달음이 가능하다고 선언한다. 그래서 기존 불교에는 존재하지 않았던 새로운 행위자 모델을 제시했는데, 그것이 바로 보살이다. 대승불교인은 보살이 등장하는 새로운 경전을 편찬함으로써 종교적 이상을 실현하고자 했다.

2절 │ 대승경전의 성립

1. 대승경전의 편찬

불교 경전은 대단히 많다. 그것은 기독교의 바이블이나 이슬람교의 쿠란[코란]과 비교하면 놀라울 정도의 종류와 규모다. 물론 많다는 것이 꼭 좋은 것은 아니지만, 불교 경전의 풍부함은 다른 어떤 종교 전통의 성전과도 비교할 수 없을 것이다. 그런데 불교인이든 아니든 불교 경전을 접하는 사람이라면, 수많은 경전의 상이한 이야기와 거기에 등장하는 붓다의 다양한 모습에 혼란스러워한다.

불교 역사에서 보자면 불교 경전은 초기불교 경전과 대승불교 경전으로 나뉜다. 초기불교 경전은 불교의 창시자로 흔히 알려진 석가족의 성자 붓다가 설한 가르침을 기록한 것이다. 하지만 지금 형태로 문자화하여 기록한 것은 부파불교 시대의 일이고, 각 부파에서 자신의 전통 속에서 기록을 남겼다. 이렇게 초기불교 경전은 부파불교에 의해 기록되었기에 충분히 그들의 각색을 의심해 볼 수 있다. 현재 스리랑카나 미얀마, 그리고 태국 등지에서 사용하는 팔리어로 된 5부 니카야가 여기에 해당한다. 또한 한문으로 번역되어 남아 있는 네 가지 아함阿含도 여기에 해당한다.

이에 반해 대승불교 경전은 비록 붓다가 발화자로 등장하지만 실제는 대승불교인의 다양한 노력으로 편찬한 것이다. 이 때문에 대승경전이 출현했을 때, 기존의 주류 불교 측에서는 그것이 붓다의 말씀이 아니라고 비난했다. 기존 전통 속에 대승경전은 존재하지 않았고, 그 내용도 기존 경전의 것과 이질적이었기 때문이다. 하지만 대승불교인은 자신들의 경전이야말로 붓다의 진정한 가르침이라고 주장했다. 이런 논란은 대승불교가 세력을 얻고 권위를 획득하자 점차 감소했고, 대승경전도 붓다의 가르침이라는 생각이 확대됐다. 중국이나 한국 등 대승불교권에서는 전통적으로 초기경전보다는 대승경전을 집중적으로 신앙하고 연구했다. 결코 그것을 의심하지 않았다. 이는 불교 대중이 그것을 불교의 언설로 수용했다는 의미일 것이다.

대승경전의 성립 연대를 정확히 정할 수는 없지만 근대 문헌학의 성과로 대략적인 선후 관계를 확인할 수는 있다. 대승경전의 초기 형태는 일반적으로 반야경般若經 계통이라고 파악된다. 물론 이에 앞서 비록 대승 의식은 미약하지만 새로운 붓다의 출현을 말하는 경전이 존재했다. 『대아미타경大阿彌陀經』 같은 이른바 정토淨土계 경전이 그것이다. 이 경전에서는 아미타불阿彌陀佛이라는 새로운 붓다가 구원자로서 등장하여 중생들을 정토라는 극락세계로 인도한다. 그런데 여기에는 '대승'이라는 표현뿐만 아니라 대승불교의 특징으로 거론되는 몇몇 개념들

강희제가 쓴 반야심경(산시 박물관 소장)

이 등장하지 않는다.

초창기 대승경전으로 반야경을 말하지만 이 경전이 단 하나만 있는 것은 아니다. '반야'라는 명칭을 단 경전이 꽤 많기 때문에 이들을 하나의 계통으로 간주하여 반야계 경전이라고도 부른다. 우리가 익히 들어본 『반야심경般若心經』이나 『금강경金剛經』도 규모와 형식에서 차이는 있지만 동일하게 반야계 경전에 속한다. 둘의 온전한 명칭은 각각 『반야바라밀다심경般若波羅蜜多心經』과 『금강반야바라밀다경金剛波羅蜜多經』이다.

2. 대승경전의 종류

한국에서 불교인들이 일반적으로 접하는 경전은 대부분 대승경전이다. 근대 이전 불교인들은 불교 경전이 붓다가 한평생 이야기한 가르침을 다양한 방식으로 집대성한 것이라고 생각했다. 하지만 동아시아 불교인들이 주로 접한 대승경전은 그 형식과 내용에서 서로 차이가 컸다. 불교 경전이 한문으로 번역되고 얼마 지나지 않아 불교인들은 이런 차이를 발견했다. 이 때문에 경전을 연구하는 불교인들은 붓다가 상황에 따라 다른 형식과 내용으로 가르침을 펼쳤다고 이해했다. 하지만 근대 이후 문헌학에 기반을 둔 실증적인 연구를 통해서 학자들은 대승경전은 붓다의 죽음 이후 수백 년이 지나서 출현한 것임을 밝혀냈다.

그렇기 때문에 붓다가 아닌 다른 작가에 의해 대승 경전이 쓰였고, 더구나 그 작가는 한 사람도 아니라 여럿이었으며 꽤 오랜 기간에 걸쳐 쓰였음을 알 수 있었다. 하나의 대승경전도 그것을 구성하는 부분마다 저작 연대가 다른 경우도 있다. 마치 유기체처럼 다른 내용이나 글이 결합하여 확장하기도 하고, 아니면 다른 책으로 분리되어 축소되기도 했다. 이는 그 시대나 지역마다 조금씩 다른 불교 대중의 요구를 반영했기 때문이다. 대승불교가 오랜 기간에 걸쳐 형성되었듯 대승경전도 오랜 기간에 걸쳐 새로 출현하고 편집되었다. 이는 새로운 대승불교인이 출현한 것이라고 할 수도 있고, 새로운 교리의 출현이라고 할 수도 있다.

대승경전이 워낙 많고 또한 그것을 체계적으로 이해한다는 것이 대단히 어렵기 때문에, 그것의 발생 시기나 내용에 따라 구분을 시도하는 경우도 있다. 불교 역사에서는 대략 세 시기 정도로 나누어 대승경전의 발전을 말한다. 시기적으로 초기 대승경전, 중기 대승경전, 후기 대승경전으로 나눈다. 초기 대승경전은 위대한 대승불교 사상가 나가르주나Nāgārjuna 이전에 출현한 대승경전을 말한다. 나가르주나가 2세기와 3세기에 걸쳐 살았다고 추정되기 때문에 대략 이 시기를 기준으로 삼는다.

초기 대승경전에 해당하는 경전은 반야경 계통의 여러 경전과 한국인에게 잘 알려진『화엄경華嚴經』과『법화경法華經』그리고 정토계 경전이다. 반야경 계통의 경전은 대승불교의 대표적인 경전이고 또한 대승불교 자체를 가장 먼저 표방한 경전이라고 할 수 있다.『화엄경』은 온전한 명칭이『대방광불화엄경大方廣佛華嚴經』이다. 이는 붓다가 깨달은 세계가 마치 꽃으로 장식된 세계와 같다는 의미이다. 선재동자가 선지식을 만나러 다니는 이야기가 등장한다. 현재 통용되는『법화경』은『묘법연화경妙法蓮華經』의 줄임말이다. 오묘한 불법을 연꽃에 비유한 것이다. 정토계 경전은 정토라는 이상 세계를 제시하여 중생이 수행을 통해 그 세계에 태어나 구원을 얻도록 권유한다.『무량수경無量壽經』과『아미타경阿彌陀經』그리고『관무량수경觀無量壽經』이 대표적이다.

중기 대승경전은『대반열반경大般涅槃經』이나『여래장경如來藏經』등이다. 이들 경전의 주요한 교리는 이른바 여래장 사상이다. '여래장如來藏'은 부처를 말하는 '여래'라는 말과 태아를 말하는 '장'이 결합한 것이다. '자라서 여래가 될 태아'라고 풀 수 있다. 이들 경전에서는 중생은 모두 '자라서 여래가 될 태아'의 자질을 갖는다고 말한다. 이와 관련하여 '부처의 본성'이란 뜻으로 '불성佛性'이란 말을 사용하기도 한다. 이른바 여래장 계열 경전은 나중에 중국에서 한문으로 번역된 후 동아시아 불교에 지대한 영향을 끼쳤다. 아무리 천한 사람이라도, 심지어 보잘 것 없는 미물이라고 할지라도 '부처의 성질'을 가졌다는 사고는, 중생에 대한 절대적 긍정이라는 새로운 심성론을 출현시켰다.

후기 대승경전은『대일경大日經』이나『금강정경金剛頂經』등 주로 밀교密敎 경전에 해당한다. 밀교는 '비밀스런 가르침'이란 뜻인데, 기존 불교와 달리 비밀스럽고 신비적인 수단을 사용하여 궁극적 진리를 체득하려고 한다. 주로 주문이나 명상을 통해 우주적 진리와 합일하려는 밀교는 인도 대승불교 내의 또 다른 전통으로 분류된다. 『대일경』에는 우주의 중심으로 태양을 의미하는 대일여래^{大日如來}가 등장하는데 그는 절대적 진리로서 표상된다. 『금강정경』은 명상을 통해 이 대일여래와 합치하는 것을 기도한다. 밀교는 한국 불교에서는 크게 번성하지 못했지만 티베트나 일본 불교에서는 대단히 발전했다. 때문에 관련 경전은 중요한 불전으로 유통됐다.

3. 반야와 통찰

대표적인 대승경전은 반야경이다. 대승불교인은 왜 반야라는 말로 자신의 이상을 드러내고 오랜 기간 집중적으로 그것과 관련한 대승경전을 편찬했을까? 도대체 반야는 무엇일까? 대승경전의 이름으로 등장할 때, 반야^{般若}의 온전한 표현은 한자 술어 반야바라밀다^{般若波羅蜜多}이다. 이는 본래 산스크리트 프라갸나파라미타^{prajñāpāramitā}의 음역이다. 산스크리트로 프라갸나^{prajñā}는 굳이 옮기면 '지혜'라고 할 수 있다. 더욱 쪼개면 완전한[pra] 인식[jñā]으로 풀이할 수도 있다. 고대 중국에서도 한자로 지^智나 혜^慧로 옮겼다. 그리고 파라미타는 '도달하다' 혹은 '완성하다'는 의미로 한자 도^度로 옮겼다. 이 한자 度는 중생을 구제한다는 의미인 제도^{濟度}에서 볼 수 있듯, 어떤 상황을 극복하여 보다 완전한 상태에 도달하게 한다는 의미다. 이렇게 보면 프라갸나파라미타는 '지혜에 의한 구원'으로 풀이할 수 있다.

앞서 부파불교는 붓다의 가르침을 해설하고 분석하는 것에 치중했고, 대승불교는 가르침의 본질과 붓다의 구원성에 집중했다고 지적했다. 대승불교는 붓다의 본질적 가르침을 자신의 언어로 묘사하고 싶었는데, 이 과정에서 반야라는 표현이 등장한다. 이 반야는 대승불교가 반야경을 통해서 새롭게 정립한 앎의 체계라고 할 수 있다. 그래서 반야는 존재에 대한 궁극적 앎 혹은 궁극적 통찰이다. 반야는 두 가지 측면에서 이해할 수 있다.

첫째는 반야에 대한 더욱 철학적이고 교리적인 측면의 이해이다. 반야는 모든 존재자에게서 자성이나 자아가 결여되어 있음을 간파하는 앎의 능력이다. 이는 당시 몇몇 주요한 부파불교 분파에서 세계를 구성하는 기본적인 존재자는 실재한다고 주장했던 것과 맞선다. 반야계 경전과 관련 이론서에서는 존재자의 자성 없음을 공空, śūnya으로 표현했다. 공이라는 말은 한자 의미로는 '텅 비었다' 혹은 '허공'의 의미인데, 여기서는 사물은 실체가 없다는 말 정도로 이해할 수 있다. 사물이 아예 존재하지 않는다는 주장이 아니라 그 사물의 실체가 없음을 주장하는 것이다. 대승불교에서는 실체란 말 대신 자아나 자성이라는 말을 사용한다. 『소품반야경小品般若經』에서는 이와 관련하여 다음과 같이 말한다. "본질인 그것은 본질이 없으며, 본질 없는 그것이 바로 본질이다. 일체 모든 존재는 '나'라고 할 만한 특징이 없다는 단 하나의 특징만 있기 때문이다." 여기서 본질 없음은 당연히 존재자에 자아나 자성이 결핍되어 있음을 말한다. 이는 초기불교의 제행무상이나 제법무아 혹은 연기법과 같은 교리와 연관된다. 초기불교에 등장하는 붓다가 결코 철학적 지향에 함몰되지 않았듯, 반야라는 통찰도 단지 철학의 문제를 해결하는 역할만 하지는 않는다.

둘째는 반야에 대한 종교적이고 수행적인 측면의 이해다. 이는 실질적인 효과의 문제라고 할 수도 있다. 그런데 "어떤 존재자도 실체가 없다."라는 통찰을 통해 도달하고자 하는 곳은 어디일까? 우리는 일상에서 자신과 세계에 대해 다양한 방식으로 오해하고 착각한다. 반야를 말하는 교리 내에서는 이런 오해와 착각이 실체론적 고집 때문에 발생한다고 말한다. 늘 일어나는 탐욕이나 분노 그리고 착각 등은 이른바 이런 '집착'에서 기인하고, 그 때문에 우리는 평정을 잃고 고통스럽다. 자기와 세계에 기대할 만한 본질적인 실체가 없음을 통찰함으로써, 우리는 집착에 따른 고통을 방지할 수 있다. 이때 반야라는 통찰은 명상과 관련되기도 한다.

'색즉시공色卽是空'이라는 다소 엉뚱하게 유명해진 말이 등장하는 『반야심경』에는 제일 처음 다음과 같은 구절이 등장한다.

> "관자재보살觀自在菩薩이 깊은 반야바라밀다를 행할 때, 나를 구성하는 다섯 가지 요소가 모두 실체가 없음을 통찰하고, 일체의 고통과 액난을 제도한다."

나를 구성하는 기본적인 요소가 공함을 통찰하여 결코 그것에 얽매이거나 방해받지 않아서 그 결과 고통에서 벗어난다는 이야기다. 이 과정이 바로 반야바라밀다를 실천함이다. 이렇게 보면 세계에 대한 올바른 이해는 철학적인 능력일 뿐만 아니라 고통 극복이라는 자기 구원의 역할도 할 수 있는 것이다.

3절 | 보살의 등장

1. 다수의 붓다

대승불교 이전 붓다는 한 사람이었다. 석가족 출신으로 이름은 고타마 싯다르타였고 6년 수행 끝에 깨달음을 얻은 바로 그 사람, '석가족 출신 성자'라는 의미로 석가모니 혹은 석가모니불로 불린 이다. 중국에서는 석가불로 줄여 부르곤 했다. 대승경전 속에서는 이 석가모니불 외에 다른 모습의 붓다가 등장한다. 그 명칭도 다양하다. 이런 이유 때문에 불교를 처음 접한 사람은 불교에는 붓다가 도대체 몇 명이냐고 질문하기도 한다. 하지만 불교에서 붓다는 한 명이기도 하고 다수이기도 하다. 만약 한 명이라고 말하면 위에서 말한 대로 석가모니불이 되고, 다수라면 대승경전에 등장하는 여러 붓다가 주인공으로 나서야 한다.

통도사 설법 여래도

대승경전 가운데 『아미타경』이나 『무량수경』 등 이른바 정토계 경전에서는 아미타불이 주인공으로 등장한다. 아미타불은 극락세계를 관장하는 부처다. 아미타불의 산스크리트 원어는 두 가지로 추정할 수 있다. 아미타유스^{Amitāyus}와 아미타바^{Amitābha}이다. 각각 '무량한 수명을 지닌 자'란 의미로 무량수불無量壽佛, '무량한 광명을 지닌 자'란 의미로 무량광불無量光佛로 번역된다. 이렇게 아미타불은 영원한 생명의 부처이자 무한한 빛의 부처이다. 아미타불은 자신이 붓다가 되기 전에, 중생들이 자신의 이름을 부르기만 하면 그들을 정토에 왕생시키겠다는 서원을 세웠다. 이 때문에 '나무아미타불'을 염불함으로써 정토에 왕생하겠다는 정토 신앙이 중국과 한국에 유행했다. 경북 영주 부석사의 고풍스런 전각인 무량수전이 품고 있는 불상도 바로 무량수불, 즉 아미타불이다.

불교인뿐만 아니라 일반인들에게도 잘 알려진 대승경전인 『화엄경』에서는 비로자나불毘盧遮那佛이 등장한다. 비로자나불은 산스크리트 바이로차나^{Vairocana}를 고대 중국에서 음역한 것이다. 바이로차나는 광명光明 혹은 태양의 의미다. 밀교 경전인 『대일경』에서는 이를 태양의 의미인 대일여래로 번역했다. 『화엄경』에서는 여래가 출현하는 과정을 세계가 출현하는 과정과 유사하게 묘사한다. 이는 우주적 붓다를 묘사한다고 할 수 있다. 비로자나불은 『화엄경』에서 세계를 포괄하는 듯한 모습으로 등장한다. 가야산 해인사의 핵심 법당인 대적광전大寂光殿도 비로자나불을 주된 부처님으로 모신다. 이때 '대적광'도 실은 바이로차나를 의미한다.

대승경전 가운데 동아시아에서 특히 유행한 경전인 『법화경』에서도 대단히 독특한 성격의 붓다가 등장한다. 그것은 영원성을 가진 붓다이다. 초기불교에서는 무상이나 무아를 설하면서 영원한 것을 결코 없다고 주장했다. 대승불교의 반야 사상에서도 마찬가지로 이렇게 주장한다. 그런데 『법화경』에서는 무량한 수명을 지닌 붓다가 등장하여 시간과 공간에 구애받지 않고 진리를 설파하며 중생을 구제한다. 무상이 아닌 영원성으로 붓다를 상정한 듯하다. 이런 관념이 가능한 것은 붓다가 설파한 가르침을 하나의 진리로 보기 때문이다. 시공을 초월한 진리의 영원성을 하나의 붓다로 파악하고, 그것에 인격을 부여했다. 한 인간에서 시작한 석가모니불과 달리 『법화경』에서 말하는 붓다는 초인간적인 모습으로 등장한다.

『법화경』에서 말하는 붓다는 절대적인 면이 강하다. 여기서 붓다는 기존 불교에서 쉽게 볼 수 없던 주재자와 같은 권능을 갖고 있다. 그는 다양한 세계를 통합하고 다양한 중생의 고통을 해결하는 역할을 행한다. 그래서 일불승一佛乘이라는 표현이 등장한다. 이때 일승은 기존 소승불교에 대한 대승불교의 의미뿐만 아니라 통합의 의미가 있다. 『법화경』이야말로 기존 불교의 모든 가르침을 통합하는 가르침이자 붓다라는 것이다. 『법화경』의 붓다는 세계 어느 곳에도 존재하고 언제라도 존재한다. 그러기에 중생들은 어떤 상황에서도 그 붓다에게 기댈 수 있다.

2. 새로운 인격

대승불교가 출현하고 대승경전이 편찬되면서 새롭게 등장한 대승불교의 인격이 있다. 바로 대승불교가 지향하는 이상을 실현하는 구현자로서 제시된 보살^{菩薩}이다. 대승불교의 인격 모델이다. 보살은 한자 보리살타^{菩提薩埵}의 줄임말이다. 보리살타는 산스크리트 보디사트바 ^{Bodhi-Sattva}를 고대 중국에서 음역한 것이다. 이때 '보디'는 깨달음을 의미하고, '사트바'는 중생을 의미한다. 그래서 보디사트바, 즉 보살은 '깨달은 중생' 혹은 '깨달음을 추구하는 중생' 정도로 이해할 수 있다. 보살은 대승불교의 문헌에서만 사용하는 개념이 아니다.

초기경전에 등장하는 보살은 붓다가 깨달음을 얻기 직전까지 영위한 삶을 가리킨다. 카필라바스투에서 나고 자란 고타마 싯다르타뿐만 아니라, 그의 전생 수많은 삶이 모두 보살의 모습이었다. 그런데 이런 이야기는 붓다라는 결론을 염두에 두고 하는 이야기다. 다시 말하면 보살은 지금 붓다는 아니지만 '반드시 붓다가 될 자'를 가리킨다. 대승불교 전통에서는 보살에 새로운 의미를 부여한다. 그것은 '중생 구제를 위해 살아가는 인격'의 의미다. 나아가 이 중생 구제라는 소명과 깨달음을 관련시킨다.

불교 수행의 본래 가치인 깨달음을 통해 붓다 됨을, 중생 구제와 별개의 것으로 보지 않으려는 대승불교의 의도가 이 보살 개념에서 드러난다. 이는 "보살은 중생 구제를 통해서 깨달음을 성취한다." 혹은 "일체 중생의 이익을 위해 완전한 깨달음을 성취한다."라는 사고이다. 이 때문에 대승불교의 보살을 지칭할 때 특별히 보살마하살이라고 했다. 여기서 마하살^{摩訶薩}은 마하사트바^{mahāsattva}의 음역으로 '위대하다'는 의미이다. 무엇이 위대하다는 말일까? 당연히 '중생 구제'라는 역할의 위대함이다.

대승불교인은 이 보살이라는 새로운 인격을 제시함으로써 기존 불교와 차별화를 시도했다. '중생 구제'라는 가치를 중심에 두지 않았다는 측면에서 기존 불교를 소승이라고 폄하한다. 대승불교인들은 소승불교는 개인의 깨달음에만 집중하고 중생의 고통과 삶에 주의를 기울이지 않는다고 비난한다. 대승불교의 보살 개념은 꼭 기존 불교와 대립적으로 출현했다기보다는, 대승불교 내에서 새로운 가치의 창출을 시도한 결과라고 보는 편이 더욱 적절해 보인다. 대승불교의 문헌을 조금만 주의해서 읽어 보면 보살은 한 명이 아님을 알 수 있다.

일반 불교인에게 그나마 익숙한 보현보살, 문수보살, 관세음보살, 지장보살 외에 대승경전에는 헤아리기도 힘든 수많은 보살이 등장한다. 이들은 각각 자신의 역할을 갖고 자신만의 방식으로 중생 구제에 나선다. 그래서 불교인들은 그들을 신앙하고 그들의 도움으로 구원을 시도한다. 이렇게 보살 신앙이 출현했다. 동아시아 불교에서 보살 신앙은 중요한 역할을 했다. 보현보살은 탁월한 실천 능력을 자신의 특성으로 삼고, 문수보살은 뛰어난 지혜를 자신의 특성으로 삼는다. 보통 관음보살로 줄여 부르는 관세음보살은 『법화경』의 한 부분인 「관세음보살보문품」에서 중생의 어떤 소원

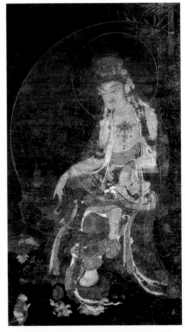

고려 불화 관세음보살(파리 기메 박물관 소장)

도 기꺼이 들어주는 대단히 강력한 구원자로 등장한다.

관세음觀世音은 '세상을 살아가는 중생들[世]의 온갖 음성[音]을 잘 들어 살핀다[觀]'는 것이다. 이는 관세음보살이 세상을 사는 중생들의 온갖 다양한 요구와 바람을 잘 살펴서 그들을 구원한다는 의미이다. 관음보살은 간절한 소원을 들어주는 구원자로 자리매김한다. 관음보살의 이런 역할에 열광했기 때문에 「관세음보살보문품」은 『관음경』이라는 이름으로 따로 유통되기도 했다. 지장보살地藏菩薩은 육도를 윤회하는 중생 가운데 지옥에 떨어진, 그야말로 엄청난 고통을 받고 있는 중생을 구원하고자 한다. 지옥에 떨어진 것은 분명 자신의 잘못이 빚은 결과다. 하지만 그가 그곳에서 진실한 마음으로 지장보살에게 도움을 청한다면 지장보살은 기꺼이 그를 돕는다는 것이다.

3. 자비의 윤리학

불교에서는 인간을 포함한 중생의 삶은 대단히 힘들고 고통스럽다고 생각한다. 물론 자신의 삶이 그럭저럭 괜찮다고 생각하는 사람도 많을 것이다. 하지만 그런 사람도 직간접으로 다른 고통과 연결되고, 어느 순간 자신도 피할 수 없는 고통을 당하기도 한다. 그것은 존재하기 때문에 겪는 일이라고 할 수도 있다. 불교는 이런 역경을 벗어나는 종교적인 방법을 강구하고자 했다. 보살이라는 대승불교의 인격도 실은 이와 관련된다. 고통 극복은 지극히 개인적인 방식으로도 가능하지만 상호 연대를 통해서도 가능하다. 대승불교에서는 보살과 중생의 연대를 말한다.

보살은 특별한 능력을 가진 자로 묘사되기도 하지만, 그보다 먼저 중생의 고통에 대한 특별한 감각 능력을 지니고 있다. 넘어진 아이를 일으켜 세울 기력이 있거나 물에 빠진 사람을 구할 수 있는 충분한 수영 실력이 있어도, 위험에 빠진 그들에 대한 어떠한 감정도 없다면, 그 장면은 그저 창밖의 무심한 풍경일 뿐이다. 대승불교 문헌에 등장하는 보살은 중생의 아픔과 고통을 감각하는 아주 특별한 능력을 갖고 있다. 이를 자비慈悲라고 한다.

고대 인도 불교의 백과사전식 문헌인 『대지도론』에서는 '자'는 기쁨을 함께하고자 함이고, '비'는 다른 사람의 고통을 없애려 함이라고 해석한다. 사실 두 가지 의미는 서로 통한다. 다른 사람과 기쁨을 나누고 싶은데, 그 사람이 고통 속에 있으면 불가능한 법이다. 친구의 아픔을 나의 아픔으로 느낄 수 있을 때, 비로소 진정한 친구일 수 있다. 그래서 동아시아 불교에서는 고대부터 이 둘을 묶어서 자비라는 용어를 주로 사용했다. 그리고 이 자비 혹은 자비심은 불교 윤리를 대표하는 용어가 되었다. 이 자비심은 단순히 나에게 친한 사람에게만 작동하는 것이 아니라 모든 중생에게 적용해야만 한다.

맛있는 것을 함께 먹고 싶은 마음이나 배고픈 친구에게 함께 밥을 먹자고 말을 건네는 것은 일종의 능력이다. 보살은 다른 사람과 즐거움을 함께 할 줄 알고, 다른 사람의 고통을 아파할 줄 아는 능력을 가진 셈이다. 사실 이런 보살의 능력은 붓다의 삶에서 힌트를 얻었다고 할 수 있다. 붓다의 전생을 그린 전생담에 보살의 다양한 자비심이 등장한다. 전생의 붓다는 산 속에서 수행을 하고 있었는데, 눈이 많이 와서 사냥을 하지 못하는 굶주린 범을 보았다. 계속 사냥을 못하면 어미

범이 새끼 범을 잡아먹을 것 같았다. 결국 붓다는 자신의 몸을 범에게 주어 그들을 구했다. 보살의 자비를 보여주는 극한적인 예다.

유명한 대승경전인 『유마경維摩經』에서는 유마힐이라는 한 재가 불교도가 주인공으로 등장해 보살의 진정한 의미에 대해 알려준다. 유마힐 거사가 병이 들자 붓다는 제자 문수사리를 시켜 문병을 가게 한다. 문병 온 문수사리는 유마힐 거사에게 어떻게 병이 들었냐고 묻는다. 이때 유마힐 거사는 자비심 때문이라고 답한다. 그리곤 "중생이 아프니 나도 아프다."라고 어마어마한 이야기를 한다. 그것은 아픔의 공유이다. 이것이 바로 자비심이라는 보살의 능력이다.

인간은 자기 혼자서 나고 자랄 수 없다. 부모가 있고 형제가 있다. 학교에 가면 선생님과 친구가 있고 사회에 나가면 동료가 있다. 그리고 내가 먹고 입고 누워 자기 위해서는 또 누군가의 손을 빌려야 한다. 저 하늘의 찬란한 태양과 대지의 바람은 내가 먹을 들녘의 곡식을 여물게 하고, 이름 모를 바다에서 자란 물고기는 나의 밥상 위에 오른다. 어디선가 바위를 쪼개고 나무를 베어와서 내가 사는 집을 지었다. 의도하든 그렇지 않든 우리는 이런 관계 속에서 존재하고 살아간다. 단지 대가를 지불하고 내가 그것을 구매했다고 해서 온전히 나의 것이 되어 그 관계가 그냥 종료되는 것은 아니다.

바로 이 관계에 대한 심각한 고려 때문에 대승불교에서는 보살에게 자비라는 덕목을 제시한다. 이는 보살과 중생의 연대를 위한 윤리적 요구라고 할 수 있다. 그런데 이 자비는 꼭 보살이라는 완성한 인격에게만 요구되는 것은 아니다. 그것이 보살의 덕목으로 제시됐지만 실은 불교인이라면 누구나 실천해야 할 윤리인 셈이다. 이 자비의 윤리학을 현대사회로 돌려보면 그것은 아마도 공동체 속의 인간 삶을 가꾸는 윤리라고 할 수 있다. 비록 현재 자본주의 사회가 개인 간 혹은 집단 간 끊임없는 경쟁을 부추기지만, 단순히 그것만으로는 결코 한 사회가 또 한 개인이 행복할 수 없음을 우리는 잘 알고 있다. 대승불교가 말하는 자비의 윤리학은 기쁨과 아픔을 공유하는 능력을 배양하여 공동체의 삶을 개선하는 노력이라고 할 수 있다.

4절 | 서원과 회향

1. 서원과 약속

대승불교에서 보살은 깨달음을 성취하고 중생을 구제하겠다고 스스로 다짐을 한다. 이 행위를 산스크리트로는 프라니다나^{praṇidhāna}라고 한다. 고대 중국에서는 이것을 서원誓願 혹은 원願이라고 번역했다. 요즘 말로는 '바람', '희망', '기원' 정도에 해당할 것이다. 이는 보살이 붓다 앞에서 행하는 약속일 수도 있고, 자기 스스로 행하는 약속일 수도 있다. 물론 이 약속은 단순히 자신에게 어떤 일이 있게 해달라는 바람이 아니라 "나는 어떻게 하겠다"라는 약속이자 다짐이다. 보살이 이런 약속을 하는 것이 아니라 이런 약속을 하는 자가 보살인 셈이다.

보살은 가장 먼저 깨달음을 얻겠다는 서원을 한다. 이를 보통 보살의 발심이라고 부른다. 이때 한자 발심發心은 발보리심發菩提心의 줄임말이다. 여기서 보리는 궁극적인 바른 깨달음을 가리킨다. 이 깨달음을 얻겠다는 마음을 내는 행위는 아직 깨달음 자체는 아니다. 하지만 이것은 새로운 삶의 출발이며 또한 새로운 사람의 시작이기도 하다. 그런데 발보리심의 이유가 있다. 대표적인 반야계 경전인『대품반야경』에서는 "세상의 중생을 평안하게 하기 위해서 궁극적인 바른 깨달음을 성취하고자 하는 마음을 낸다."라고 말한다. 여기서 깨달음이라는 지극히 개인적으로 보이는 사건과 중생 구제라는 지극히 이타적인 사건이 하나로 묶인다. 대승불교가 기존 불교를 소승이라고 비판한 이유가 바로 이것이다. 대승불교가 보기에 기존 불교는 자기 고통을 극복하기 위하여 깨달음을 지향한다. 자기 이유로 시작해서 자기 극복으로 수행과 깨달음의 구도는 종결한다. 이에 반해 대승불교는 깨달음이라는 불교의 지상 과제를 중생 구제라는 비개인적인 실천과 연결하고, 이것이 붓다의 본래 의도였다고 강조한다. 유명한 대승경전인『법화경』에서는 붓다가 "나는 본래 모든 중생이 나와 다름없는 동등한 수준이 되도록 하겠다고 서원했다."라고 말한다.

보살은 서원을 통해 비로소 자기 삶의 지향을 갖고, 이를 통해 보살이라는 정체성을 가진다. 그런 의미에서 서원은 보살에게서 본원적인 의미를 띠게 된다. 그래서 보살의 발보리심을 본원本願이라고 말한다. 또한 서원이 갖는 효과나 작용력을 원력願力이라고 한다.

우리는 일상에서 이와 유사한 경험을 한다. 정말 간절히 뭔가 원한다면 그것을 실현하기 위해서 집중하고 다른 부차적인 일에는 구애받지 않는다. 그리고 이런 집중을 지속적으로 해나가면 좀처럼 흔들리지 않는 굳건함이 생긴다. 힘이 생긴 것이다. 이는 약속이 갖는 힘이기도 하다.

대승경전에 등장하는 다양한 보살들은 깨달음을 얻겠다는 서원에 있어서는 동일하지만, 더욱 구체적인 서원에서는 조금씩 다르다. 당연히 보살 각각은 중생을 구제하겠다는 기본적인 지향은 같지만 구제의 방법은 다를 수 있다. 따라서 그들의 개별적 서원이나 원력의 방향도 다를 수밖에 없다. 이 차이가 그 보살의 성격을 구분 짓기도 한다. 능력이나 수준 차이가 아니라 성격이나 역할 차이라고 해야 할 것이다. 잘 알려진 대로 지장보살은 지옥도에서 허우적대는 중생을 구제하겠다고 서원을 세웠고, 약사보살은 병마로 괴로운 중생을 구제하고자 한다. 보살은 이런 자기 약속을 지키고자 불철주야 뛰어다닌다고 할 수 있다.

『무량수경』에서 등장하는 무량수불은 이전에 자기가 보살이었을 때, 만약 자신이 부처가 되면 모든 중생을 불쌍히 여겨 해탈하도록 할 것이라고 서원한다. 그래서 누구라도 자신의 이름을 외는 사람이 있으면 자신이 있는 극락으로 왕생하게 한다. 중생들은 이런 보살의 서원을 알고 '나무아미타불'을 간절히 외면서 극락왕생을 시도한다. 이는 전형적인 타력신앙의 형태라고 할 수 있다. 타력이라면 불완전자가 절대자에 매달려 분수에 맞지 않는 불로소득을 취한다고 생각할 수도 있다. 하지만 누군가 행한 선행을 받았다고 해서 그가 잘못된 것은 아니다. 그리고 누군가 좋은 마음으로 기부를 했는데, 그 혜택을 받았다고 해서 잘못한 것도 아니다.

일상에서 우리는 보살 같은 거대한 서원이 아니더라도 작은 바람과 약속을 만난다. 알지 못하지만 누군가는 아침에 지하철을 잘 운전해야지 하는 서원을 했을 것이고, 누군가는 거리를 깨끗이 청소해야지

하는 서원을 했을 것이다. 그것이 단지 그들의 직업이기 때문에 하는 행위라고 치부해버리고 당연한 것이라고 할 수는 없다. 결코 그런 서원 없이 어쩔 수 없이 하는 사람도 많기 때문이다. 대승불교는 보살뿐만 아니라 일상을 사는 우리도 이런 서원을 세우고, 삶을 진지하고 열정적으로 살기를 요청한다.

2. 회향과 이익의 양도

보살의 원력이나 공덕에 기대어 중생이 깨달음을 얻거나 정토에 왕생한다는 생각은 전통적인 업설業說에 따르면 일면 모순적이다. 왜냐하면 초기불교에 말하는 업설은 한 중생이 어떤 행위를 하고 그것이 결과로 이어지는 과정에 어떤 변형도 인정하지 않는다. 내 행위에 대해 내가 그 결과를 책임지는 방식이다. 내가 나쁜 짓을 했는데 다른 사람이 그 결과를 책임진다면, 불교에서 말하는 윤리는 붕괴되고 말 것이다. 붓다도 중생의 과보를 어떻게 할 수 없다고 천명했다.

사랑하는 제자의 죽음을 지켜보는 장면이나 출신 부족인 석가족의 멸망을 지켜보는 장면에서, 붓다도 업과 그 과보에 개입할 수 없음을 확인할 수 있다.

그런데 대승불교에서는 이 업설에 혁명적인 전환을 일으켰다. 그것은 공덕의 공유 내지 공덕의 양도라고 할 수 있는 회향廻向 개념의 출현이다. 회향은 단순하게는 '방향을 바꾸다' 정도로 이해할 수 있다. 산스크리트로 파리나마나parināmanā인데, 이에 해당하는 팔리어 '파리나마'는 초기불교 문헌에서 '돌리다' 혹은 '돌려 베풀다' 정도의 의미로 사용됐다. 신에게 직접 공양물을 올릴 수 없는 인간이 수행자에게 그것을 공양하여 그 행위를 신에게 돌리도록 하는 행위다. 매개자를 통해서 어떤 절대자에 도달하고자 하는 의도를 보인다고 할 수 있다.

대승불교에서 회향이라는 말은 현대적으로 해석하면 '공덕의 전이'나 '이익의 양도[merit transference]'라고도 할 수 있다. 이때 공덕功德은 선한 행위의 축적이라고 할 수 있다. 공덕이 있으면 언제라도 그 과보를 받아 행복할 수 있다. 보살은 자신이 수령해야 할 공덕을 다른 중생에게 양도함으로써 그들이 이익을 얻게 한다. 그래서 '공덕의 전이'는 '이익의 양도'라고 할 수도 있다. 『대품반야경』에서는 회향을 "공덕을 가지고 모든 중생을 조절하고, 정화하고, 제도하기 위해서"라고 말한다. 선한 행위를 했지만 그 결과를 취하지 않고 중생에게 돌리는 것은 중생 구제를 위한 기본적인 행위라고 할 수 있다.

회향이라는 관념과 관련하여 다양한 종교 의례를 확인할 수도 있다. 망자가 된 부모를 추선追善하는 행위가 그렇다. 추선이란 말은 선한 행위를 하여 그 결과를 돌아가신 분에게 양도하는 것이다. 실제 추선의 방법은 특별한 능력을 가진 매개자를 동원한다. 예를 들어 자식이 지은 공덕을 망자가 된 부모에게 직접 도달시키지는 못하지만, 불보살을 매개로 그들에게 공덕을 전달하는 것이다. 돌아가신 부모를 위해 불상을 조성하거나 아니면 가난한 사람들에게 보시를 행하는 것도 여기에 해당하고, 49재를 지내서 망자가 된 부모를 좋은 세상에 나도록 돕는 것도 이런 관념의 연장이라고 할 수 있다.

물론 기존 업설에서 보자면 행위의 공유나 과보의 공유를 시도하는 회향 개념은 인과보응의 주체를 모호하게 만드는 경향이 있다. 나쁜 짓을 한 중생도 있을 수 있고 벌을 받은 부모도 있을 수 있는데, 그들에게 공덕을 전이시킴으로써 좋은 결과를 낳으면 윤리적 인과가 손상될 수도 있기 때문이다. 하지만 대승불교의 회향 개념은 이익을 양도받는 사람보다는 양도하는 사람의 종교적 성숙을 먼저 고려한다. 보시바라밀이나 인욕바라밀에서처럼 선행의 결과까지 충분히 양도할 수 있는 것은, 일종의 자기 극복을 해내는 일이다.

3. 육바라밀의 삶

대승불교인은 어떻게 살아야 할까? 보살은 어떻게 살아야 할까? 대승불교는 여섯 가지 가장 기본적인 삶의 덕목을 제시한다. 이른바 육바라밀이다. 이는 대승불교인의 행동 지침이 되기도 한다. 바라밀은 앞서 반야바라밀다를 말할 때 이야기했듯, 산스크리트 파라미타를 음역한 것이고, '도달하다' 혹은 '완성하다'의 의미다. 간단히 말하면 바라밀은 자기를 극복하여 궁극적인 단계에 도달하는 것이고, 육바라밀은 그 여섯 가지 방법을 제시했다고 할 수 있다.

육바라밀은 각각 보시바라밀, 지계바라밀, 인욕바라밀, 정진바라밀, 선정바라밀, 지혜바라밀이다. 초기불교에도 보시나 지계 등 이 여섯 개념이 있었지만, 보시바라밀처럼 바라밀이란 용어와 결합된 형태로 쓰인 것은 대승경전에서였다. 대승경전에서는 지혜바라밀을 반야바라밀이라고 부르기도 한다. 이 육바라밀의 상호 관계를 어떻게 해석할 것인지에 대해 몇 가지 해석법이 존재한다. 하지만 가장 기본적인 것은 반야바라밀을 나머지 다섯 바라밀의 바탕으로 이해하는 방식이다. 보시바라밀을 행하든 지계바라밀을 행하든 결국 그것은 반야바라밀에 바탕을 두거나 아니면 그것으로 귀착한다는 사고이다. 육바라밀은 반야의 실천인 셈이다.

보시바라밀에서 보시布施는 산스크리트 다나dāna를 번역한 것이다. 이는 '베풀다'는 의미이지만 종교적으로는 출가수행자에게 대한 기부 행위를 말한다. 『유마경』에서는 보살이 보시바라밀을 실천할 때, 자기를 구성하는 요소 모두가 텅 비었음을 통찰한다고 했다. 달리 말하면 보시를 행할 때 무아를 통찰한다는 이야기다. 우리는 알고 있다. 자신의 소유욕을 스스로 극복하기가 얼마나 힘든지. 그래서 먼저 보시는 소유욕으로 뭉쳐진 자아를 극복하는 방법이고, 또한 이를 통해 중생구제를 행하는 방편이기도 하다. 이런 점에서 반야바라밀이기도 하다.

지계바라밀에서 지계持戒는 한자 그대로 풀면 '계를 지키다'이다. 이때 계는 산스크리트 실라śīla의 번역이다. 실라는 행위나 습관, 성격, 도덕 등의 의미를 가지는데, 단적으로는 불교가 제시한 바람직한 삶의 태도인 셈이다. 이는 선을 훈련하고 악을 억제하는 연습이다. 사실 이런 삶은 결코 쉽지 않다. 하지만 우리가 이런 태도의 훈련을 지속한다면, 이전 자신의 한계나 자신의 부족을 극복할 수 있을 것이다.

인욕바라밀에서 인욕忍辱은 산스크리트 크산티kṣānti의 번역어다. 자신에 대한 언어적 비난이나 신체적 공격에 대해서 악심을 일으키지 않는 태도이다. 이는 단지 참는 행위가 아니다. 비난과 공격이 다양한 요인에 의해서 일어나고 거기에는 갖가지 오해와 무지가 작용하고 있음을 간파함으로써, 기꺼이 욕됨을 마음의 동요 없이 참아내는 것이다. 이것이 바라밀인 이유도 바로 여기에 있다. 더구나 이를 통해서 자신을 극복하여 더욱 완성된 단계로 나아갈 수 있다.

정진精進 바라밀에서 정진은 산스크리트의 위리야vīrya를 번역한 것이다. 어떤 일을 빈틈없이 그리고 열심히 행함이다. 큰 발심으로 수행을 시작하기도 힘들지만, 그 마음을 놓치지 않고 끊임없이 실천하기란 더힘들다. 마음 한 번 낸다고 일이 성사되지는 않는다. 보살은 중생 구제를 결코 포기해서는 안 된다. 우리는 일상에서 늘 불안하다. 지금 하는 일이 내 일인지, 이렇게 하면 결과가 나올지, 이런 불안 때문에 곧잘우두커니 멈추고 만다. 정진바라밀은 불굴의 의지로 이런 불안과 주저를 극복하고 나가는 것이다.

육바라밀 가운데 온전히 수행의 측면만을 다룬 것은 선정禪定바라밀이다. 선禪이나 정定은 기본적으로 수행자가 명상이나 의식 집중을 통해서 마음을 안정된 상태로 유지함을 가리킨다. 『대지도론』에서는 선정을 혼란한 마음을 보듬어 다스림이라고 말한다. 마음의 안정이나 의식의 평정은 우리에게 과연 어떤 의미일까. 간단히 번뇌의 소멸이라고할 수 있다. 선정은 바로 이런 번뇌를 치료한다. 그래서 선정은 단순한고요함이나 심신의 안정 정도에 그치지 않는다. 더욱 깊은 곳에서 일어나는 우리 의식의 산란을 다스리려는 시도이다.

반야바라밀에서 반야는 고대 중국에서 산스크리트 프라갸나를 음역한 것이다. 일종의 앎이다. 대승불교가 말하는 완성된 앎이다. 앞서다섯 가지 바라밀은 이런 앎의 실천이자 앎 자체라고 할 수 있다. 그것을 통해서 앎은 완성되며 또한 앎이 현실화한다고 할 수 있다. 보시나지계 혹은 인욕이나 정진 등은 비록 보살의 덕목으로 제시되지만, 일반인들에게 적용시킬 수 있는 삶의 방법이다. 대승불교에서는 이를 중생 삶 전체로 확대하기도 한다. 달리 말하면 우리는 이런 윤리적 실천을 통해서 앎을 완성하고, 거기서 자기 극복을 해낼 수 있다.

5절 | 대승불교의 철학

1. 자아와 무아

대승불교를 더욱 철학적으로 접근하면 세 가지 핵심적인 교리 전통을 발견할 수 있다. 각각 중관학, 유식학, 여래장 사상이다. 다소 난해한 점이 있지만 대승불교의 주요한 철학 흐름이기 때문에 일고-^考할 필요가 있다. 첫 번째 교리 전통은 반야 개념과 관련 있다. 대승불교는 붓다의 근본적인 앎을 반야로 묘사했다. 그렇다면 반야는 도대체 무엇에 대한 앎인가? 반야는 간단히 공^空에 대한 앎이라고 할 수 있다. 그렇다면 공은 또 무엇인가? 공이란 한자 자체는 '텅 비다'는 말이다. 도대체 뭐가 텅 비었다는 말일까?

이 말은 초기불교에서 제시한 "모든 존재자는 자아가 없다."라는 주장과 "모든 존재자는 영원하지 않다."라는 주장으로 연결할 수 있다. 인간과 같은 중생이 자아를 갖지 않을 뿐만 아니라, 어떤 사물도 그것이 나라고 할 만한 정체성을 갖지 않는다는 이야기다. 연기라는 말에서 알 수 있듯, 일체 존재는 관계의 산물이기에 관계를 단절한 상황에서 말할 수 있는 실체란 없다. '텅 비다'라는 이야기는, 이렇게 존재한다고 착각하는 자아나 정체성이 사실은 존재하지 않는다는 말이다.

"나에게서 나라는 실체는 텅 비었다."라고 말할 수 있다. 그런데 이는 아무것도 존재하지 않거나 아무 일도 일어나지 않는다는 말은 결코 아니다. 만약에 이렇게 생각하면 허무주의로 빠지기 쉽다.

우리는 일상에서 많은 일을 겪고, 그럴 때마다 그 사실을 곧잘 고정시켜버린다. 나에게 나쁜 짓을 한 사람이나 내가 좋아하는 사람, 혹은 나의 분노나 나의 슬픔을 하나의 실체로 고정시켜버리기 일쑤다. 하지만 잘 살펴보면 그런 사태는 온갖 이유로 발생하고, 나도 수시로 입장이 바뀌면서 그런 일을 판단한다. 다소 철학적인 표현을 빌리면, 우리는 다양한 방식으로 사태를 실체화하고, 그런 착각 때문에 노여워하고 슬퍼한다. 대학에 떨어져서 괴로워 미칠 것 같았지만, 1년이 지난 지금 그것을 추억으로 여길 수도 있다. 영원할 것 같은 낙방의 괴로움이 이제는 온데간데없다. 하지만 어떤 이는 그 괴로움 때문에 목숨을 끊기도 한다. 낙방을 절대시하거나 낙방의 괴로움이 영원한 것이라고 착각했기 때문이다.

반야는 이렇게 어떤 사물이나 어떤 사태가 결코 실체적으로 존재하지 않기 때문에, 그것에 대해 집착하지 않으므로 마음의 동요를 일으키지 않는 통찰이다. 불교에서는 연기법에 입각해서 자아 없음, 즉 실체 없음을 사물의 본질이라고 하기 때문에 반야는 존재의 본질을 직관하는 지혜라고 할 수도 있다. 이 반야 사상을 철학적으로 훌륭하게 조명한 사람이 2세기에서 3세기에 걸쳐 살았다고 추정되는 불교 사상가 나가르주나Nāgārjuna이다. 중국에서는 그를 용수龍樹로 번역했다.

용수는 『중론』에서 중中이라는 개념을 사용해서 이 실체론적 착각을 지적한다. 이 중이라는 말은 '가운데', '중립', '타협' 같은 의미가 아니

다. 간단히 말하자면 양극단을 한꺼번에 부정하기 때문에 붙은 이름이
다. 예를 들면 존재자에 대해서 '존재다' 혹은 '비존재다'라고 판단하
는 행위는, 결국 그것을 실체로 파악하기 때문에 일어나는 사태다. 우
리는 존재라고 말할 때 존재하기 전에 이미 뭔가 존재하고 있었다고
상정한다. 이는 논리적으로 옳지 않다. 이미 있던 것이 다시 있을 수는
없다. 그건 중복의 오류가 아닌가. 그렇다면 '존재하지 않는 것이 존재
한다'라고 하면 어떨까? 그런데 가만히 생각해 보면 이것도 오류임을
곧바로 알 수 있다. '뛰지 않는 사람이 뛴다'는 말이나 '달리지 않는 기
차가 달린다'는 말과 비슷하다. 사실 위배의 오류이다. 그렇다면 '존재
다'라고 해도 틀리고 '비존재다'라고 해도 틀린다.

이렇게 한 사태에 대해 실체론에 기반을 두고 극단적인 두 가지 판
단을 배척하는 것이 중이고, 이런 통찰이 중관中觀이다. 그래서 이때
'중'은 이중 부정의 의미가 있다. 반야가 중관이란 말로 전환되는 것이
다. 『중론』에서는 다양한 실체론적 주장에 대해 그것이 내포한 모순을
부각시킴으로써 그것을 논파한다. 중관이라는 통찰은 실체론적 고집
을 벗어나 의식의 평화를 얻는 것이다. 이를 목표로 교리적 발전을 꾀
한 전통을 중관학 혹은 중관학파라고 한다. 산스크리트로 마디아미카
mādhyamika이며, '중관을 실천하는 자'란 의미다. 이는 대승불교 철학의
가장 중요한 전통을 형성했다.

2. 의식과 세계

대승불교 철학의 두 번째 교리 전통은 유식학唯識學이다. 유식학이란

말은 근대 이후 학계에서 만든 말이고, 고대에는 유가행파瑜伽行派라는 표현이 사용됐다. 유가행은 산스크리트 요가차라yogācāra의 번역인데, 이는 '요가yoga의 실천[ācāra]'을 의미한다. 요가차라는 요가를 행하는 사람이란 뜻으로 유가사瑜伽師로 번역하기도 한다. 이 전통에서는 명상 수행을 통해서, 우리가 현상적으로 인식하는 존재라는 것은 모두 우리 의식이 어떤 식으로든 조작한 것으로 파악했다. 중관학에서 논리적인 방식으로 존재가 실체 없이 공함을 증명하고자 했다면, 유식학 전통에서는 명상 경험을 바탕으로 그것을 증명한다.

유식학에서 유식이란 말은 한자로는 '오직 식일 뿐이다'로 해석할 수 있다. 이 말을 좀 더 풀면 '모든 존재는 오로지 의식에 의해 만들어진 것일 뿐'이라는 의미다. 우리는 일상에서 인식하는 사물이 실재한다고 생각한다. 그렇기 때문에 밥도 먹고 옷도 입고 침대 위에서 잠도 잔다. 그리고 차도 타고 비행기도 탄다. 그런데 이런 일상을 두고 모두 의식에 의해 만들어진 것이라고 해버리면 혼란에 빠지고 말 것이다. 내가 타고 있는 비행기가 의식의 소산이라면, 나는 구름 위에서 낙하산을 타고 내려와야 할까? 아이를 안고 있는 아빠 팔뚝이 의식의 소산이라면, 아이는 땅바닥에 떨어져 뇌진탕이라도 일으켜야 할까?

그런데 마음이나 의식에 의해서 조작된다는 말은 뭔가가 존재하지 않는다는 말이 아니다. 앞서 중관학 전통에서 '모든 존재가 공하다'는 말이 '모든 것이 존재하지 않는다'는 말이 아닌 것과 같다. 유식학에서는 우리가 인식하는 모든 존재는, 우리의 의식이 반영된 상태에서만 알 수 있다고 말한다. 대상을 받아들이고 그것에 대해 판단하는 전 과정에 걸쳐 우리의 의식이 개입하며, 그 결과를 우리는 외부의 사물 혹은 자신의 상태라고 판단한다는 것이다. 이렇게 의식의 반영 없는 사물을 우리는 만날 수 없음에도 자신의 경험이나 감각 내용을 실체로 파악하며, 이 과정에서 나와 세계라는 명확한 구분을 시도하려고 한다.

유가행파는 명상 속에서 일어나는 온갖 영상이, 사실은 의식 심층부에서 조작해낸 것임을 간파했다. 이런 체험에 바탕을 두고서 나와 세계를 설명하기 시작했다. 그들은 인간의 의식도 결코 하나가 아니며 몇 가지 층위로 나뉘어 있으며, 외부 세계뿐만 아니라 나의 의식도 끊임없이 조작되고 재생하고 있음을 주장한다. 밤에 불을 끄고 가만히 누워서 하나둘 숫자를 헤아려보면, 우리 의식이 얼마나 혼란스럽게 얽혀 있는지 쉽게 알 수 있다. 숫자를 세려는 나의 의식뿐만 아니라 갑자기 튀어 오르는 온갖 생각이 있다. 수많은 의식이 다발처럼 존재한다.

유가행파는 명상을 통해서 가장 심층의 의식 활동을 발견한다. 그들은 그것을 산스크리트로 알라야비갸나$^{\text{ālaya-vijñāna}}$로 표현했고, 고대 중국에서는 이를 아뢰야식^{阿賴耶識}이라고 번역했다. '알라야'는 저장의 의미이고 비갸나는 의식의 의미다. 우리의 일체 행위는 의식화하여 이식에 저장되기 때문이다. 우리는 어제 저녁 잠에 든 후, 의식 활동을 하지 않다가 아침에 일어났다. 이는 일종의 단절인데, 그럼에도 불구하고 잠들기 전 내가 한 일을 기억한다. 때론 쇼크로 기절을 했다가 깨어난 후에도, 내가 누군지를 그리고 전에 알고 있던 정보를 기억해낸다. 저장을 하지 않고 컴퓨터를 갑자기 꺼버리면 작업하던 정보가 사라지는 것이 당연하다. 그런데 갑자기 꺼진 후 다시 컴퓨터를 켰는데도 정보가 고스란히 남았다면, 따로 저장 시스템이 작동하고 있었다는 이야기다. 알라야식은 그런 역할을 한다.

유가행파는 다양한 감각을 느끼거나 판단을 행하는 의식이 항상 작동하고 있다고 본다. 그리고 그것을 종합하고 정보로 간직하여, 어느 특정한 시기에 그 정보가 활성화할 수 있도록 조정하는 심층부가 있다고 생각했다. 그것이 알라야식[아뢰야식]이다. 그렇다면 유가행파의 종교적 의도는 무엇일까? 물론 철학적으로는 일종의 관념론처럼 세계는 물질이 아니라 관념에서 출발한다는 입장을 견지했다고 할 수도 있다. 하지만 유식학이 대승불교라는 종교의 일부라면 종교적 의도를 견지했을 것이다. 사실 유가행파도 중관학파와 마찬가지로 모든 존재는 실체가 없이 공하다고 말한다. 모든 존재가 실체라고 생각하지만 사실 그것은 의식의 소산일 뿐이라고 말한다. 그렇기 때문에 그것을 영원한 사실이나 꿈쩍도 않는 실체로 믿음으로써 고통을 겪지 말라는 당부를 한다. 이렇게 보면 중관학과 종교적 입장은 동일하다고 할 수 있다.

3. 부처와 나

대승불교에서 이론적인 면으로 본다면 중관학파와 유가행파가 두 축이라고 할 수 있다. 그들처럼 분명한 학파로 성립하지는 않았지만, 이후 대승불교 역사에서 중요한 역할을 한 또 하나의 이론적인 전통이 있다. 앞서 대승불교 경전을 말하면서 언급했던 『여래장경』이나 『승만경』 등과 관련된다. 현대 학자들은 이 이론 전통을 여래장 사상이라고 명명한다. 이 이론은 고대 인도 불교에서 태어났지만 거기서보다는 고대 중국 불교에서 오히려 각광을 받았다. 중국 불교뿐만 아니라 한국 불교에도 영향이 큰 선종禪宗의 경우도 이 여래장 사상과 관련이 깊다.

그렇다면 여래장如來藏은 무슨 의미일까? 여래장은 산스크리트 타타가타 가르바tathāgata garbha의 중국어 번역이다. '타타가타'는 여래, 즉 붓다의 의미이고, '가르바'는 태아라는 의미다. 경전에 따라서는 여래장을 조금씩 다르게 표현했다. 여래의 종성이라는 의미에서 여래성으로 표현하기도 하고, 부처의 본성이란 의미에서 불성이라고 표현하기도 했다. 여래장 사상은 기본적으로 붓다가 아닌 우리 중생도 실은 붓다의 태아로서 여래장을 간직하고 있다는 사고이다. 이런 사고는 과연 무엇을 의미하고 무엇을 의도할까?

여래장이란 말이 최초로 등장하는 『여래장경』에서 중생은 비록 윤회를 하며 번뇌 세계 속에 있지만, 여래장을 지녔기에 여래와 어떤 차이도 없다고 언급한다. 과연 모든 중생이 붓다와 동일할까? 불교인은 물론이고 불교인이 아니더라도 이 주장에 쉽게 동의하지는 못할 것이다. 왜냐하면 우리는 늘 자신의 불완전함을 느끼기 때문이다. 아무리 자기가 잘났다고 생각하는 사람도 자신이 성인聖人과 같은 수준이라고 말하지는 못할 것이다. 일상에서 우리는 붓다와 동일하지 않음을 어렵지 않게 깨닫는데, 『여래장경』에서는 굳이 나와 붓다가 동일하다고 말한다.

보통 사람이 성자가 된다는 것은 정말 힘든 일이다. 일상을 사는 나와 붓다라는 성자는 멀기만 하고, 비록 불교도라고 하더라도 심지어 수행자라고 하더라도 내가 깨달아서 붓다가 된다는 것은 요원하게 느껴진다. 그것이 불가능하다고 느낄수록 깨달음에 대한 열정은 차가워

지고 수행의 힘은 떨어진다. 하지만 불교인들은 고타마 싯다르타가 수행을 통해서 성자가 된 사례를 알고 있다. 그리고 그를 통해서 깨달음에 대한 순수한 열정과 그것의 가능성을 이미 확인했다. 일부 대승불교인은 바로 이 점에 착안하여 여래장 개념을 창안했고, 아울러 여래장 사상을 형성했다.

여래장 사상은 삶에 대한 절대 긍정과 깨달음에 대한 절대적 확신을 불러일으킨다. 여래장 사상을 수용한 사람이라면 아마 이렇게 생각할 것이다. '보잘 것 없는 내가 여래의 태아를 간직했기에 부처가 될 수 있다니! 때론 어처구니없는 실수를 저지르는 내가 그 무엇과도 견줄 수 없는 절대적 순수함을 간직했다니! 그래 나는 할 수 있어!' 이렇게 여래장 사상은 인간을 포함한 중생의 가치를 무한히 긍정한다. 이는 요즘 말로 하면 자기 존중의 사상이라고 할 수 있다. 내가 미워하고 내가 함부로 대하는 사람도 실은 미래에 부처가 될 존재임을 안다면 우리의 행동은 달라질 것이다. 성자나 부처를 미워한다면 모를까 만약 그렇지 않다면 자기만큼 그 사람도 존중해야 할 것이다. 그리고 불성을 가진 존재로서 중생은 평등하다고 할 수 있다.

여래장 사상에 따르면 나는 지금 부처가 아니지만 어떤 과정을 거치면 결단코 부처가 될 수 있다. 나는 적어도 미래 부처인 셈이다. 중국에서 출현한 선종에서는 곧잘 견성성불見性成佛을 말한다. 이 말이 한자어로 다소 어렵지만 간단히 풀어 보면 '나의 본성을 분명하게 체득한다면 부처가 된다' 정도이다. '나의 본성'이란 내가 간직한 여래성이나 불성을 의미한다. 본래 가진 순수함을 잘 발현한다면 나도 부처가 된다는 말이다. 이런 언급도 분명 여래장 사상과 관련되어 있다. 중국에서는 선종 출현 이전부터 여래장 사상이 다양한 방식으로 유행했고, 선종 출현 이후로는 불교의 기본적인 관념으로 자리 잡는다. 여래장 사상을 통해서 중생인 나와 성자인 부처는 한결 가까워진다. 나도 미래 부처이기 때문이다.

키워드

공, 대승경전, 대승불교, 보살, 서원, 신앙, 여래장, 유식, 육바라밀,
자비, 회향

연구문제

1) 오늘날 보살 정신은 어떤 모습이어야 할까?

2) 이타적 행위가 정말 자기완성에 도움을 줄 수 있을까?

3) 과연 나에게도 부처의 성품이 있을까?

참고문헌

· 『팔천송반야바라밀다경』, 김형준 엮음, 담마아카데미, 2003.

· 『대승불교개설』, 히라가와 아키라 외 지음, 정승석 옮김, 김영사,
  1984.

· 『대승의 세계』, 시즈타니 마사오·스구로 신조 지음, 정호영 옮김,
  대원정사, 1991.

· 『대승불교』, 폴 윌리엄스 지음, 조환기 옮김, 시공사, 2000.

· 『인도 불교사상』, 폴 윌리엄스·앤서니 트라이브 지음, 안성두
  옮김, 씨아이알, 2011

· 『대승불교의 보살』, 안성두 지음, 씨아이알, 2008.

· 『인도철학』, R. 뿔리간들라 지음, 이지수 옮김, 민족사, 1991.

· 『법화경』, 정승석 지음, 사계절, 2004.

· 『유식입문』, 다카사키 지키도 지음, 이지수 옮김, 시공사, 1997.

· 『대승과 회향』, 가지야마 유이치 지음, 김재천 옮김, 여래, 2002.

2장
인도와 동남아시아
불교의 역사와 문화

1절 | 인도 불교

1. 불교의 경전 성립

붓다가 열반한 후, 그의 제자들은 교단의 기강이 해이해지는 것을 막고 붓다의 가르침이 잊히거나 잘못 전해지지 않게 하기 위해서 붓다가 생전에 남긴 가르침과 규율을 정리할 필요를 느꼈다. 이에 마하카샤파Mahākāśyapa가 총책임을 맡아 라자가하Rājagaha의 칠엽굴[Sattapanni Cave]에 500명의 비구를 모았다. 붓다의 시자였던 아난다Ānanda는 자신이 기억하고 있는 붓다의 말씀을 대중 앞에서 낭송했고, 우팔리Upāli가 붓다가 정한 규율을 낭송했다. 그것을 들은 500명의 비구들이 토론을 거쳐 그것을 승인하고 정리한 후 모두 함께 그 내용을 암송했다.

이렇게 붓다의 가르침과 규율을 정리한 것을 결집結集이라 한다. 또한 함께 모여 낭송했다는 의미로 합송合誦, saṅgīti이라고도 부른다. 이처럼 처음에 붓다의 말씀은 문자가 아니라 구술에 의해 정리되고 보존되었다. 붓다의 가르침을 처음 글로 기록한 것은 기원전 1세기 후반이

칠엽굴 입구 전경

었다. 붓다의 열반 직후에 있었던 제1결집 이후 100년이 지나 제2결집이 이루어졌고, 이후에도 몇 차례 결집이 있었다는 기록이 있다. 불교의 경전은 이런 결집을 통해 재정비되고 전승되었다. 지금 우리에게 전해지고 있는 불교의 경전을 대장경大藏經이라고 한다. 대장경은 삼장三藏으로 구성되어 있는데 붓다의 가르침을 모아둔 경장經藏, 붓다가 정한 교단의 계율을 모아둔 율장律藏, 그리고 경전을 해설하거나 주석한 문헌인 논장論藏이 그 세 가지이다.

2. 불교 교단의 성립과 발전

1) 상가

상가[saṅgha] 라고 불리는 불교 교단은 남성 수행자인 비구[bhik-khu], 여성 수행자인 비구니 [bhikkhuni], 남성 재가신자인 우바새

[upāsaka], 여성 재가신자인 우바이[upāsikā]로 구성되지만, 중심이 되는 이들은 역시 출가수행자인 비구와 비구니들이다. 붓다와 함께 수행을 하다가 녹야원에서 붓다의 첫 설법을 들었던 다섯 명의 동료들이 최초로 비구가 된 인물들이다. 또한 붓다를 길러주었던 붓다의 양어머니가 출가를 함으로써 교단 최초의 비구니가 되었다. 출가수행자에는 사미[sāmaṇera]와 사미니[sāmaṇerī]도 있는데, 이들은 20세 이하의 남녀 수행자들을 말한다.

2) 교단 생활

불교 교단이 처음 생겨났던 당시의 수행자들은 유행遊行이라 하여 한곳에 머물지 않고 이곳저곳을 돌아다니는 생활을 하였다. 비구와 비구니들은 이른 아침에 인가를 찾아가 탁발을 하여 음식을 구하고, 식사 후에는 나무 아래나 바위 굴 등에서 명상을 하거나 수행을 하는 것이 하루 일과였다. 의복은 분소의糞掃衣라고 부르는 것을 입었는데, 이것은 화장터에 버려져 있던 천을 기워서 만든 옷을 말한다.

유행을 하던 수행자들은 우기가 찾아오면 벌레들을 밟거나 하여 생명을 해칠 위험이 커지고 이동도 불편해지므로 그 기간 동안은 한곳에서 수행을 했다. 처음에는 숲에서 우기를 보내다가 이후 신도들이 사원을 지어 교단에 기증함으로써 우기를 사원에서 보냈다. 이처럼 우기 때에 한 장소에 머물며 수행하는 것을 우안거雨安居라고 한다. 그러나 나중에는 더 오랜 기간 사원에 머물기도 하고, 신도들로부터 식사 초대를 받거나 의복을 제공받는 등, 붓다 당시부터 조금씩 교단 생활에 변화가 있었다.

베샬리 유적지

3. 교단 분열과 부파불교

붓다가 열반한 지 100년경에 야사^{Yaśa}라는 비구가 베샬리 ^{Vesālī}에 갔다가, 그곳의 비구들이 계율에서 금지한 일들을 하고 있는 것을 보았다. 특히 야사가 문제 삼은 것은 비구들이 금전을 시주받는 행위였다. 이 문제를 바로잡기 위해 야사는 다른 지역의 비구들을 초청해 2차 결집을 시행했다.

그러나 이 2차 결집 후에도 교단의 의견은 일치하지 않았고, 결국 교단은 두 파, 즉 상좌부上佐部와 대중부大衆部로 나뉘게 되었다. 상좌부는 계율에 어떤 변화도 있어서는 안 된다고 주장하는 보수파였고, 계율에 약간의 융통성을 부여해야 한다는 진보파가 대중부였다. 붓다가 열반한 후에는 교리와 계율에 이견이 발생했을 때 그것을 조절하고 해결하기가 어려웠고, 시간이 흐르면서 생활상이 변함에 따라 교리와 계율의 해석도 변화하게 되었다는 것을 2차 결집을 통해서 알 수 있다.

이렇게 불교 교단이 두 파로 처음 나뉜 것을 근본분열이라고 한다. 이후 불교 교단은 약 300년간 분열을 거듭하는데, 이렇게 수많은 부파로 분열한 것을 지말분열이라고 한다. 기록에서는 스무 개의 부파가 있었다고도 하고 열여덟 개의 부파가 있었다고도 한다. 그러나 현재까지 비문 등에서 그 이름이 발견된 부파는 서른네 개에 이른다. 근본분열이 발생한 후부터 지말분열이 계속 이어지던 이 시기를 부파불교部派佛敎 시대라고 한다.

이 부파불교 시대에 각 부파가 가장 중요하게 생각했던 것은 아비다르마abhidarma라고 부르는 논서들을 집필하는 것이었다. 이 논서들은 교리나 계율에 대한 자신들의 견해가 올바르다는 것을 입증하기 위한 의도로 지어졌다. 이 아비다르마 집필이 부파불교 시대의 가장 큰 특징이므로 이 시기의 불교를 아비다르마 불교라고도 부른다.

4. 아소카 왕과 불교

북인도 지역을 중심으로 활동하고 있던 불교가 인도 전역 및 해외로 퍼져 나갈 수 있었던 것은, 마우리야 Maurya 왕조의 3대 왕이었던 아소카Asoka 왕이 매우 큰 역할을 했기 때문이다. 기원전 268년에 왕위에 오른 그는 당시의 왕들이 모두 그러하듯이 영토 확장을 위해 많은 전쟁을 벌였다. 재위 8년에 칼링가Kaliṅga라는 나라를 정복한 아소카 왕은 그 전쟁이 초래한 비극에 큰 죄책감을 느꼈다. 이를 계기로 그는 전쟁을 그만두기로 결심하고 불교도가 되었다. 그는 전국에 수많은 불탑과 승원을 세웠으며 붓다와 생애와 관련된 성지를 방문했다. 또한 아소카 왕의 노력으로 인도 외부 지역에도 불교가 전파되기 시작했다.

아소카 석주(라우리야 난단가르 소재)　　　　아소카 석주 비문(델리 소재)

5. 대승불교의 흥기

대승불교大乘佛敎는 기원전 1세기경에 인도에서 발생한 새로운 불교 운동을 말한다. 부파불교 시대의 불교는 학문적으로만 크게 치우쳐 매우 난해해졌다. 그로 인해 불교에 거리감을 느낀 이들이 철학적이고 학문적인 불교를 떠나 실천적이고 신앙적인 불교로 돌아가려고 애썼고, 그런 움직임에서 대승불교가 발생했다. 대승불교도들은 자신들의 정체성을 드러낼 수 있는 경전을 제작하기 시작했는데, 가장 초기에 속하는 대승불교 경전으로는 우리에게도 잘 알려진 반야경이 있다. 반야경은 한 권의 경전이 아니라 반야[prajñā], 즉 지혜를 주제로 한 경전들을 일컫는 말이다. 우리가 흔히 독송하는 『반야심경』도 이 반야경 계통의 경전이다. 이 외에도 『법화경』과 『화엄경』 등이 초기 대승경전에 속한다.

대승불교가 중기에 접어들면서는 경전의 작성과 함께 수많은 논서들이 나왔고, 불교뿐 아니라 인도철학에서도 큰 비중을 차지하는 학자들이 많이 등장했다. 그중에서도 가장 대표적인 인물이 제2의 붓다라고까지 불리는 나가르주나Nāgārjuna이다. 그의 저술 가운데 가장 대표적인 것이 『중론中論, Madhyamakakārikā』이다. 그는 이 『중론』을 통해 대승 철학의 기반이라 할 수 있는 공사상을 체계화했다.

이 나가르주나가 공부했다고 알려진 곳이 바로 나란다Nālandā 대학이다. 그러나 이 나란다 대학이 본격적으로 번성했던 시기는 5세기 이후였다. 인류 최초의 종합기숙대학이라고 할 수 있는 나란다 대학에서는, 모든 교수들과 학생들이 전부 무료로 학교에 머물면서 공부했다. 기록에 따르면 631년 당시, 교수들의 숫자가 2,000여 명이었고 상주하는 승려들의 숫자는 1만 명에 달했다. 그리고 인도뿐만 아니라 한국을 포함한 거의 모든 불교 국가의 승려들이 이곳에서 유학하고 있었다.

나란다 대학 유적

6. 불탑, 불상, 석굴사원

'탑'은 산스크리트 스투파^{stūpa}의 한문 번역인 탑파^{塔婆}가 줄어서 나온 말이다. 불교 역사에서 탑이 처음 등장한 것은 붓다의 열반 직후이다. 붓다의 장례식이 끝난 뒤, 그의 유골과 사리[śarīra]를 장례식에 참석했던 8명의 왕들이 나누어 가졌고, 그들이 각각 자기 나라에 돌아가 탑을 세워 가져온 것들을 모신 것이 불탑의 기원이다. 이후 아소카 왕은 붓다의 사리가 들어 있던 8개 탑 가운데 7개의 탑을 열어, 그 속에 든 사리들로 전국에 수많은 탑을 세웠다. 현재 남아 있는 산치^{Sañci}의 대탑은 아소카 왕이 처음 세운 탑을 기원전 2세기경에 증축한 것이라고 한다. 인도의 스투파들과 같은 모양의 탑은 스님들의 밥그릇을 엎어 놓은 모양처럼 생겼다고 하여 복발형^{覆鉢形} 탑이라고 부른다. 처음에는 재가신도들이 이런 불탑에 대한 예배를 시작했지만, 차차 불탑은 모든 불교도들의 예배 대상이 되었고 신앙생활의 중심 역할을 했다. 그리고 많은 이들이 불탑을 지어 바쳤으며 불탑에 예배를 드리면 큰 공덕을 받는다는 믿음이 생겨났다.

붓다가 보리수로 표현된 보팔 산치 대탑의 부조

불상이 출현한 것은 붓다가 열반한 지 한참 후의 일이었다. 불상이 나오기 전의 불교 조각 등을 보면 붓다를 묘사해야 할 곳에 보리수나 발자국 등이 조각되어 있다. 초기 불교도들이 불상을 만들지 않은 이유에 대해서는 여러 주장들이 있다. 붓다를 어

떤 형상으로 나타낸다는 것을 불경스럽게 생각했기 때문이라는 의견
도 있고, 성지순례나 불탑 숭배가 널리 행해져서 불상에 대한 필요를
느끼지 못했기 때문이라는 의견도 있다.

　불상을 처음 제작한 것은 1세기 말이었다. 간다라Gandhara, 파키스탄 페샤와르
지역와 마투라Mathura 지역에서 거의 같은 때에 불상이 등장했다. 간다라
인들은 그리스나 로마 문화의 영향으로 조각상을 조성하는 데 익숙했
기 때문에 불교를 받아들인 후 불상을 제작했다. 또한 인도 마투라 지
역의 사람들도 인도 신상을 제작해 온 전통에서 나아가 순수한 인도
적 수법으로 불상을 제작했다. 그렇기 때문에 간다라 불상들은 얼굴
이나 옷 모양 등이 서양인의 모습과 매우 닮아있으며, 마투라의 불상
들은 전형적인 인도인의 모습을 하고 있다.

　인도 불교 유적 중에서 매우 특별한 것으로는 석굴사원을 꼽을 수 있
다. 거대한 바위를 다듬어 만들어진 석굴사원은 크게 차이티야chaitya와
비하라vihāra로 나눌 수 있다. 차이티야는 스투파를 모셔 놓은 예배소이

간다라 불상(도쿄 국립박물관 소장)

마투라 불상(마투라 박물관 소장)

아잔타 석굴 전경

아잔타 석굴 내부

엘로라 석굴 전경

엘로라 석굴 내부

고, 비하라는 수행을 위해 거주하는 거주처였다. 이후 비하라에는 불상이 자리하는 경우도 있었다. 기원전 1세기 초부터 기원후 7세기경까지 약 800여 개가 넘는 크고 작은 석굴사원들이 조성되었는데, 이 중에서도 가장 대표적인 것으로는 아잔타^Ajanta와 엘로라^Ellora의 석굴사원들이다.

7. 인도에서의 불교의 쇠퇴와 부흥

1) 밀교의 등장

후기의 대승불교를 밀교^密敎라고도 하고 금강승^金剛乘이라고도 한다. 밀교에서는 깨달음을 얻기 위한 방법으로 다라니^dhāraṇī와 만다라^maṇḍa-la 같은 것들을 중요시했다. 다라니는 진언이라고도 하는데, 밀교가 발

생하기 이전에 다라니는 정신을
집중하여 붓다의 가르침을 기억
하고 간직하는 것, 혹은 그로 인
해 얻게 되는 정신 집중의 상태
를 가리키는 말이었다. 그러다가
밀교에서는 재앙을 막고 복을 부
르는 주문이었다가, 차차 성불을
위한 수단으로까지 여겨졌다. 만
다라는 정해진 양식 또는 규범에
따라 그려진 도형인데, 불교에서

만다라(티베트 탕카)

는 붓다의 깨달음을 상징하여 표현한 것이다. 만다라는 그림으로 주
로 표현하지만, 티베트 불교에서는 모래로 만다라를 제작하는 방법도
개발하였다.

다라니와 만다라는 내용면에서 차이가 있긴 하지만 힌두교와 불교
모두 사용하였다. 그 외에도 힌두신들이 불교로 수용되고 힌두적인 제
사 방법까지 불교에 도입되었다. 이처럼 힌두교와 유사해진 불교는 서
서히 그 정체성을 잃어갔고, 불교를 보호하고 지원하던 왕조들이 몰
락하자 불교 교단의 기반도 점점 약해졌다. 일반 재가신자들의 생활
에도 불교적인 의례나 문화를 정착시키지 못했다. 이렇게 8세기경부
터 세력이 약해지면서 힌두교에 흡수되어 가던 불교는, 13세기 초 무
슬림들이 인도를 침략한 것을 계기로 그 미미한 자취마저 인도에서
사라지고 말았다.

2) 현대 인도 불교

인도 땅에서 거의 사라졌던 불교가 다시금 부흥한 계기는 1956년 불가촉천민이라 불리던 지정카스트[scheduled caste]들의 집단 개종이었다. 그 집단 개종을 주도한 이는 지정카스트 출신으로 인도의 초대 법무부장관이었던 암베드카르 Bhimrao Ramji Ambedkar 박사였다. 그는 지정카스트들이 카스트 제도의 속박에서 벗어나기 위해서는 힌두교를 떠나 새로운 종교로 개종해야 한다는 결론을 내리고, 불교로 개종하기로 결정했다. 1956년 10월 14일에 있었던 개종식에서, 암베드카르와 50만 명의 지정카스트들이 불교로 입문하는 의식을 치르고 불교도가 되었다. 이렇게 집단 개종으로 탄생한 불교도들을 신불교도들이라고 부르며, 이렇게 나타난 인도의 불교를 신불교라고 한다. 2000년에 실시한 인도의 인구조사에 따르면, 인도의 불교 인구는 7,955,207명으로 전체 인구의 0.8%에 해당한다.

이처럼 개종을 통해 탄생한 신불교를 두고, 불교가 어느 특정한 계층을 위한 종교가 되어버렸다고 우려하는 시선도 있다. 그러나 핍박받던 지정카스트들이 붓다의 가르침 안에서 안식처를 찾고, 불교가 자신이 태어난 땅에서 다시 세력을 얻은 것은 다행스러운 일이다. 최근 인도에서는 불교 교육 및 인재 양성을 위해 불교계 대학을 설립하고 있으며, 인도 출신 승려의 수도 늘고 있는 추세이다. 1979년에 설립한 불교 단체인 범세계불교교단우의회[TBMSG, Trailokya Bauddha Mahasangha Sahayaka Gana]는 문맹 퇴치, 어린이 교육, 도서관 설립, 보건 활동, 재난 구호 등의 여러 분야에서 활발하게 활동하고 있다.

2절 | 동남아시아 불교

불교는 크게 두 지역으로 나뉘어 전래되었다. 인도에서 스리랑카로 전해진 후 동남아시아 여러 나라로 퍼진 불교를 남방불교라고 하고, 인도에서 중앙아시아를 거쳐 중국으로 건너가 한국과 일본에 전해진 불교를 북방불교라고 한다.

북방 쪽에 전해진 불교가 대승불교였다면, 남방 쪽에 전해진 불교는 부파불교였는데, 이것을 상좌불교上座佛敎, Theravāda Buddhism라고도 부른다. 상좌불교를 신앙하는 동남아시아 국가들 중에서 불교의 영향력이 가장 큰 나라를 꼽자면 스리랑카, 미얀마, 태국 등을 들 수 있다. 이들 나라에서 불교가 국교로 정해져 있는 것은 아니다. 그러나 처음 전래된 이후부터 사상적 기반을 이루었으며 사회, 문화, 정치 등 다양한 영역에서 큰 영향력을 행사하고 있다.

상좌불교 국가에서는 모두 비구니 교단의 명맥이 끊어져서 비구 교단만 남아 있다. 그리고 20세 미만의 스님들인 사미들도 다수 존재한다. 스님들은 한국과는 달리 황색이나 갈색 승복을 입는다. 의식주는 모두 재가자들의 보시에 의존하며 12시 이후에는 음식을 먹지 않는다. 이런 모습은 붓다 당시의 교단 생활과 매우 유사하다고 볼 수 있다. 상좌불교 국가에서는 남성들이 일생에 한 번 승려가 되는 관습이 있는데 이 관습은 현재도 유효하다. 그리고 어린 나이에 사미로서 사원에서 생활하는 어린이들도 흔히 볼 수 있다.

스리랑카 사미승

1. 스리랑카

스리랑카에 처음 불교가 전해진 것은 기원전 3세기경이었다. 아소카 왕의 아들인 마힌다[Mahinda] 스님이 스리랑카에 가서, 당시 왕이었던 데와남피야 팃사[Devānampiya Tissa]를 교화시킨 것이 스리랑카 불교의 시작이었다. 그다음 해 마힌다의 여동생인 상가미타[Saṅghamittā] 비구니가 보드가야에서 보리수나무를 가져와서 심었는데, 그 나무는 현재도 스리랑카에서 소중하게 보호하고 있다. 또한 스리랑카의 불교 유물 중에 가장 귀한 것은 4세기에 인도에서 가져온 붓다의 치아 사리이다. 현재 이 치아 사리는 캔디[Kandy]의 불치사[Sri Dalada Maligawa]에 봉안되어 있다. 매년 8월에 코끼리 등에 사리를 싣고 시내를 도는 에살라 페라헤라[Esala Perahera] 축제가 열릴 때면 전 세계에서 참배객들이 몰려든다.

처음 전래된 이후 스리랑카의 불교는 스리랑카 왕의 비호를 받으며 크게 발전하다가 약 1세기경에 두 부파로 나뉘었다. 그때 구전하던 삼

불치사 내부

에살라 페라헤라 축제 때 사리를 이운하는 코끼리

장을 비로소 문자로 기록하였고, 이것이 현재 남아 있는 팔리Pali어 불교 경전의 원형이다. 동남아시아의 다른 상좌불교 국가들 모두 스리랑카에서 불교를 받아들였기 때문에 모두 팔리어 불교 경전을 공유하고 있다. 이후 스리랑카는 1505년부터 1948년까지 포르투갈, 네덜란드, 영국의 지배를 받았다. 그 시기 동안 스리랑카의 불교는 큰 박해를 받아 거의 그 명맥이 끊어졌다가, 미얀마와 태국의 도움으로 간신히 전통을 회복할 수 있었다.

현재 스리랑카에는 시암파[Siam Nikāya], 아마라푸라파[Amarapura Nikāya], 라만냐파[Ramañña Nikāya]라는 3개의 종파가 있으며, 이 중에서 가장 큰 세력을 형성하고 있는 종파는 시암파이다. 3개 종파에 속하는 사찰의 총 숫자는 10,035개이고, 승려의 총 숫자는 32,715명이며, 이 중에서 비구는 15,397명이고 사미는 17,318명이다.

2. 미얀마

미얀마의 불교는 1044년부터 1077년까지 재위했던 아나와라타[Anaw-rahta] 왕이 미얀마 최초의 통일 왕조를 세우면서 시작했다. 이전에도 미얀마에는 대승불교와 밀교 등이 들어와 있었지만 공식적으로 인정을 받은 것은 아니었다. 아나와라타 왕은 통일 후에 상좌불교를 미얀마에 확립하기 위해서 남부 미얀마 지역에 있던 나라인 타톤[Thaton]을 침략하였다. 그때 경전과 함께 상좌부 승려 500명을 수도로 데려와 상좌불교 전통을 미얀마에 확립했다. 현재 미얀마에서는 인구의 89.4%가 불교도이고 1995년 당시 아홉 개의 공인된 상좌부 종파가 있다. 승려 수는 비구가 162,195명, 사미가 234,595명으로 총 396,790명이다.

미얀마 불교의 가장 큰 특징이라면, 승려는 물론 일반 재가자에게 명상 수행의 전통이 널리 보급되어 있다는 점을 들 수 있다. 가장 대표적인 것으로는 붓다가 수행하였다는 위파사나[vipassanā] 명상이다. 전국 각지의 수많은 명상 센터에서 다양한 수행법이 다양한 계층의 사람들에 의해서 행해지고 있다. 이 수행 전통이 대중화된 것은 20세기에 들어서면서였고, 활발하게 일반인들이 수행을 접하게 된 것은 불과 50여 년 전부터이다.

미얀마의 불교 유적 가운데 전 세계에 널리 알려진 것으로 쉐다

쉐다곤 파고다

곤 파고다^{Shwedagon Pagoda}가 있다. 이것은 미얀마의 수도 양곤에 세워져

있는 98m 높이의 불탑이다. 전설에 의하면 미얀마의 두 상인이 석가

모니 붓다로부터 얻어온 머리카락 여덟 가닥을 봉안하기 위해 지은 것

이 이 탑이라고 한다. 그러나 역사학자들은 이 탑이 6~10세기 사이에

몬족에 의해 지어진 것으로 보고 있다.

3. 태국

태국에서도 불교는 나라를 지탱하고 있는 이념적 뿌리이다. 2011년

태국 정부 조사에 의하면 전체 인구의 94.6%가 불교 신도이다. 이것

은 불교 인구가 많은 상좌불교 국가들 중에서도 가장 높은 수치이다.

그리고 2002년 조사에 따르면 태국 전역에 32,000개의 사원이 있고,

265,965명의 비구와 87,695명의 사미가 있다.

태국 왕의 출가 시절

태국사원

아소카 왕이 보낸 선교사들이 태국에 처음 불교를 전했다는 주장도 있지만, 1259년 란나^{Lan Na} 왕국을 세운 망라이^{Mangrai}가 불교를 들여왔다는 것과, 같은 시기 번성한 수코타이^{Sukhothai} 왕국에서 불교가 공인되었다는 설이 더욱 역사적으로 신빙성 있다.

태국에서 불교는 모든 생활의 중심이다. 태국 불교 신자들은 인생의 중요한 시기마다 절을 찾아가며, 관혼상제 역시 불교와 긴밀하게 연관되어 있다. 아이가 출생한 후의 의식, 결혼 의식, 장례식 모두 스님이 초청되어 행사를 주관한다.

학교에서도 불교 교리를 배우며 공립학교에서는 불교 의식도 수업의 일부이다. 태국에서는 승려가 되는 일이 가장 큰 공덕을 가져온다고 믿는다. 상좌불교의 전통대로 많은 태국 남성들도 20세 이후에 3개월간 출가를 하는 관습이 있는데, 현재 국왕인 푸미폰^{Phumiphon Adunyadet} 왕 역시 출가를 했던 경험이 있다.

4. 그 외 국가들

동남아시아의 다른 상좌불교 국가로는 라오스와 캄보디아가 있다. 라오스와 캄보디아 역시 스리랑카로부터 상좌불교를 받아들였다. 1970년대 인도차이나 반도에 공산화가 진행되었을 때, 흔히 폴 포트^{Pol Pot}로 알려진 캄보디아의 샐로스 사르^{Saloth Sar} 정권은 극심한 종교 탄압을 자행해 수많은 불교 사원을 파괴했다. 이후 1989년에 불교가 캄보디아의 국교로 지정되었으며, 라오스 역시 1947년 헌법 개정 때 불교를 국교로 삼았다.

베트남은 다른 동남아시아의 국가들과 달리 대승불교를 신봉하고 있다. 다른 나라들이 스리랑카를 통해 불교를 받아들였던 반면, 베트남은 2세기경 중국을 통해 불교를 받아들였기 때문이다. 베트남 전쟁이 1975년 북베트남의 승리로 끝나고 베트남이 공산화된 후 불교는 많은 탄압과 통제를 받았다. 2009년 베트남 정부는 베트남 불교 신자가 전체 국민의 9.6%라고 밝혔지만, 미국의 유명 조사 단체의 조사에 따르면 16.4% 정도가 불교 신자이다.

탁발 중인 라오스 스님들

키워드

결집, 근본분열, 대승불교, 대장경, 라오스, 미얀마, 밀교, 베트남, 부파불교, 비하라,
사부대중, 산치 대탑, 상가, 상좌불교, 스리랑카, 아소카, 아잔타, 암베드카르, 엘로라,
지말분열, 차이티야, 캄보디아, 태국

—

연구문제

1) 결집의 필요성에 대해 생각해 봅시다.

2) 교단 생활의 변화에 대해 살펴봅시다.

3) 근본분열의 원인을 살펴보고 대중부와 상좌부의 입장에 대해 생각해 봅시다.

4) 불상, 불탑, 석굴사원에 대한 사진과 동영상을 찾아봅시다.

5) 인도에서 불교가 사라진 원인에 대해 살펴봅시다.

6) 불교가 인도에서 다시 부활하는 데 관련 있는 인물들을 더 찾아봅시다.

7) 카스트 제도에 대한 불교의 입장을 알아봅시다.

8) 동남아시아에서의 불교의 위치와 의미에 대해 생각해 봅시다.

—

참고문헌

· 『인도불교사 1, 2』, 에티엔 라모뜨 지음, 호진 옮김, 시공사, 2006.

· 『인도불교』, 나라 야스아키 지음, 정호영 옮김, 민족사, 1990.

· 『인도불교사: 그 사상적 이해』, 정순일 지음, 운주사, 2011.

· 『한 권으로 보는 세계불교사』, 대한불교조계종 교육원 불학연구소 지음, 불광출판사,
  2012.

· 『동남아시아의 불교수용과 전개』, 석정미웅(石井米雄) 지음, 박경준 옮김, 불교시대사,
  2001.

· 『동남아의 종교와 사회』, 김영수 외 지음, 오름, 2001.

· 『동남아의 역사와 문화』, 매리 하이듀즈 지음, 박장식·김동엽 옮김, 솔과학, 2012.

—

참고자료

· TBMSG 홈페이지 www.tbmsg.org/index.php

3장

동북아시아와
티베트 불교의 역사와 문화

1절 | 중국 불교

　불교의 전파와 확산이라는 관점에서 볼 때, 중국 불교의 가장 큰 역할은 중국 불교를 중핵으로 하는 동아시아 불교권을 형성한 것이다. 인도 서북부의 첨단이었던 간다라 지역을 출발한 불교는 서역을 거쳐서 중국에 전해졌다. 그리고 불경의 한역漢譯과 중국화라는 번역과 변용의 과정을 거친 후에 동아시아 세계에 전파된다. 이를 계기로 7세기 전후 수·당대에 '한자'와 '불교' 그리고 유교적 요소를 핵심으로 하는 동아시아문화권이 성립되었다. 오늘날 이 동아시아문화권에 속하는 국가로는 중국과 한국, 일본, 베트남 등이 있다.

1. 불교의 전래와 불경의 한역

　인도인들에게 중국이 전혀 낯선 세계였던 것처럼, 중국인들에게도 불교는 생소한 것이었다. 불교가 중국으로 전파되었다는 것은 사람,

언어, 문자, 풍속, 토양, 기후가 전혀 다른 이질적인 세계로 들어간 것이었다. 인도와는 전혀 다른 세계의 사람들이었던 중국인들에게 불교를 전하기 위해 전법승들이 첫 번째로 했던 일이 바로 불경佛經의 한문 번역이었다.

1) 전래의 시기와 경로

불교가 언제 중국에 처음 전래되었는지는 분명하지 않다. 한무제漢武帝 재위 기간 중 장건張騫의 서역 출사를 통해 서역으로 가는 교통로가 처음 열렸다는 것을 고려해 보면, 불교의 중국 전래는 그 이후로 보아야 할 것이다. 따라서 그 이전에 불교가 전래되어 있었다는 전설들은 신뢰하기 어렵다. 서역으로 가는 교통로가 열린 시기를 비추어 볼 때, 불교의 중국 전래는 기원 연간을 전후한 시기로 추정된다.

불교가 전해진 경로는, 달리 말하면 중국과 인도를 연결하는 교통로

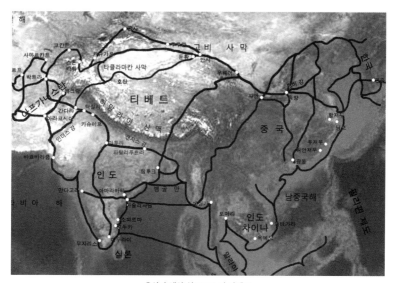

육상과 해상 실크로드 및 관계로

이기도 하다. 해로는 실론과 자바, 말레이 반도, 베트남을 경유하여 중국 남해안에 도착하는 경로고, 육로는 중앙아시아에서 서역을 통과하여 중국에 도달하는, 흔히 실크로드라고 불리는 길이다. 특히 실크로드라는 육로는 한무제가 서역을 다스리기 시작한 이후, 동서 간의 가장 중요한 교통로이자 무역로로 사용되었다. 중국에 불교가 전해지던 초기에는 인도와 서역으로부터 중국으로 와서 불교를 전파한 전법승^{傳法僧}들과 중국에서 서역을 거쳐 인도로 구법 여행을 떠났던 구법승^{求法僧}들 대부분이 이 육로를 이용하였다. 하지만 동진 이후 남북조 시대에 이르러 해로를 점차 더 빈번하게 이용했다.

전법승들과 구법승들 가운데 안세고와 축법호 그리고 현장과 법현 삼장 등은 육로를, 구나발타라와 진제 그리고 불타발타라 삼장 등은 해로를, 『왕오천축국전』을 남긴 신라의 혜초 스님은 해로로 갔다가 돌아올 때는 육로를 이용했다.

2) 누가 불교를 전파했을까 - 전법승과 구법승

중국인들의 불교 신앙에 대하여 시기적으로 가장 일찍 나타나는 분명한 기록은 후한^{後漢} 명제^{明帝} 시기, 즉 1세기 후반에 활동했던 인물인 초왕 영^{楚王 英}의 신봉 사례이다. 이후 환제^{桓帝} 재위 기간이나 2세기 말 착융^{笮融}의 사례 등에서 불교 신앙이 중국 사회 내부에 조금씩 확산되었음을 확인할 수 있다. 다만 초왕 영이나 환제의 사례는 황로^{黃老, 노자}와 부도^{浮屠, 부처}를 함께 신봉한 것이어서 본격적인 불교 신앙이라고 보기는 힘들다. 그러나 착융의 경우는 대규모 사찰 건립, 도금한 불상 봉안, 불교 경전 봉독, 욕불회^{浴佛會}와 재회^{齋會}의 원형이 되는 형태들이 나타난다. 그렇기 때문에 2세기 말에는 불교가 중국인들의 전통 신앙과는 완전히 다른 새로운 신앙으로서 신봉되기 시작했음을 알 수 있다.

이 무렵 본격적으로 불교가 중국 안에 전파되기 시작하는데, 그 주역은 역시 전법승들이었다고 할 수 있다. 전법승들 대부분은 또 다른 호칭으로 불리기도 했던 바, 역경승譯經僧이 바로 그들이었다. 이들 대부분은 인도나 서역 여러 나라 출신의 승려들로, 중국에 도래한 후 불전을 한문으로 번역하는 데 주력했다. 또한 불교라는 새로운 문화 전달이 일방적일 수 없었기에, 불교 본연의 모습을 확인하고 제대로 이해하고자 인도로 구법을 떠나는 사람들이 중국인들 중에서도 나타나기 시작했다. 이들은 흔히 구법승이라고 불린다.

중국인들에게 불교를 이해시키고 동시에 중국인들이 불교를 이해하기 위해서 반드시 선행되어야 했던 일 가운데 하나가 바로 불전의 한역이었으며, 이는 곧 중국인들이 이해할 수 있는 말로 붓다의 가르침을 번역하는 것이었다. 이 번역 작업의 주역으로 등장할 수밖에 없었던 인물들이란, 인도나 서역 출신으로 중국에 와서 전법 활동을 펼쳤던 전법승이거나 인도로 구법을 떠났던 중국인 구법승들이다. 그래서 이들 전법승과 구법승들은 전법이나 구법이라는 본연의 역할보다,

현장 삼장 구법도. 현장 삼장이 천축에서 불경을 구해오는 장면을 그린 것이다.

오히려 역경이라는 작업에 초점을 둔 명칭으로 불렸다. 인도에서 출현한 불교는 그들에 의해 중국이라는 새로운 토양에 새로운 뿌리를 내리는 첫 걸음을 내딛었다.

3) 불전의 한역을 통한 수용과 변용

불교가 출현한 인도의 언어와 불교가 전해진 중국의 언어는 전혀 다른 언어계통에 속한다. 또한 기후와 풍토, 사람 사는 모양새가 전혀 다르다. 그렇기 때문에 인도어로 된 불전을 중국어로 번역하는 작업, 곧 한역 작업의 어려움은 처음부터 예견되었다 해도 지나친 말이 아니다. 언어와 문자는 각기 그 언어를 사용하는 사람들의 문화와 사고방식을 정형화한 표현이기 때문에, 서로 다른 문자로 번역하는 것은 당연히 어려울 수밖에 없다. 비록 번역이 이루어지더라도, 그 번역 과정에서 이해의 변화가 초래되는 것도 불가피하다. 불전의 한문 번역 작업도 마찬가지였다. 불전의 한문 번역 과정에서 생긴 이 같은 불가피한 이해의 변화는, 한편으로는 중국인들이 불교를 잘못 이해하는 결과를 낳기도 했고, 어떤 측면에서는 중국인들이 불교를 인도인들과는 다르게 해석하는 계기로도 작용했다. 그 결과 중국 불교는 한역이라는 첫 번째 단계에서 이미 인도 불교와는 다른 중국 불교의 독자적인 길을 걷는 계기를 품고 있었다고도 볼 수 있다.

• 한역의 시대 구분과 주요 번역자

불전의 한역은 후한 시대에 시작하여 육조 시대와 수·당 시대를 거쳐 북송대에 이르는 1,000여 년 동안 지속됐다. 보통 한역 불전을 신역과 구역으로 나누는데, 그 기준으로 삼는 것은 현장玄奘의 번역 작업이다. 곧 현장의 번역과 이후 것을 새로운 번역이라 하여 신역新譯이라 부르고, 현장 이전의 것을 구역舊譯이라고 부른다. 다시 구역 불전을 세분할 경우에는 구마라집鳩摩羅什의 번역을 기준으로, 그 이전의 것을 고역古譯이라고 별도로 구분하기도 한다. 최초의 역경승인 안식국 출신의 안세고安世高, 월지국 출신의 지루가

구마라집 삼장상. 구마라집의 고향인 쿠차의 키질석굴 앞에 세워진 상이다.

참支婁迦讖, 월지국 계통이면서 돈황 출신이었던 축법호竺法護가 고역을 대표하는 역경승이며, 서역 구차국 출신인 구마라집, 북인도 출신의 보리류지菩提流志, 서인도 출신의 진제眞諦 등은 구역 시대를 대표하는 역경승이다. 현장 삼장 이후에 활동한 인물로는 우전 출신의 실차난타實叉難陀, 북인도 출신의 불공不空 등이 있다.

· 불전 번역장의 분업 및 공동 번역 시스템

북송대의 불전을 한역하기 위한 번역장에는 역주譯主 · 증의證義 · 증문證文 · 서자범학승書字梵學僧 · 필수筆受 · 철문綴文 · 참역參譯 · 간정刊定 · 윤문潤文 등 아홉 개 직책이 있었다. 이전 번역장들도 유사한 체재體裁였을 것이다. 대표 번역자인 역주를 중심으로 분업 체재를 세우고 상호

검증을 거쳐 불교 경전을 공동 번역하는 시스템을 갖춤으로써, 번역의 오류를 최소화하기 위한 장치가 기능했던 것이다. 우리가 흔히 불전 번역자라고 알고 있는 역자는 대체로 대표 번역자 곧 역주^{譯主}에 해당하는 인물이다.

2. 불교는 어떻게 중국인들의 전통사상이 되었을까

중국 불교의 역사를 크게 구분하면 전기와 후기로 나눌 수 있다. 전기는 전래 초기부터 당대^{唐代}까지로 중국에 불교가 전파 수용되고, 다시 중국적으로 변화했던 시대이다. 후기는 송대^{宋代} 이후 근현대까지로, 불교가 중국인의 종교로서 중국인들 삶 속에 완전히 녹아들어 갔던 시대라 할 수 있다. 여기에서 먼저 불교의 수용과 변용의 문제를 살펴보고, 이어서 중국적 전개의 문제를 살펴본다.

1) 불교 이해의 진전 - 격의불교·학파불교·종파불교

앞서 언급한 문화와 언어의 차이 때문에, 불교 전래 초기에는 전법승들이 중국인들에게 불교를 이해시키는 것이나 중국인들이 낯선 도래 종교인 불교를 이해하는 것이 쉽지 않았다. 그러한 문화와 언어의 장벽을 넘어서기 위해 특별한 방법이 필요했는데, 처음 시도했던 것은 최대한 비슷한 것을 찾아서 비교함으로써 이해하는 방법이었다. 불교의 공^空이라고 하는 개념을 중국 노장사상의 무^無라는 개념에 비추어 이해하는 것과 같은 방식이었는데, 이것을 격의불교^{格義佛敎}라고 부른다.

그러나 뛰어난 번역가였던 구마라집이 등장하면서 중국인들의 불교 이해는 새로운 전기를 맞이한다. 구마라집은 중국인들이 불교를 제대로 이해할 수 있는 계기를 제공했다. 이후 중국인들은 구마라집이 번역한 불전들을 바탕으로 인도 불교를 더욱 분명하게 이해하기 위한 노력을 기울인다. 이러한 노력은 구마라집 이후 남북조 말기에 이르기까지 약 200년간 지속되었는데, 이 시대를 학파불교學派佛敎 시대라고 부른다. 이 시기에 중국 불교의 근간을 이루는 형식과 내용들이 대부분 결정되었다.

이 시대의 중국인들은 무질서하게 번역된 불교 경론들을 체계적으로 이해하기 위한 독특한 방법을 새롭게 고안해냈다. 부처님 가르침을 설법의 시기와 내용 그리고 듣는 대상에 따라 차이가 있다고 간주하고, 그것을 몇 가지 특징에 따라서 분류함으로써 더욱 체계적으로 이해하기 시작했다. 이것을 교상판석敎相判釋이라고 부른다. 또한 일체 중생이 모두 성불할 가능성을 지니고 있다고 주장하는 불성佛性 사상이 열반경 번역을 계기로 형성되었다. 구마라집의 제자인 도생道生은 이 불성 사상을 바탕으로 깨달음은 점차적으로 성취되는 것이 아니라 단박에 성취되는 것이라고 하는 돈오頓悟 사상을 주장했다. 돈오 사상은 후대 중국 불교의 사상적 전개에 지대한 영향을 끼쳤다.『대승기신론』이라는 논서가 등장한 것도 남북조 시대 말기인 550년을 전후한 때였다.『대승기신론』은 중국 불교 사상사에서 대단히 중요한데, 중국 불교의 주요한 종파와 사상은 모두 이『대승기신론』의 이론 체계를 채용하고 있기 때문이다.

남북조 시대 말기에 북주北周 무제에 의해 일어난 폐불 사태는 당시 중국 불교인들에게 말법 시대를 실감하게 하는 충격적인 사건이었다. 이 사태를 계기로 인도 불교의 이식移植이 중심이었던 당시 중국 불교의 흐름이 일단락되면서 새로운 불교 운동이 일어났다. 신앙적으로는 남북조 시대 후반기 동안 중국인들 사이에 조금씩 퍼지고 있던 정토 신앙이 더욱 급속히 확산되기 시작했고, 사상적으로는 중국인들이 납득할 수 있고 중국 사회의 문제를 해결할 수 있는 중국적 불교의 필요성이 대두했다. 이 새로운 불교 운동의 흐름을 종파불교宗派佛敎라고 부른다.

인도와 다른 중국 사회에서, 중국인들의 고뇌와 요구를 반영하면서 등장한 그들의 불교라는 점에서, 종파불교는 이전의 불교와는 큰 차이를 보인다. 남북조 시대의 불교는 인도 불교에 대한 이해에 초점을 두고 인도 불전 연구에 치중했다. 그러나 수隋·당唐 시대에 발전한 종파불교는 인도 불전에 대한 중국인들의 독자적인 해석이 두드러진다는 특징을 지닌다. 가장 중국적인 특징을 보인다고 평가할 수 있는 천태종과 화엄종 그리고 선종 등의 종파들이 모두 수·당대에 등장하고 발전한 종파들이다. 이 외에도 이 시기에 삼계교, 정토교, 율종, 법상종 등의 종파들이 등장했다.

천태종은 미혹한 중생의 번뇌가 가득한 마음속에 지옥은 물론 깨달은 부처의 세계까지 모두 갖추어져 있다고 하는 일념삼천설一念三千說을 주장했다. 화엄종은 현상의 배후에 있는 형이상학적 실체를 부정하고 현상을 절대화하며, 사물 개개의 독립 자존성을 강조하는 사사무애의 세계가 우리가 실존하는 현실 세계라고 주장했다. 한편 가장 중국적인 불교의 하나라고 일컬어지는 선종은, 불교의 반야공관般若空觀에 중국 노장老莊의 무위자연 사상을 융합함으로써 인도 불교의 선정禪定과는 전혀 다른 중국적 불교의 정화를 창출하였다. 선종은 일상생활 가운데서 자신 스스로가 집착하지 않고[無住·無所有] 구애받지 않으며[無碍], 한 생각 한 생각에 자신과 바깥의 경계가 대립하지 않고 하나로 합일하는 무심無心의 경지를 추구했다.

이처럼 수·당대에 등장한 종파불교는 현실과 현세 이익을 중시하는 중국인들의 심성을 대거 반영했다. 이렇게 종파불교는 인도에서 건너온 불교를 중국인들의 독자적인 이해를 위해 재조직했다는 특징을 가지고 있었다.

2) 불교와 중국 사상의 동화

당 말기 842년에 있었던 회창會昌의 법난法難과 이어진 오대五代 시기 후주後周 세종世宗에 의한 법난 때문에, 중국 불교의 여러 종파들은 엄청난 희생을 강요당한다. 연이은 법난으로 인하여 귀족 중심의 불교가 타격을 받으면서 철학적이고 이론적인 여러 종파의 교학불교들은 점차 쇠락의 길을 걸었다.

그 자리를 대신하여 불교의 흐름을 주도한 것은 불립문자不立文字, 곧 번쇄한 교학 중심의 불교를 부정하고 수행 중심의 불교를 강조했던 선종과 나무아미타불의 육자 염불을 강조했던 정토교였다. 당 말기에 본격적으로 발흥한 선종은 북송대에 이르러 엘리트 계층의 절대적인 지지를 획득하였고, 반면 정토교는 민중 계층이 적극적으로 호응했다. 교학을 강조하는 종파불교가 완전히 사라진 것은 아니었지만, 불교의 흐름은 이 두 종파로 대표되었다. 때로 이 두 종파가 융합되는 현상도 중요한 특징의 하나로 볼 수 있다.

이후 중국 불교는 엘리트 계층에서는 유교와 불교 간의 융화가 점차 진전되었으며, 민간에서는 도교와 불교 신앙이 서로 동화하는 양상을 보였다. 그야말로 중국인들 삶 속에 녹아들어 전통 사유로서, 그리고 전통 신앙으로서 거듭나는 길로 나아간 것이다.

3. 불교는 어떻게 중국인들의 종교가 되었을까

중국 불교에는 인도 불교와 확연하게 구분할 수 있는 정치, 사회, 문화적 특징들이 있다. 인도 불교에서는 별로 주목하지 않았던 여래장·불성 사상이 중국 불교인들에게 가장 중요한 관심사로 떠오른 것은, 중국과 인도의 문화적·사회적 토양이 전혀 달랐기 때문이라고 생각할 수 있다. 중국 불교만의 독특한 문화적 양상들이 등장한 것은, 그래서 일면 당연하고 자연스러운 것일 수밖에 없다. 여기에서는 그 대표적인 몇 가지만을 살펴보기로 한다.

1) 국가 체제와 밀접했던 불교

인도 사회에서 출가수행자는 정치적 자문을 하는 등 사회와 일정한 관계를 맺고 있기는 했지만 사회시스템 내부의 구성원이라기보다는 외부 조언자였으며, 대부분의 경우 사회체제와 일정한 거리를 두고 있었다. 이것은 사제 계급인 바라문 혹은 출가수행자 그룹을 정치권력의 우위에 두었던 인도 전통 사회시스템의 영향이라고 볼 수 있을 것이다. 곧 인도 불교에서 종교와 국가 사이의 관계는 교단이 주主가 되고 왕이 종從이었다.

그러나 중국 불교에서는 왕이 주가 되고 교단이 종이 되는 관계를

북위 불교의 전성기에 조성된 운강석굴. 이 석굴에 조성된 대불들은 북위 황제들의 모습을 투영하여 만든 것이다.

형성했다. 중국 불교 역사에서 불교가 국가 지배 체제와 결합하여 국가 불교적 색채가 강하게 나타나기 시작한 것은 북위 시대부터이다. 이민족이 지배했던 북조北朝의 왕조들은 고승들을 초청해서 적극적으로 정치에 참여시키는 한편, 한족을 통치하는 데 중국의 고유 사상이었던 유교 대신 불교를 활용하고자 했다. 북조 국가들은 국가의 정치적 목적에 불교를 적극 활용했으며, 목적 달성을 위해서 승려 집단을 국가 통치 체제에 예속시키고자 했다. 북위의 승관제僧官制가 대표적 실례이며, 수·당 시대에는 이러한 북조 체제를 계승했다. 이것을 보통 국가불교라고 부른다.

비교적 왕권이 미약했던 남조南朝의 불교에서는 왕법에 대한 불법의 독립성을 주장하기도 했다. 동진東晉의 혜원慧遠은 "불교 출가자인 사문沙門은 세속을 떠났기 때문에 세속의 지배자인 국왕에게 예경하지 않아도 된다[沙門不敬王者].".고 주장했다. 이것은 중국 불교 최초의 승관僧官인 법과法果가 북위의 도무제를 '현재의 여래'라고 칭하여 황제와 부처[여래]를 동일시하고, 사문들이 '현재의 여래'인 황제에게 예경하지 않으면 안 된다고 했던 주장과 대비해 볼 수 있다. 결과적으로 일찍부터 천명天命을 받은 천자 중심의 사회체제가 확고했던 중국 사회의 성격과 부합하는 북조의 국가불교적 성격이 우세를 점하면서, 중국 불교는 물론 그 영향을 받은 동아시아 불교의 중요한 특징 가운데 하나로 나타난다.

우리가 흔히 '호국불교'라고 부르는 것은 이 국가불교의 일면이기는 하지만 조금 다른 성격을 가지고 있다. 우선 호국불교는 황제 혹은 왕을 여래와 동일시하지 않는다. 황제 혹은 왕이 여래의 가르침인 정법을 수호하는 공덕을 쌓으면 그 공덕에 응하여 불보살이 가호하기 때문에, 그 힘에 의지하여 국가를 수호할 수 있다는 내용을 핵심으로 한다. 대장경을 조성함으로써 불보살의 가호를 받아 몽골의 침입을 물리치려 했던 고려의 경우가 대표적인 예이다.

2) 효를 강조했던 중국 불교

중국에서 활동했던 전법승들이 사회적으로 가장 많이 고려했던 사항 가운데 하나가 중국 윤리 질서 체계의 핵심 요소였던 '효孝'의 문제였다. 중국에 전해진 불교가 점차 확산되기 시작했을 때 직면했던 가장 강한 비판 중의 하나가 '불교는 불효不孝하다'라는 것이었다. 중국의 전통적인 사회제도는 개인이 아니라 가족을 기반으로 하고, 그 가족을 보호하는 가장 핵심적인 윤리 이념이 바로 효에 있었다. 그렇기 때

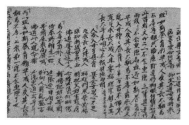

부모은중경강경문(돈황사본)
당나라 말에는 '효' 관련 변문들이 많이 유포되어 불교가 효를 강조하는 종교로 대중들에게 인식되었다.

부모은중경 변상도 유포양육은과 세탁부정은 부분

문에 출가수행을 강조하는 불교는 효를 중시하는 중국 전통 윤리에서 볼 때 거센 비난을 피할 수 없었다. 이것은 불교가 중국에 정착하는 데 가장 큰 걸림돌로 작용할 수 있는 요소였다.

이 같은 중국인들의 비난에 대하여 단순히 반박하는 것만으로는 그다지 효과적이지 못했기 때문에, 중국 불교인들은 더욱 적극적인 대응을 모색했다. 첫째는 효를 강조한 불경을 내세우는 방식, 둘째는 효를 강조하는 위경을 제작하여 유포하는 방식, 셋째는 불교의 효가 유교에서 강조하는 효보다 훨씬 더 우월하다고 강조하는 등의 방법을 사용했다. 첫 번째 사례가 바로『우란분경』인데, 중국 불교도나 그 영향을 받은 동아시아 불교도들은 이 경전에 매우 익숙하다. 백중, 곧 우란분절은 먼저 돌아가신 부모와 조상에게 효도하기 위해 치르는 대표적인 동아시아 불교의 명절이다.

두 번째 사례에 해당하는 것이 바로『부모은중경』이다. 뛰어난 유학자이기도 했던 조선 정조가 아버지 사도세자를 위해서 용주사를 세우고『부모은중경』을 간행하여 널리 유포했던 사례는, 위에서 지적한 둘째와 셋째 방식이 중국과 동아시아 사회에서 얼마나 효과적으로 작용했는지를 보여준다. 이처럼 중국 불교, 나아가서 동아시아 불교는 효를 대단히 강조하고 있으며, 그와 관련된 의례와 행사가 적지 않다. 이 역시 인도 불교나 남방불교와는 확연히 구분되는 특징이다.

3) 민간의 불교 신앙

앞서 중국 불교의 독자적인 사상 형성에 대해서 언급했던 바, 사실상 그것은 특정 지식인들만 이해할 수 있는 것으로 일반 민간신앙과는 전혀 무관하다고도 말할 수 있다. 그럼 중국 대중은 불교를 어떻게 신앙했을까?

우선 가장 중요한 측면은 중국인들에게 있어서 불교는 현세에 이익을 주는, 다시 말해 현세의 복을 비는 신앙 대상으로서 받아들여졌다는 것을 들 수 있을 것이다. 곧 부처나 보살은 민중의 현세 이익을 들어주는 숭배의 대상이자 복을 내려주는 가피加被의 주체로 받아들여졌다. 이 같은 성격 역시 중국 불교뿐만이 아니라 그 영향을 받은 동아시아 불교의 가장 큰 특징으로 나타난다. 북조 말기부터 당대에 걸쳐 조상造像을 목적으로 한 신앙 단체가 각지에 결성되어서 그 교화 지도에 임하는 승려를 읍사, 사승이라고 불렀다. 이런 교화승의 활동에 의해서 불교는 중국 사회에 깊이 침투했는데, 이때 조상의 주요 목적이 바로 조상에 대한 추모와 현세의 복락을 구하는 것이다.

중국에서 현세 이익을 구하는 대상으로서 가장 많이 신앙하는 것은 관세음보살이다. 관세음보살은 불교 사원은 물론 도교 사당에서도 모시며, 자식을 점지하거나 재난을 피하게 해주는 신으로서 신앙한다. 이처럼 중국인들에게 관세음보살이 현세의 복을 구하는 대상이라면, 지장왕보살은 죽음 이후의 가호加護를 구하는 가장 중요한 신앙 대상

중국 항주 영은사의 비래봉에 있는 미륵보살상

으로 받들어진다. 또한 중국 사원 입구에 흔히 배치하는 존상으로 미륵보살상이 있다. 이 상은 인도 전래의 미륵보살상과 달리 몸이 뚱뚱하고 미소를 머금고 있는 모습인데, 때로는 다섯 내지 여섯 명의 어린아이와 함께 조성한다. 전통적으로 중국인들이 생각하는 복 받은 모습, 즉 재복을 갖추고 자손 복을 누리는 모습을 중국적인 미륵보살상에 투영하여 사원 입구나 사원 안의 전각에 배치한 것이다. 이 미륵보살상은 중국인들이 불교를 어떠한 관점에서 신앙하고 있는지를 극명하게 드러내는 예라고 할 것이다.

중국인들이 신앙하는 불보살은 후대로 갈수록 도교나 민간신앙의 그것과 구분 없이 융화한 상태로 신앙되는 양상을 보인다. 그리고 그 신앙의 가장 중요한 특징은 현세 이익을 간구하는 대상으로 믿는다는 것이다.

2절 | 티베트 불교

티베트 불교는 티베트뿐만 아니라 몽골, 부탄, 네팔, 인도 북부 등
지에서 신앙으로 삼는 불교를 통칭하여 이르는 말이다. 티베트의 불
교는 대승불교 후기에 인도에서 직접 건너왔기 때문에 밀교적 경향
을 많이 가지고 있는 것이 특징이다. 티베트 불교를 라마교라고 지칭
하는 경우가 있는데, 이것은 잘못된 것이다. 티베트 불교에서는 라마
Lama, 즉 스승을 매우 존중하는 풍토를 가지고 있어서 일부 사람들이
티베트에서는 붓다 대신에 라마를 신봉한다고 생각하여, 이런 그릇된
명칭을 붙인 것이다.

1. 티베트의 불교 도래와 전파

불교가 전래되기 이전 티베트에서는 민속 종교인 본Bon교를 신앙하
고 있었다. 그러던 중 7세기에 송첸캄포Srong btsan sgam po 왕이 티베트를
통일하여 라사Lha sa를 중심으로 한 왕조를 개창했다. 당나라 출신으로
그와 결혼한 문성文成 공주가 불상을 들여왔던 것이 티베트에 처음 불
교가 전래된 계기였다.

그 불상을 모실 사원이 라사에 세워졌지만 불교가 대중에 널리 알려
지지는 않았다. 그러다가 8세기 후반 티송데첸Khri srong lde tsan 왕의 시대
에 와서 본격적으로 불교가 티베트에서 자리 잡기 시작했다.

티송데첸 왕은 대학자인 샨타락쉬타Śāntarakṣita와 당대 최고의 밀교
수행자인 파드마삼바바Padmasambhava를 인도에서 초청했다. 이후 티베

조캉사원

트 최초의 불교 사원인 쌈예 ^{bGsam yas} 사원을 설립했고, 본당의 완성을 축하하는 자리에서 여섯 명의 티베트인들이 샨타락쉬타에게 계를 받고 출가했다. 이것이 티베트 최초의 출가 교단이었다. 이들은 또한 티베트인들에게 산스크리트를 가르쳐 국가 지원 아래 산스크리트 경전을 티베트어로 번역하는 데 착수했다.

이처럼 티베트에서 인도 불교가 퍼져 나가자 기존에 들어와 있던 중국 불교와 마찰을 빚게 되었다. 그러자 티송데첸 왕은 티베트가 중국 불교 수행법을 따를 것인지 인도 불교 수행법을 따를 것인지를 두고 두 전통의 대표들이 토론을 하도록 했다. 인도 불교 대표로는 샨타락쉬타의 제자인 카말라쉴라^{Kamalaśīla}가 나섰고, 중국 불교 대표로는 마하연^{摩訶衍} 선사가 나섰다. 792년부터 794년까지 계속된 이 대토론을 쌈예 논쟁이라고 한다. 이 논쟁의 결과 카말라쉴라는 마하연 선사를 논파했고, 논쟁에서 진 중국 불교 세력은 티베트를 떠났다. 이후 티베트 불교는 인도 불교를 전적으로 따르게 되었다.

9세기 전반에 재위했던 티죽데첸 ^Khri gtsug lde btsan^ 왕은 신심이 매우 독실하여 불경 번역 사업에 몰두했고, 사원과 승려들에게도 아낌없는 후원을 했다. 그러나 왕의 형인 랑다르마 ^gLang dar ma^가 토속신앙인 본교의 지지자들과 음모를 꾸미며 티죽데첸 왕을 암살하고 왕위에 올라 불교를 박해하기 시작했다. 그는 모든 사원들을 허물고 승려들을 강제로 환속시켰다. 그 후 842년 랑다르마 왕이 살해된 후 티베트는 통일 왕조가 사라지게 되었다. 불교를 후원하던 왕가가 사라지고 사원과 승려들도 없어져 버렸으므로 그 후 100년 동안 티베트에서는 공식적으로 불교를 가르치고 수행할 장소나 기회가 없었다. 때문에 불교 교리나 수행법에 대한 자의적 해석이 분분해져 불교의 참모습이 거의 사라질 지경이었다.

이에 참다운 불교를 티베트에 재건하고자 서티베트의 왕이 당시 인도에서 명성을 떨치고 있던 유명한 학승 아티샤 ^Atiśa^를 초청했다. 1042년 티베트에 도착한 아티샤는 중앙티베트에서 13년간 머물면서 역경과 포교에 전념했다. 아티샤의 직계 제자 계열을 카담파 ^Bka' gdams pa^라고 하는데 계율을 철저히 지키는 것을 중요시하고, 마음을 정화하는 것을 주된 수행으로 하는 교파이다.

2. 티베트 불교의 종파

랑다르마 왕의 불교 탄압을 기점으로 티베트 불교는 구역불교舊譯佛

敎와 신역불교新譯佛敎로 나뉜다. 랑다르마의 억불 정책에도 불구하고 이전의 불교 전통을 지켜왔던 교파를 닝마파rNying ma pa라고 한다. 불교 탄압 이후 11세기에 부흥한 불교를 신역불교라고 하는데, 이때 카규파 bKa' brgyud pa와 사캬파Sa skya pa가 발전했다. 그리고 현재 티베트 불교에서 가장 교세가 강한 겔룩파dGe lugs pa는 카담파의 정신을 이어받아 14세기 후반에 생긴 종파이다. 쫑카파Tsong kha pa에 의해 창시된 겔룩파는 모든 교파 중에서 가장 후대에 생겼지만 가장 큰 영향력을 가지고 있다. 현재 티베트 불교에서는 위의 4개 종파가 가장 대표적이라고 할 수 있다. 겔룩파와 사캬파는 교리 교육에 중점을 두는 편이고, 닝마파와 카규파는 밀교 수행에 중점을 두는 전통이 있다.

3. 티베트 불교의 수행법

티베트 불교에서는 수행자를 마음가짐에 따라 초급과 중급과 고급의 세 단계로 나누고, 그 단계에 맞는 수행을 해야 한다고 가르친다. 초급은 다음 생에 좋은 곳에 태어나기를 바라면서 수행하는 사람이고, 중급은 윤회에서 벗어나는 것을 목적으로 수행하는 사람이며, 고급은 모든 중생들을 윤회에서 벗어나도록 해줄 수 있는 붓다의 경지에 오르려는 사람이다.

초급 수행의 기본적인 가르침은 업業과 과보果報에 관한 것이다. 인간의 몸으로 태어나 수행을 할 수 있는 것은 다행스러운 일이지만 죽음을 피할 수는 없다. 그러므로 다시 좋은 세계에서 태어나기 위해 보시를 하고 선행을 하여 공덕을 쌓는 것이 초급에서 하는 수행이다. 중급

수행에서는 개인의 해탈을 위해 수행을 한다. 이를 위해서는 사성제四
聖諦에 관해 명상하는 것이 중요하다. 그런 다음에는 나 혼자만이 아니
라 모든 중생들을 해탈시키고 싶다는 마음을 일으키고, 이를 위해 붓
다의 경지에 올라 중생들을 돕고 싶다는 서원을 세운다. 주로 육바라
밀 수행과 명상을 통해서 이 서원을 이루려고 한다.

4. 달라이 라마와 환생 제도

  티베트 불교에는 명망 높은 수행자나 고위 성직자가 사망하면 그 환
생을 찾아내는 특별한 전통이 있다. 윤회를 믿는 것은 모든 불교 전통
에서 동일한 것이지만, 환생자를 찾아내는 것을 제도화한 점은 티베트
불교에서만 볼 수 있다. 이렇게 환생한 인물로 확인된 수행자들을 툴
쿠sPrul sku라고 부른다. 티베트 불교에는 많은 툴쿠들이 있으며 앞서 말

포탈라 궁

한 티베트 종파들의 지도자들은 모두 환생자들이다. 이 중에서도 가장 널리 알려진 환생자가 바로 달라이 라마^{Dalai Lama}이다.

달라이 라마는 개인의 이름이 아니라 직위, 즉 겔룩파의 수장을 가리키는 말이다. 겔룩파에서는 처음 15세기경 지도자가 사망하자 그의 환생을 찾아내어 후계로 삼는 전통이 생겨났다. 이후 3대 화신인 소남 가초^{bSod nams rgya mtsho}가 몽골로부터 달라이 라마라는 호칭을 얻으면서 이 제도가 확립되었다. 달라이는 몽골어로 '바다'라는 의미이고 라마는 티베트어로 '스승'을 의미한다. 즉 달라이 라마는 바다와 같이 넓고 큰 지혜를 가진 스승이라는 뜻을 가지고 있다. 5대 달라이 라마의 재위 시절에 겔룩파가 티베트의 정치를 장악함으로써 달라이 라마는 겔룩파의 수장이면서 동시에 티베트 정부의 통치자가 되었다.

5. 티베트 불교의 현재

현 달라이 라마인 14대 달라이 라마 텐진 가초^{bsTan 'dzin rgya mtsho}는 티베트가 중국에 통합되자, 1956년에 망명길에 올라 인도의 다람살라^{Dharamsala}에 정착하여 망명정부를 세웠다. 인도에 정착한 티베트인들은 곳곳에 티베트 사원을 지어 신앙생활을 하고 있다. 또한 티베트 불교는 인도에서도 자신들의 교육 체계를 거의 완벽하게 유지하고 있다. 승려 수천 명이 상주하며 공부하는 대규모 승가대학들을 운영하고, 새로운 교육 과정에 따라 사회학, 철학, 자연과학 등 근대 학문들도 공부하고 있다. 그리고 달라이 라마는 한 종파의 수장을 넘어 티베트 불교의 대표자이자 전 티베트인들의 정신적 지주라 할 수 있다.

서양의 티베트 사원-프랑스의 쉐랍 링 사원

또한 달라이 라마의 인도 망명은 험준한 티베트에 갇혀 있던 티베트 불교가 해외에 진출하는 계기가 되었다. 현재의 서양 불교계는 티베트 불교가 주도한다고 해도 과언이 아니다. 수많은 서양인들이 티베트 불교에 귀의하여 유럽이나 미국 등지에 상당한 티베트 불교 신자들이 있다. 그리고 많은 서양의 대학에서 티베트 관련 학과가 생기는 등 학문적인 연구도 활발하게 진행하고 있다. 서양에서 발간하는 불교 서적 가운데 절반가량이 티베트 불교 서적이며, 달라이 라마의 저서 중 하나는 40여 주 동안 《뉴욕타임즈 New York Times》가 선정한 베스트셀러에 뽑히면서 선풍적인 인기를 끌었다. 또한 유명한 인물들이 티베트 불교에 귀의하여 화제가 되었는데, 대표적인 신자로는 할리우드 배우인 리처드 기어와 이연걸, 스티븐 시걸 등이 있다.

이처럼 티베트 불교가 서양인들의 마음을 끄는 데는 여러 이유가 있다. 우선 달라이 라마에 대한 관심과 호감이 티베트 불교에 대한 관심을 불러일으키는 촉매제 역할을 했다. 그리고 티베트 불교의 단계적인 수행법은 어떤 이들을 대상으로도 개인의 수준에 맞는 적절한 수행법과 교리를 제시할 수 있다. 다년간에 걸쳐 교리와 수행에 대해 교육받은 수많은 승려들이 서양으로 진출해 티베트 불교에 관심 있는 이들을 이끌어주었다. 또한 교리에 대한 교육에 더하여 불교적 사고가 몸에 배인 행동을 보여주어 서양인들에게 깊은 인상을 심어주기도 하였다. 수많은 서적들의 출판도 관심을 불러일으키고 궁금증을 해소하는 데 큰 역할을 했다.

3절 | 일본 불교

오늘날 한자 문화권에 속하는 대부분의 국가와 마찬가지로 일본 불교 역시 중국을 거쳐서 중국의 언어 문자, 즉 한문으로 번역된 불교, 다시 말해 '중국화한 불교'를 받아들였다. 하지만 일본이 받아들인 '중국화한 불교'는 순전히 중국으로부터 온 것은 아니었다. 지리적 여건상 일본 불교는 중국 불교보다 한국 불교의 영향을 훨씬 더 많이 받았기 때문이다. 그렇다고 해서 일본 불교가 중국 불교, 혹은 한국 불교와 완전히 같거나 전혀 다른 것은 또 아니다. 일본 불교에는 국가 불교 현상처럼 동아시아 불교에 보편적인 현상도 존재하고, 장례불교 · 단카 제도 · 승려의 대처 등과 같이 일본 불교에서만 찾아볼 수 있는 독자

고구려 승려 담징이 그린 금당벽화로 유명한 사찰 호류지[法隆寺].
이처럼 일본 불교 초기의 사찰들은 고구려 혹은 백제의 영향을 간직하고 있다.

적인 현상도 존재한다. 여기에서는 오늘날 현존하는 일본 불교의 특
색을 형성하는 배경이 무엇인가 하는 점에 초점을 두고 일본 불교를
간략히 살펴보고자 한다.

1. 일본 불교만의 모습

일본 불교만의 독특한 현상으로 지목되는 것은 다음과 같은 것들이다.

첫째, 승려가 결혼을 하여 자식을 낳는다는 점을 들 수 있다. '결혼하
는 승려'는 계율을 지키지 않는 승려라는 생각을 먼저 떠올릴 수도 있
을 것이다. 하지만 어떤 역사적 배경이 그것을 가능하게 했는지를 알
수 있다면, 일본 불교에 대한 이해는 한층 쉬워질 것이다.

둘째, 스님이 장례에 종사한다는 점을 들 수 있다. 일본 불교를 비하

일본 최고最古의 사찰인 시텐노지[四天王寺].
고류지[廣隆寺], 호류지[法隆寺]와 함께 백제 기술자들이 건립을 주도하였다.

하여 장례불교라 부르기도 하는데, 승려가 장례를 주관하고 사찰 경
내에 일종의 공동묘지를 경영하는 현상 때문이다. 에도[江戶] 시대에
불교를 통제하기 위해 단카제도[檀家制度]와 본말사 제도를 실시했다.
이를 기점으로 일본 불교는 한편으로는 국가의 통제를 받으면서, 한
편으로는 일정 구역 내의 신도들을 단카로 받아들여 그들의 출생부터
장례에 이르기까지 일상 의례를 주관하는 주체 역할을 했다. 이후 현
대에 이르기까지 일본 불교는 이 단카제도에 의해 안정적인 세력을 구
축하면서 개인 구제에 그다지 적극적이지 않았기 때문에, 이것을 비하
하는 장례불교라는 명칭이 붙은 것이다.

셋째, 신불습합神佛習合 현상이 있다. 이것은 일본 불교가 재래의 다양
한 신들을 불교 내에 포섭해낸 독특한 양상을 일컫는 말이다. 본래는
불교의 부처이지만 현실의 일본에서는 신토의 신으로 그 모습을 나타

낸 것이라고 하는 본지수적설本地垂蹟說이라는 것이 있다. 이것에 의거하여 불교 사원과 일본 전통의 신토 사당, 곧 신사神社가 동일한 경내에 존재했던 양상을 말한다. 오늘날 일본 불교 사원에 이 신사가 존재하는 경우가 대부분이다.

넷째, 일본 불교에 특유했던 국가불교 현상으로서 관승官僧 제도가 있다. 관승의 득도, 다시 말해 출가를 국가의 법령에 의해 관리하는 제도로, 그 자체로는 동아시아 불교권에 속하는 국가에서 공통적으로 나타나는 현상이다. 다만 일본 불교의 경우에는 승려의 정원이 정해져 있어서 출가를 허용하는 숫자에 제약이 있었고,

일본의 사원 내에 운영되는 묘지(도쿄)

쇼토쿠 태자가 건립한 나라의 코류지[廣隆寺] 경내에 있는 신사神社의 모습. 일본 사찰에는 신사가 경내에 함께 모셔져 있는 경우가 많다.

민간을 대상으로 포교하는 것이 엄격히 금지되는 등 출가와 수행 및 포교를 강력하게 제한했던 점이 여타 동아시아 국가의 불교와 다른 점이다. 이 관승들은 대부분 흰색 승복을 착용하였는데, 가마쿠라 시대 이후 민간 포교에 진력했던 승려들이 검은색 승복을 입었던 것과 대비하여 설명하기도 한다.

이상 일본 불교 특유의 몇 가지 현상들을 설명했는데, 그러한 현상

들이 역사적으로 어떠한 배경을 가졌는지 계속해서 살펴보기로 한다.

2. 불교의 전래와 국가불교 체제의 등장

일본에 불교가 정착하는 데 결정적인 역할을 했던 이는, 전설적인 인물로 여겨지는 쇼토쿠[聖德] 태자이다. 쇼토쿠 태자는 스이코[推古] 천황의 보좌역으로 '17조 헌법'을 제정하고, 불교에 귀의해 시텐노지[四天王寺]와 호류지[法隆寺]를 건립한 것으로 유명하다. 17조 헌법은 전 국민들이 의지할 가르침으로, 마음의 잘못을 바로잡아 주는 것이 불교라는 생각에 입각해 대립이 없는 인류 국가를 실현할 것을 목표로 쇼토쿠 태자가 제정했다. 이 17조 헌법이 제정된 데는 쇼토쿠 태자를 위해 자문역으로 있었던 고구려와 백제 출신 승려들의 도움도 있었다고 한다. 쇼토쿠 태자 이후로 불교가 일본에 정착하고 국가불교로서 성장했던 까닭에 쇼토쿠 태자는 일본 불교의 아버지로도 불린다.

그러한 국가불교의 모습을 더 한층 강화시킨 것이 다이카 개신[大化改新]이다. 다이카 개신을 계기로 일본은 율령 체제를 정비했으며, 이 과정에서 일본 불교 역시 국가불교로서 재정비되었다. 이 시기 일본 불교는 천황과 국가의 안녕을 기원하는 진호국가鎭護國家를 위한 기도가 중심이었으며, 그것을 관료 승려, 곧 관승이 담당했다. 이 관승들의 주 임무가 국가의 안녕을 기원하는 것이었기 때문에 민간에 대한 자유로운 포교는 허용되지 않았고, 그 업무 역시 승니령僧尼令 등을 통해 엄격히 제약되었다.

3. 사이쵸와 구카이

9세기 초에 활동했던 사이쵸[最澄]는 중국 천태종을 배워 와서 일본에 엔랴쿠지를 근거지로 하는 천태종을 건립한 인물로 유명하다. 사이쵸는 귀국 후 법상종과 벌인 논쟁에서 일승一乘 · 실유불성悉有佛性의 입장을 확연히 주장하여 천태종 사상을 선양했다. 또한 사이쵸와 비슷한 시기에 중국에 유학했던 구카이[空海]는 밀교를 배우고 귀국하여, 『대일경』과 『금강정경』을 기반으로 즉신성불을 주장하는 진언종을 세운다. 이후 사이쵸를 계승한 일본 천태종은 점차 밀교화하면서 일본 불교의 사상적 특징이라고도 할 수 있는 천태본각 사상을 낳게 된다.

사이쵸는 이전의 도다이지[東大寺] 계단을 소승 계단이라 간주하고, 그에 대응하여 엔랴쿠지에 대승보살계 수계를 중심으로 하는 관단官壇을 설치했다. 이 계단에서는 사분율의 구족계가 아니라 『범망경』의 10중48경계에 의한 수계를 시행했다. 이 대승계를 수지한 승려는 근대 이전 동아시아 불교권 가운데 일본에만 존재했던 일본 불교의 특징이었다.

헤이안 시대 후기부터 가마쿠라 초기에 이르는 시기까지 일본 천태종에 등장했던 천태본각 사상은, '중생에게 이미 깨달음이 실현되어 있으며 그렇기 때문에 더 이상 어떤 수행도 필요하지 않다'는 주장을 담고 있는 독특한 사상이다. 이미 중생 그 자체로 부처이기 때문에 새삼스럽게 수행이 필요하지 않다는 것으로, 현실을 있는 그대로 긍정하는 사고이기도 하다. 이 같은 생각은 현실적으로 중생인 수행자들이 수행을 외면하게 만드는 계기로도 작용했지만, 가마쿠라 신불교의 주창자들 대부분은 이 본각 사상을 바탕으로 새로운 불교 운동을 펼쳐나갔기 때문에 매우 중요하다고 할 수 있다.

4. 가마쿠라 신불교와 둔세승

일본 고대에도 승려들이 민간 포교에 전혀 종사하지 않았던 것은 아니다. 하지만 기본적으로 관승이라는 입장에 얽매여 있었기 때문에 민간을 대상으로 하는 포교와 구제 활동은 제한되어 있었다. 그런데 가마쿠라 시대에 이르면 그런 관승의 입장에서 벗어나 민간을 대상으로 한 포교와 구제 활동에 중심을 두는 승려들이 등장하는데, 이들을 둔세승遁世僧이라고 부른다. 이들은 이전의 관승들이 진호국가를 위한 기도를 가장 중요한 의무로 삼았던 것과 달리, 개인의 구제를 전면에 내세우는 등 여러 면에서 다른 모습을 보여준다. 그들은 관승이 국가적인 수계 제도에 얽매여 있었던 것에 비하면 더욱 자유로운 행태를 드러낸다. 이 가마쿠라 신불교의 흐름을 이끌었던 인물들이 바로 호넨[法然], 신란[親鸞], 니치렌[日蓮], 에이사이[英西], 도겐[道元], 잇펜[一遍] 등이다.

호넨은 이 세상에서 인간이 가진 종교적 능력은 평등하다는 입장에 의거하여 전수염불專修念佛을 주장하였는데, 이것은 근기根機의 차이를 인정하고 여러 가지 수행의 병행을 주장하던 관승들에 의해 이단시되었다. 신란은 비승비속을 주장하고 결혼 생활도 하면서 승려의 삶을 병행하였던 독특한 인물이다. 결국 계율을 부정했던 인물로도 볼 수 있는데, 계율을 경시하는 오늘날 일본 불교의 특징은 바로 이 같은 신란의 행동에서 비롯되었다고도 볼 수 있다.

무엇보다도 이들 가마쿠라 신불교의 승려와 관승들을 확연히 구분할 수 있는 기준은 장례에 종사하느냐 그렇지 않느냐이다. 관승들과 달리 부정을 타는 것을 거리껴 하지 않았기 때문에 둔세승들은 장

례 의식을 주관했다. 신불교의 사원에는 묘지까지 조성되었으며, 후
대에는 천황이나 장군은 물론 관승의 장례까지 둔세승들이 담당하기
에 이른다. 이처럼 가마쿠라 시대의 신불교는 오늘날 일본 불교가 가
지고 있는 대부분의 특징들을 결정짓는 중요한 분기점으로 작용한다.

5. 에도 시대, 불교의 국교화 그리고 유행하는 순례

에도 시대의 개막은 일본 불교사에 있어서도 대단히 중요한 변화를
초래했다. 에도막부는 종문개제도[宗門改制度, 막부가 기독교도를 적
발하기 위해 실시했던 제도]와 단카제도[개인과 가정이 특정 사찰에
소속되는 대신 사찰의 경제적 비용을 부담하고 장례와 법사法事 등을
그 소속 사찰에 맡기게 한 제도]를 실시했다. 이로 인하여 특정 사찰
과 그 사찰에 소속한 승려가 사실상 모든 백성의 호적을 관리했는데,
이것은 사실상 불교를 국교화한 것이었다. 이로 인해 일본 불교는 일
본인들의 일상 의례를 주관하는 불교, 즉 '장례불교'의 모습을 본격적
으로 갖추게 되었다. 이러한 상황들은 불교 입장으로 볼 때, 긍정적인
측면과 함께 부정적인 측면도 있었다.

에도 시대 일본 불교에는 이전과 전혀 다른 광경이 생겨났는데, 순
례巡禮 여행이 그것이다. 신토와 습합한 불교가 국교화되고 막부 치하
의 평화가 오래도록 지속하면서, 이세伊勢 신궁 참배와 구카이의 성지
에 대한 순례 등 민중들 사이에 사찰 순례가 크게 유행했다. 여기에는
종교적 이유도 있었지만, 이동의 자유가 제한되었던 시대에 순례 여
행만은 비교적 쉽게 허가를 얻을 수 있었던 이유도 있었다. 어쨌든 승

려들에 의해 순례 내용과 여정 등이 정비되면서 구카이의 성지를 포함한 시코쿠의 88개 사찰을 순례하는 시코쿠 순례가 17세기 초반에 시작되었고, 19세기에는 성황을 이루었다. 오늘날에도 매년 10만 명 이상이 이 시코쿠 순례에 나설 정도로 대표적인 일본 불교문화 가운데 하나라 할 수 있다.

6. 일본 불교 근대화의 양면

1868년에 단행한 메이지 유신은 일본 불교계에도 적지 않은 변화를 초래했다. 특히 신불분리령神佛分離令을 계기로 일어난 폐불훼석廢佛毁釋은 에도 시대 이후 국교의 위치를 점하고 있던 불교에 심각한 타격을 주었다. 수많은 사찰이 철폐되었고, 기독교 금지령이 해제되면서 기독교의 포교를 허용하는 한편, 신토의 국교화 정책이 시행되었다. 1872년에는 승려의 결혼과 육식을 공인하는 법령을 제정했다. 이러한 변화는 새롭게 들어선 메이지 신정부가 단행한 일련의 문명개화 정책과 관련이 있는데, 불교의 사회적 입지는 이로써 많이 약화되었다.

근대 시기 일본 불교는 서구 불교 문헌학을 수용하여 불교학과 불교의 근대화를 촉진했다. 이 시기 이후 일본 불교학계의 학문적 축적은 세계적으로 불교학 연구의 진전에 적지 않은 영향을 끼치고 있다. 다른 한편으로는 일본 제국의 이념적 제공자 역할과 식민지 진출의 동반자 노릇을 함으로써 부정적인 측면 역시 적다고 할 수 없다.

키워드

가마쿠라 신불교, 겔룩파, 관승, 교상판석, 구법승, 닝마파, 단카제도, 달라이 라마, 둔세승, 변문, 사캬파, 선종, 송첸캄포, 신불습합, 신토, 실크로드, 쌈예 논쟁, 역경, 일본 불교, 전법승, 종파불교, 중국 불교, 카규파, 폐불훼석, 효

연구문제

1) 불교라는 새롭게 들어온 거대한 사유 체계, 문화 체계를 중국인들은 어떤 입장에서 어떻게 받아들였을까?

2) 불교가 중국에 전해지는 과정에서 전법승들과 구법승들은 어떤 역할을 했을까?

3) 불교라는 종교 혹은 새로운 사상 체계가 전해졌을 때, 중국 불교인들은 그것을 대중들에게 전파하기 위해서 어떠한 시도를 했을까?

4) 인도 불교와 중국 불교 사이에 가장 다른 점은 어떤 것이 있을까?

5) 티베트 불교의 4대 종파에서 대해 더 자세히 알아봅시다.

6) 수행자의 수준에 맞춘 체계적인 티베트의 수행법에 대해 더 알아봅시다.

7) 서양에서 티베트 불교가 인기를 얻게 된 원인은 무엇일까?

8) 불교가 일본에 전해지는 과정에서 한국 승려들은 어떤 역할을 했을까?

9) 일본인들은 왜 불교와 전통 신앙인 신토를 결합하려 했을까?

10) 근대화 과정에서 일본 불교가 일본 사회의 변화를 주도하였던 배경에 대해서 생각해 봅시다.

11) 일본 불교와 한국 불교 간의 다른 점들을 살펴보고 그 이유에 대해서 함께 생각해 봅시다.

참고문헌

· 『불교의 중국정복』, 에릭 쥐르허 지음, 최연식 옮김, 2010.

· 『중국 불교사 1~3』, 가마다 시게오[鎌田茂雄] 지음, 장휘옥 옮김, 장승, 1991~1996.

· 『중국 불교학 강의』, 여정 지음, 각소 옮김, 민족사, 1992.

· 『중국 불교』, 계환 지음, 민족사, 2014.

· 『중국 근대사상과 불교』, 김영진 지음, 그린비, 2007.

· 『중국인의 삶과 불교의 변용』, K.S. 케네스 첸 지음, 장은화 옮김, 씨아이알, 2012.

· 『티베트 불교문화』, 룬둡소빠 지음, 지산 옮김, 지영사, 2008.

· 『티베트 불교철학』, 마츠모토 시로 지음, 이태승 옮김, 불교시대사, 2008.

· 『티베트밀교-역사와 수행』, 출팀 깰상·마사키 아키라 지음, 차상엽 옮김, 씨아이알, 2013.

· 『티베트 문화산책』, 김규현 지음, 정신세계사, 2004.

· 『일본 불교: 일본 불교사의 새로운 시각』, 와타나베 쇼고 지음, 이영자 옮김, 경서원, 1987.

· 『인물로 보는 일본 불교사』, 마츠오 겐지 지음, 김호성 옮김, 동국대학교출판부, 2005.

· 『일본 불교사』, 이시다 미즈마로 지음, 이영자 옮김, 민족사, 1995.

· 『일본 불교사』, 가와사키 지음, 계환 옮김, 우리출판사, 2009.

참고자료

· 티베트 관련 포털사이트 www.phayul.com

· 달라이 라마 사이트 www.dalailama.com

4장

한국 불교의 역사와 문화

1절 │ 불교의 전래와 전개

1. 전래의 세 가지 경로

조선은 유교라는 농경문화를 바탕으로 폐쇄적인 사회구조를 형성했다. 이러한 조선에 대한 인식은, 과거의 우리 역사가 닫혀 있을 것이라는 판단 오류를 파생한다. 그러나 불교 시대와 그 이전 동아시아는 매우 역동적이었으며 세계와 교류한 활기찬 열린 사회였다.

1) 중국을 통한 전래

중국이라는 찬란한 고대 문명을 이웃으로 가진 우리나라는 일찍부터 직간접적인 영향을 받아왔다. 고대에는 육로가 해로에 비해서 안전성이 높았기 때문에, 인도의 불교는 실크로드를 타고 중국을 거쳐 우리나라로 유입된다.

중국을 통해 고구려에 불교가 전래된 것은 372년[소수림왕 2년] 위진남북조 시대 북조北朝에 속한 왕조인 전진왕前秦王 부견符堅에 의해서

이다. 부견은 사신과 함께 순도順道를 통해서 불상과 경전을 전했다. 그 뒤 2년 후에 아도阿道가 왔으며, 375년 소수림왕은 두 분 스님을 위해 각각 성문사省門寺와 이불란사伊弗蘭寺를 창건하고 주석駐錫토록 하였다.

지정학적으로 해상 진출을 할 수밖에 없었고, 그렇다 보니 자연히 중국의 남조와 가까웠던 백제는 동진東晉으로부터 불교를 전래 받았다. 이때가 384년[침류왕 1년]인데, 전래자 마라난타가 법성포로 입국하자 왕이 교외까지 직접 나가서 맞이해 들였다.

신라의 불교 전래는 불분명하다. 신라는 변방에 치우쳐져 있어서 문화의 수용이 더뎠고 토착 신앙이 강했다. 그렇다 보니 불교를 확립하는 데 어려움이 있었다. 그래서 신라 불교는 527년[법흥왕 14년] 이차돈이 순교하면서 불교가 공인되는 것을 기점으로 하고 있다.

2) 남방의 해상을 통한 전래

한국 불교 전래에는 남방의 해로를 통한 기록도 있다. 이것은 『삼국유사』의 「가락국기駕洛國記」에 전해지는 가락국 시조 김수로왕의 부인 허황옥許黃玉과 관련한 내용이다. 허황옥은 아유타국阿踰陀國에서 온 공주로, 그곳은 중인도의 아요디야나 태국의 이유타야로 추정된다. 당시의 해로는 수마트라 섬과 중국 광동성을 거쳐서 이어졌을 것이다.

3) 북방의 초원을 통한 전래

고구려의 불교 전래에는 중앙아시아 우즈베키스탄의 사마르칸트와 연결되는, 유목민의 경로인 '초원의 길'을 타고 전래했다는 기록도 있다. 이것은 『삼국유사』의 「요동성육왕탑遼東城育王塔」 조에서 확인해 볼 수 있다. 초원의 길은 실크로드보다 북쪽에 위치한 유목민이 이용한 고대 문명의 또 다른 전파로였다.

2. 삼국시대의 불교

고대 불교는 조선 후기 천주교가 서학[서양 과학]과 함께 들어왔던 것과 같이, 인도와 중앙아시아의 많은 과학적인 문화를 동반했다. 그렇기 때문에 삼국은 앞다투어 불교를 받아들이고 진흥했던 것이다. 삼국의 불교 수용 순서는, 곧 삼국이 율령을 반포해서 국가 체제를 정비하는 순서 및 강대국이 되는 차례와 일치한다.

1) 고구려의 불교

고구려의 불교 번성은 전래 후 약 20년 뒤인 391년[고국양왕 8]에 왕이 "붓다의 가르침을 믿고 받들어서 복됨을 구하라."라고 한 것을 통해 분명해진다. 이는 이듬해인 392년[광개토왕 2], 수도 평양에 아홉 곳의 사찰을 창건한 것을 통해서도 확인할 수 있다. 이후 고구려 불교는 국가의 흥성과 더불어 주변국으로 확장됐다. 승랑僧郎은 중국으로 건너가 삼론학三論學을 확립시켰고, 혜량惠亮은 신라로 가서 모든 승려들을 통솔하는 국통國統이 되었다. 혜자惠慈와 담징曇徵은 일본으로 건너가 일본 불교의 확립과 문화 발전에 크게 기여했다. 그러나 말기인 보장왕 때 실권을 장악한 연개소문은 자신에게 쏠린 시선을 돌리기 위해 불교를 억제하고 도교를 진흥하는 정책을 폈다. 이때 불교계를 대표하는 보덕普德이 반발하여 전북 전주로 망명하고, 고구려는 종교와 사상의 혼란까지 더해져 마침내 멸망하고 만다.

2) 백제의 불교

전래 초기부터 가장 적극적이었던 것은 백제였다. 백제는 불교 전래 10년 뒤인 392년[아신왕 1], 고구려처럼 "붓다의 가르침을 믿고 받들어서 복됨을 구하라."라는 왕명을 통해 불교 진흥책을 본격적으로 전개한다. 불교의 이상 군주인 전륜성왕轉輪聖王에 비견할 수 있을 법한 제26대 성왕은, 불교를 통해서 중국과 활발하게 교류하고 일본에까지 막대한 영향력을 행사했다. 성왕 4년[526년]에는 인도로 유학을 간 겸익謙益이 돌아오면서 계율학이 크게 발전했다. 이로 인해 법왕 원년[599년]에는 '살생을 금하라'는 조칙이 내려질 정도로, 백제는 최고의 불교 국가로 변모한다.

3) 신라의 불교

신라는 토착 신앙이 강해서 처음에는 불교와 충돌했지만 법흥왕의 공인 이후 곧 불교 국가로 변모한다. 이는 법흥왕과 진흥왕이 만년에 출가하여 승려가 되는 것을 통해서 단적으로 알 수 있다. 또한 토착 신앙이 강하여 그것이 불교와 융합하는 현상이 나타나는데, 원광圓光의 세속오계는 이를 잘 보여준다. 세속오계 중 '살생유택'은 백제의 '살생금지'와는 완전히 다른 것으로 신라 불교가 백제와는 다르게 전개되었음을 보여준다. 이후 신라 불교는 자장慈藏에 의해서 국가불교적인 방향으로 발전한다.

3. 통일신라의 불교

신라는 한반도의 동북쪽이라는 불리한 지정학적 여건 속에서, 불교를 통한 국민 통합과 화랑도의 상무 정신을 바탕으로 삼국을 통일했다. 국가의 성립에 있어서도 신라는 가장 앞섰다. 이는 정사인 『삼국사기』에서 국가 성립 연도를 신라 B.C. 57, 고구려 B.C. 37, 백제 B.C. 18년으로 기록한 것을 통해서도 확인해 볼 수 있다. 신라는 고구려와 백제 지역을 직접 지배하려던 당의 야욕을 물리치고, 당과 더불어 동아시아를 세계 최고의 문화권으로 우뚝 세웠다. 당시 경주는 인구 100만 명의 세계 10대 도시였으며, 로마까지 이어진 실크로드의 시발점이자 종착지였다.

1) 원효와 의상

원효와 의상은 삼국 통일 직후에 삼국을 하나의 신라로 융합해서 번영으로 나아가도록 이끄는 시대적 과제를 안고 있었다. 오랫동안 서로 다른 독립 왕조였던 국가들이 무력에 의해 통일을 이룬 직후에는, 언제나 재분열하려는 움직임이 존재하기 마련이다. 오늘날 한반도 안에는 오직 하나의 국가만이 존재해야 한다는 우리의 생각은, 원효와 의상이 수립했던 불교 사상에 입각한 융합이 잘 이루어졌기 때문이다.

원효의 중심 사상은 '일심一心'과 '화쟁和諍'이다. 일심 사상은 모두가 가지고 있는 동일한 인간의 본질인 마음을 중심으로, 현상적인 차별을 넘어서는 관점을 제시한다. 화쟁 사상이란 '다툼과 쟁론을 화합한다는 것'으로 현상적인 갈등을 해소하는 논리이다. 즉 일심이 본질적인 관점에서 화해와 평등을 주장한 것이라면, 화쟁은 현상적인 관점에서 모든 갈등을 넘어설 수 있는 해법을 제시하고 있는 것이다. 이와 같은 원효의 사상은 신라가 대통일을 완수하고 풍요의 시대를 열도록 하는 초석이 되었다. 원효는 당시에 이미 그 명성이 중국을 넘어서 인도와 일본에까지 전해진 우리 역사상 최초의 세계적인 인물이었다.

의상은 당나라에서 화엄종[화엄업]을 수학한 이후 귀국하여 화엄 사상을 통한 화해와 조화를 도모한다. 화엄 사상은 모든 존재가 그만의 고유성을 가진 완전한 존재임으로, 차별의 대상이 될 수 없다는 것을 말하는 철학이다.

2) 화엄종과 찬란한 귀족 문화

한국 불교는 크게 교종과 선종으로 나눠 볼 수 있다. 이 가운데 교종은 경전의 학습을 통해서 완벽한 지적 체계를 구축하는 방식을 취한다. 마치 철학이나 과학과 같이 축적된 연구들을 통해서 고도의 지적 수준을 획득하고, 이를 통해서 불교의 목적인 행복과 깨달음을 증득하려는 것이다. 이에 반해서 선종은 미학이나 예술과 같이 감각적인 직관을 주장한다는 점에서 차이가 있다. 교종을 대표하는 것이 화엄종이며, 이는 체계적인 학문과 관련하여 귀족과 더불어 발전한다. 그렇기 때문에 인공적이면서도 화려한 모습의 수준 높은 정제미를 보여주는데, 그 대표적인 것이 바로 불국사와 석굴암이다.

3) 선종의 전래와 명상 문화

교종의 발달에 의해서 동아시아 문화가 꽃을 피우면서 풍부한 경제력을 획득하자, 이를 바탕으로 개인의 완성이라는 관점이 발달하면서 나타난 중국 불교의 명상 문화가 바로 선종이다. 이는 당나라에서 시작해서 신라로 전파되었는데, 교종의 안정 구도가 흔들리는 신라 하대에 본격적인 영향력을 발휘했다. 이후 불교는 교종과 선종의 상호 보완과 경쟁 관계 속에서 발전해간다.

4. 고려 시대의 불교

고려는 신라를 멸망시키고 등장한 국가가 아니라, 경순왕 김부金傳가 992년의 신라 사직을 왕건에게 귀부歸附시키면서 탄생한 국가이다. 그렇다 보니 후백제에 대해서는 차별이 있었지만, 신라의 찬란한 전통은 계승하려는 의식이 강했다. 그래서 고려 시대에도 경주 김씨와 신라 불교는 그대로 유지하면서 발전한다. 통일신라의 불교가 삼국의 융합과 이를 통한 문화 창달을 시대적 과제로 안고 있었다면, 고려 불교의 시대적인 과제는 이미 거대해져 불교 안에서 서로 충돌하고 있는 종파들을 한데 융합하는 것에 있었다. 이는 불필요한 갈등을 줄이고 더욱 강한 고려와 불교를 만들기 위한 시대적인 과제였다.

1) 의천과 지눌

고려 불교의 발전은 먼저 화엄종에서 시작된다. 고려의 기틀을 다진 제4대 광종 때의 균여均如는 신라 시대에 이미 거대해져서 북악과 남악파로 나뉜 화엄종을 하나로 통합하고, 화엄종과 경쟁하던 같은 교종 내의 법상종法相宗과의 융합을 꾀하는 성상융회性相融會를 주장했다.

대각국사 의천義天은 고려의 최고 성군으로 꼽히는 제11대 문종의 넷째 아들로 11세에 출가했다. 당시는 화엄종과 선종의 융합이 시대적 과제였다. 어느 한 쪽의 흡수 통합이 불가능하다고 판단한 의천은, 당시 한반도에는 없었던 천태종을 송나라에서 수입해 전체 불교의 통일을 꾀한다. 이것을 교선일치敎禪一致 또는 교관겸수敎觀兼修라고 한다.

보조국사 지눌知訥은 당시 비대해진 불교의 문제점을 비판하고 청정한 수행 정신을 강조하면서, 순천 송광사에서 정혜결사定慧結社를 전개한다. 이는 선종의 입장에서 교종을 통섭하려는 것으로, 이를 선교일치禪敎一致 또는 정혜쌍수定慧雙修라고 한다. 지눌의 영향으로 고려 후기에는 선종이 주류로 발전하게 된다.

2) 원 간섭기의 티베트 불교

고려 중기 이후가 되면 전 세계 역사상 유래를 찾아볼 수 없는 몽고의 등장으로 동아시아는 원의 지배 체제 하에 놓이게 된다. 원나라는 티베트 불교를 중시했는데, 같은 불교라도 티베트 불교는 결혼과 육식을 하는 전통을 가지고 있었다. 이는 인도 힌두교의 영향을 받은 후기 밀교가 티베트로 전래해서 그들의 전통 종교인 본Bon교와 융합했기 때문이다. 이로 인하여 고려 불교의 청정성은 심각한 타격을 입었고, 이는 불교 안에서 자성적인 비판들을 초래했다.

3) 고려 말의 조계종

공민왕 때에 이르면 원의 지배력이 약화되면서 티베트 불교가 영향력을 잃고, 여말삼사麗末三師에 의해 선종인 조계종의 약진이 본격화되면서 불교의 청정성이 회복된다. 여말삼사는 태고보우太古普愚, 나옹혜

근懶翁惠勤, 백운경한白雲景閑을 가리킨다. 경한은 세계 최초의 금속활자로 유명한『직지直指』를 저술한 분이며, 나옹은 무학대사의 스승으로 당대를 주도했던 고승이다. 그리고 태고는 현재의 조계종으로까지 연결할 수 있는 시원始原을 이루는 분이다.

5. 조선의 불교

조선은 고려처럼 신라를 계승하는 왕조가 아니고, 군사 정변으로 기존 왕조를 전복하고서 등장한 비정통 왕조이다. 그렇기 때문에 고려의 왕족인 왕 씨와 그 지배 이데올로기인 불교를 내버려 둘 수 없었다. 그래서 당시에는 오늘날의 이씨만큼이나 많았을 왕씨들을 몰살하고 불교를 배척하기 시작한다. 태종은 당시 유력한 11종파를 7종파로 축소한다. 이것이 세종 대에 이르러 다시금 선종과 교종으로 합쳐지면서, 불교는 점차 본래의 정체성을 잃고 표류하게 된다.

1) 숭유억불에 대한 올바른 이해

유교는 정치 철학과 윤리학을 핵심으로 하는 종교이다. 그렇다 보니 동양 종교 중에서 신앙과 관련된 종교성이 취약한 모습을 보인다. 이것이 표면적으로는 불교를 억압하면서도 내면적으로는 불교를 믿는 이중적인 양상을 초래하는 이유가 된다. 즉 유교의 약한 종교성이 불교를 완전히 배제하지 못하도록 했다는 말이다. 실제로 세종은 7종파를 선종과 교종의 두 가지로 축소시키는 모습을 보이면서도, 화엄 사상에 입각한 불교 노래인 〈월인천강지곡〉을 짓는다. 또한 수양대군에게 붓다의 일대기인 『석보상절』을 찬술하도록 했으며, 이 두 가지 불교 문헌의 합본이 바로 『월인석보』이다.

조선은 제후국을 지향했으므로 조선 국왕은 중국의 제후인 셈이다. 그러나 동아시아 전통에서 성인은 황제와 같은 위계를 가진다. 이를 성인군주론이라고 한다. 이로 인하여 조선 시대의 불교는 왕실보다 더욱 대단한 두 가지를 유지하는 결과를 낳게 된다. 그 첫째는 불상에 칠해진 황색의 사용이다. 황색은 황제의 색으로 조선 임금은 제후의 붉은색 이상을 사용할 수 없었다. 둘째는 왕궁보다도 더 화려한 단청이다. 왕궁이 모로단청을 사용하는 것에 비해 사찰은 그것보다 화려한 금단청이 사용되었다. 또한 사찰은 왕궁과 더불어 99칸이라는 건축 규정에도 저촉 받지 않았다.

2) 한글 창제와 불교

한글 창제는 집현전에서 이루어진 것으로 알려져 있지만, 사실은 국민들을 계몽해서 왕권을 강화하려는 세종과 왕실이 주도한 사업이다. 당시 한문을 상대할 수 있는 음운체계는 오직 불교에만 있었다. 그래서 수양대군과 오대산 상원사의 신미信眉가 주도하여 한글 창제를 진행했다. 한글이 인도 글을 기본으로 만들어졌다는 것은 성현의 『용재총화』 권7과 이수광의 『지봉유설』 등에서 살펴볼 수 있다. 실제로 오늘날 남아 있는 가장 오래된 붓으로 쓴 한글은 국보 제292호로 지정되어 있는 『오대산상원사중창권선문五臺山上院寺重創勸善文』이며, 세조 역시 간경도감을 신설하여 불경을 언해하는 것을 통해서 한글의 보급을 꾀하는 모습을 보였다.

3) 종교보다는 국가를 앞세운 불교

조선은 건국 후 200년이 지나면서 국가 체계가 흔들리기 시작한다. 이때 발생하는 것이 임진과 병자의 양란이다. 불교는 당시 심한 억압 속에 있었음에도 민족의 고통을 좌시할 수 없어 거국적인 승병을 일으킨다. 대표적인 인물이 서산, 사명, 영규, 처영 등이다. 특히 사명당은 전후戰後 유생들이 두려워하여 나서는 사람이 없자, 조정의 요구를 받아들여 일본으로 건너가서 3,500명을 생환해 오기도 했다. 또한 승군은 2014년 유네스코 세계문화유산으로 지정된 남한산성의 수축과 유지에도 적극 가담하여, 현재까지도 산성에는 네 개의 사찰이 있고 다섯 군데의 사찰 터가 남아 있다.

6. 구한말 일제강점기의 불교와 현대

농경문화를 지향한 유교의 폐쇄성은 구한말 서구의 충격과 제국주의의 야욕 속에 급속히 붕괴한다. 그러나 수백 년간 타성에 젖은 유교는 이미 새로운 변화의 동력을 추동해낼 수가 없었다. 때문에 새로운 변화의 바람은 유생 이외에 문자를 알고 있었던 불교 지식인과 비주류 유생 및 중인들에 의해서 이루어지기 시작한다.

1) 조선을 새롭게 하라

외세의 충격에 대한 조선의 반응은 너무나도 무력했다. 이 시기 개화파의 구심점으로 떠오르는 승려가 바로 이동인이다. 이동인은 유대치, 김옥균의 영향으로 개화 사상에 관심을 가졌으며, 일본의 문물을 견문하고 김홍집과 함께 귀국한다. 이후 김홍집의 멘토 역할을 했고, 최초의 미국 유학생인 유길준, 윤치호는 모두 이동인의 계획에 의해서 이루어진 결과였다. 이후 일제강점기를 맞아 불교는 한용운과 백용성을 필두로 하는 극렬한 독립운동을 전개한다. 독립운동에는 실천적인 부분도 중요하지만 독립 자금이 필요하기 마련이다. 일제강점기 사찰들은 이 자금을 마련해주는 통로 역할을 했다. 일제강점기부터 광복 이후까지 총 네 차례나 종정[교정]에 올랐던 선승 방한암은, 청정하고 서릿발 같은 기상을 보여줌으로써 서슬 퍼런 조선 총독까지 감화시킨 것으로 유명하다.

2) 새롭게 일어나는 불교

현재 우리나라는 경제 성장과 더불어 도시화한 사회구조가 만들어지면서 인간 상실과 소외의 문제에 직면해 있다. 이것의 대안으로 힐링과 명상 문화를 필요로 하는데, 산사는 자연과 더불어 최적의 조건 속에서 인간 행복에 이바지하고 있다. 한국 전통의 조계종이 가지고 있는 참선과 명상 문화는 현대사회의 문제에 대한 하나의 대안이 되기에 충분하다. 또한 불교는 한국 문화의 가장 충실한 전지자로서, 외국인에게까지도 널리 알려져 있는 템플스테이와 사찰 음식 등을 통해 힐링을 넘어 웰빙과 웰다잉의 가치로서도 크게 각광받고 있다.

2절 | 문화와 유산

1. 3보 사찰과 5대 보궁

1,700년의 불교 역사를 간직한 한국 불교는 실로 많은 문화유산을 가지고 있다. 유네스코 세계문화유산으로 지정되어 있는 경주 남산 및 불국사와 석굴암, 그리고 해인사가 대표적이다. 이 외에도 통도사, 법주사, 마곡사, 대흥사, 선암사, 부석사, 봉정사 일곱 곳이 잠정 목록으로 지정되어 현재 정식 등재를 기다리고 있는 중이다. 그러나 유네스코가 전통미를 중심으로 한국의 불교를 바라본다면, 우리의 불교적인 관점은 종교적이며 신앙적이다. 이런 점에서 한국 불교에서는 전통적으로 3보 사찰과 5대 보궁을 최고로 여기며 존중해 왔다.

1) 3보 사찰이란

종교의 3요소인 교조, 교리, 교단에 해당하는 것이 불교에서는 불, 법, 승의 3보이다. 여기에서 불佛이란 붓다를 한자로 음역한 것이며, 법法이란 우주 질서나 자연 법칙과 같은 진리의 의미로 붓다의 가르침을 뜻한다. 마지막으로 승僧이란 붓다와 그분의 가르침을 따르는 성직자 그룹, 즉 스님들을 의미한다. 이 세 가지가 불교에서 가장 중요한 구성 요소라는 점에서 이를 세 가지 보물, 즉 3보三寶라고 칭한다.

우리 전통 사찰 가운데 3보에 각각 상응하는 사찰로는 통도사와 해인사, 그리고 송광사가 있다. 통도사는 신라 선덕여왕 때 자장이 중국 산서성 오대산에서 붓다의 사리를 모셔오면서 개착한 사찰이다. 이때 이곳에 금강계단金剛戒壇이라고 해서 스님들이 출가하는 시설을 만들었

불보사찰 통도사

법보사찰 해인사

승보사찰 송광사

고, 붓다의 정골頂骨, 즉 머리뼈를 모셨다. 그래서 통도사를 붓다가 계신다고 하여 불보사찰佛寶寺刹이라고 한다.

해인사는 팔만대장경을 모신 장경판전이 유명하다. 이 경판은 원래 강화도 선원사에 봉안했던 것이나, 조선 초기인 1398년[태조7] 해인사로 옮겨 오늘에 이르고 있다. 붓다의 가르침이 새겨진 대장경판을 모셨다고 하여 법보사찰法寶寺刹이라고 한다.

송광사는 지눌이 청정한 선 수행을 위한 정혜결사를 했던 곳이다. 이후 지눌에서부터 고봉까지 무려 열여섯 분의 국사를 배출하게 된다. 그래서 송광사에는 별도로 승보전僧寶殿이라는 전각이 존재하며, 승보사찰僧寶寺刹이라고 불린다.

2) 자장 스님과 5대 보궁

보궁寶宮이란 붓다의 사리를 모신 보배로운 궁전이라는 의미이다. 자장이 중국 오대산에서 모셔온 붓다의 사리를 나누어 모신 곳으로 다섯 곳이 현존하는데, 이는 각각 통도사 · 오대산 중대 · 정암사 · 법흥사 · 봉정암으로 이를 5대 보궁이라고 한다.

첫째, 통도사는 3보 사찰에서 언급한 것과 같다. 통도사 사리에 대한 마지막 언급은 이중환『택리지』의 1705년 기록으로, 여기에 동이만 한 두개골에 대한 언급이 남아 있다.

둘째, 오대산 중대는 자장이 중국 오대산에서 겪었던 종교 체험을 바탕으로 한국 오대산을 개착하고, 오대산의 중앙인 중대에 붓다의 사리를 모신 것이다. 현재 세조의 설화를 간직한 상원사에서 더 올라가면 중대 사자암이 나오고, 그 위쪽에 적멸보궁이 위치해 있다.

셋째, 태백산 정암사는 자장이 마지막으로 입멸했던 장소이다. 이곳에 보물 제410호로 지정된 수마노탑과 그 아래쪽으로 이 탑을 보면서 예배할 수 있는 전각이 건립되어 있다.

넷째, 사자산 법흥사는 자장과 관련한 수행처가 있는 곳이다. 적멸보궁은 법흥사에서 가장 높은 쪽에 위치하고 있다.

다섯째, 설악산 봉정암은 설악산의 빼어난 산세로 둘러싸여 있는 해발 1,244m의 고지대에 위치한 적멸보궁이다.

2. 거란의 침입을 막은 대장경

동아시아 문화는 전통적으로 내세관이 약했기 때문에 역사적 기록물이 차지하는 비중이 상대적으로 크다. 우리나라는 유네스코 세계기록유산을 11종이나 보유하고 있다. 이는 나라 크기를 고려한다면 단연 '기록유산의 나라'라고 이를 만한 숫자이다. 이와 같은 우리 기록유산의 화려한 시원을 여는 것이 바로 불교의 팔만대장경과 세계 최초의 금속활자본인 『직지심경直指心經』이다.

1) 초조대장경과 재조대장경

대장경이란 경, 율, 론 삼장의 총체를 의미하는 표현이다. 여기에서 경이란 경전으로, 붓다께서 설한 가르침을 의미한다. 율이란 계율로, 불교 승단과 승려들이 지켜야 하는 규율이다. 그리고 논이란 경전에 대한 주석으로, 논서를 말한다. 이를 묶어서 삼장이라고 하는데, 이것의 총체가 곧 대장경이다.

대장경은 단순히 불교 경전을 모은다는 의미만 있는 것이 아니라, 당시 최신 정보와 학술의 결정체를 완성한다는 의미를 내포한다. 또한 대장경의 편집과 판각에는 우수한 전문가들과 뛰어난 문화력이 필요하다. 그러므로 대장경이 만들어지면 그 나라의 국력이 신장하는 결과를 낳게 된다.

대장경을 처음으로 만든 것은 북송의 태조이다. 이 대장경은 971년에서 983년에 걸쳐 완성된다. 이것을 개보開寶 연간 황제의 명에 의해 만들어진 대장경이라고 해서 개보칙판開寶勅板이라고 한다. 이 대장경은 991년[성종10]에 고려로 전해진다.

고려대장경과 관련해서는 이규보의 「대장각판군신기고문大藏刻板君臣祈告文」에 "1011년[현종2] 거란군의 침입으로 수도인 개성이 함락되자, 현종이 대장경 판각을 발원하여 이루니 거란군이 스스로 물러갔다."라고 기록하고 있다. 이는 외세의 침입이라는 국가적인 위기를 부처님의 보호와 불교에 의한 국론 통합과 문화력의 고취로 극복했다는 것을 알 수 있는 대목이다.

고려대장경은 총 6,000여 권에 이르는 방대한 것으로, 대구 부인사

해인사 팔만대장경

符仁寺에 보관하고 있었다. 그런데 1232년[고종19] 몽고가 침략하여 방화로 불타고 만다. 이것을 강화도로 천도한 고려 왕실과 무신 정권에서 1237년[고종24]부터 1251년[고종38]까지 6,568권으로 보완해서 복구한 것이, 바로 현존하는 해인사의 고려대장경이다. 두 고려대장경에 따른 명칭 혼선이 발생하므로 앞의 것을 초조대장경, 뒤의 것을 재조대장경이라고 구분하기도 한다.

2) 교장과 『직지심경』

교장教藏이란, 대장경 이외의 동아시아와 한국 고승들의 경전과 논서에 대한 주석서 및 후대 불교 관련 자료들을 모두 모아서 집대성한 총서를 의미한다. 교장은 우리나라 승려는 물론 중국, 거란, 일본 승려들의 자료까지 모두 모은 것이라는 점에서 사업 규모가 방대하다. 이를

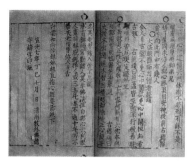
직지심경(파리 프랑스 국립박물관 소장)

무구정광대다라니경(국집중앙박물관 소장-복제품)

기획·총괄한 인물이 바로 의천인데, 대장경을 이어서 작업한 것이라고 해서 교장을 속장경續藏經이라고도 칭한다. 현재는 대부분 잃어버렸으나 교장의 목록에 해당하는『신편제종교장총록新編諸宗敎藏總錄』세 권이 남아 있고, 그 안에 1,010종 4,740권이라는 기록이 있어 그 규모를 짐작해 볼 수 있다. 이 작업은 1091년[선종8]에 시작해서 1101년[숙종6]에 마친 것으로 짐작되지만, 남은 유물이 적어서 미완이었을 가능성도 제기되고 있다. 이 외에 고려 말 백운이 선종 문헌의 핵심을 모아서 간행한『직지심경』은 세계 최고의 금속활자본이며, 1967년 석가탑에서 출토된『무구정광대다라니경』은 세계 최고의 목판본이기도 하다.

3. 고려 불화와 한국의 종

고려 불화와 범종梵鐘은 각각 고려와 신라를 대표하는 최고의 예술품인 동시에 세계 최고의 명품이다. 세계 최고의 명품은 진정한 선진국만이 갖출 수 있는 소중한 자산이자 문화적인 자긍심이다.

1) 최고의 아름다움과 빼앗긴 유산

신라가 당대 세계 최강이었던 당나라와 더불어 찬란한 문화유산을 남겼고, 조선은 시대적으로 가까운 역사라는 점에서 우리 인식 속에 많은 자취를 남기고 있다. 이에 비하여 고려는 상대적으로 잊혀힌 나라이다. 그러나 고려는, 그 유래를 찾아볼 수 없는 군사력으로 일거에 세계를 정복한 몽고를 한 세대 이상 막아내면서 자치권을 얻어냈다. 또한 위화도회군이라는 결과를 초래하기는 했지만 혼란기의 중국으로 진출하려던 나라이기도 했다. 한편 상업이 발달해서 베니스까지 고려의 이름이 알려진 덕에, 오늘날 우리나라가 코리아로 불리고 있다.

문화가 발달한 선진국에는 기술력에 바탕을 둔 세계 최고의 명품이 있기 마련이다. 고려를 대표하는 것이 바로 고려 불화, 고려 청자, 나전칠기이다. 나전칠기는 『고려도경高麗圖經』 등에 그 우수성이 잘 나타나 있다. 고려 청자는 상감기법과 비색으로 중국 황실까지 널리 명성을 떨쳤다. 특히 당시 전 세계에서 도기가 아닌 자기를 만들 수 있는 나라는 중국과 우리나라 단 두 곳뿐이었다.

고려 불화는 역동적이고 유연한 구도에 천의 뒤쪽까지 칠을 해서 은은한 빛이 앞쪽으로 스미도록 하는 배채背彩기법, 그리고 사라[베일] 같은 정교하고 투명한 의복 표현으로써 오늘날까지도 전 세계에서 가장 고가의 회

고려 불화(교토 지은사 知恩寺 소장)

화 작품 중 하나로 평가받고 있다. 특히 정제 속에서 자유와 신심을 드러내는 종교화 고유의 특성을 갖춤으로써 현대에도 감히 모사할 수 없는 신품神品의 위엄을 간직하고 있다. 그러나 고려 불화는 고려 말 왜구의 침입과 약탈로 인하여 현존하는 160여 점의 대다수가 일본에 보존되어 있다. 우리 것임에도 우리 것이 아닌 아쉬움이 고려 불화에 녹아 있는 것이다.

2) '한국종'이라는 학명의 세계 최고

동양의 종과 서양의 종이 가지는 가장 큰 차이는 밖에서 치느냐, 안에서 치느냐에 있다. 또 종 아래의 개부구가 동양의 것은 다소곳한 반면 서양 종은 나팔처럼 벌어져 있다. 이는 동과 서가 종에 대한 이해를 달리하고 있다는 것을 나타내준다.

동양 종의 시작은 중국이다. 그 연원은 황하문명으로 유명한 은나라로까지 거슬러 올라간다. 그러나 동양 종을 완성한 것은 우리의 신라 종이다. 신라 종은 가장 아름다우면서도 소리의 울림이 좋고 오래가며 견고함이 뛰어나다. 외부적으로는 상부에 네 곳의 유곽과 총 36개의 유두가 설치되어 있는데, 이는 사계절과 360일을 상징한다. 또한 중간에 새겨져 있는 비천상飛天像은 하늘에서 날아 내려오는 신神이며, 붓다에게 공양을 올리는 모습을 표현하고 있다. 이 외에 연꽃이 활짝 핀 모습의 당좌는 붓다의 깨달음을 상징한다. 즉 붓다께서 깨달은 가르침이 1년 내내 울려 퍼지라는 의미가 신라 종에 새겨져 있는 것이다.

성덕대왕신종[에밀레종] 같은 경우는 1회 타종에 3분이나 울리는데, 771년에 주조된 것이니 무려 1,250년을 쳤지만 오늘날까지도 건

재한 모습을 보이고 있다. 이와
같은 우수성으로 인하여 세계적
으로 '한국종韓國鍾'이라는 학명을
별도로 부여하기에 이른다.

성덕대왕신종

신라 종의 정상에는 한 마리
용龍이 종을 들어 올리는 모습으
로 고리 역할을 하고 있다. 에밀
레종과 관련해서는 종고리의 쇠
를 과거 포항제철에서 주조했다
가 실패해서 예전 것을 다시 사
용했다는 불가사의한 제련 기술에 대한 일화가 전해진다. 또한 에밀
레종에 아이가 들어갔다는 것은 종鐘이라는 한자가 '쇠 금金+아이 동
童'으로 이루어져 있기 때문이다. 원래는 '아이처럼 잘 우는 금속 덩어
리가 종이라는 의미'였는데, 이것이 와전된 것이다.

4. 불교와 유교

동아시아는 중국 전한의 무제가 유교를 지배 이데올로기로 채택한
이후, 유교의 틀로 국가 조직을 구성하면서 유교 문화를 발전시켰다.
그러다 후한 명제 시대에 불교가 전래되고 위진남북조 시대를 거치면
서 불교가 확대·발전하면서, 이후 북송 때까지 불교가 주도하는 약
천 년의 시대가 열리게 된다. 이와 같은 상황을 반전시킨 것은 유교
가 신유교, 즉 주자학[성리학]과 양명학[심리학]으로 거듭나면서부터

이다. 우리나라 역시 예외는 아니다. 삼국시대의 불교 전래 이후 불교가 국가와 사회를 주도하지만, 고려 말에 주자학이 전래하면서 상황이 변하고 결국 조선의 건국과 함께 불교는 2선으로 물러나게 된다.

1) 불교와 유교의 관계

중국을 흔히 '문화의 용광로'라고 한다. 그 어떤 외래문화도 중국으로 들어오면 모두 녹아서 형체가 없어지기 때문이다. 이는 불교보다는 전래가 늦지만 기독교나 이슬람교도 마찬가지다. 이런 점에서 본다면, 외래문화 중에 유독 중국 문화에 흡수되지 않고 중국을 변화시킨 것이 불교뿐이라고 하겠다.

유교는 동아시아의 농경문화를 바탕으로 해서 이루어진 집단의 종교이다. 농사는 혼자 지을 수 없고 집단 노동을 필요로 하는데, 이것이 대가족을 바탕으로 하는 유교 문화의 가장 중요한 핵심이다. 그러므로 유교에서는 가족 관계를 중시하고 군신, 부자, 부부의 삼강三綱처럼 상하의 서열과 남성 위주의 구조를 견지한다. 이렇다 보니 유교는 정치적일 수밖에 없다. 그러나 불교는 인도의 상업 문화를 바탕으로 등장했다. 상업은 집단 노동이 아니다. 그렇다 보니 개인의 마음과 판단 및 인간 행복을 목적으로 한다. 또한 신분이나 여성 차별이 존재할 필요도 없고, 자유로운 사회와 문화 예술의 발달을 촉진했다.

유교와 불교는 서로 다르기 때문에 상보적일 수 있다. 그러므로 동아시아에서 2,000년을 함께 공존했어도 어느 한쪽이 완전히 사라지지 않고 존재하고 있는 것이다. 그러나 어느 쪽이 중심이 되느냐는 동아시아의 사회 발전에 있어서 중요한 차이를 가져오곤 했다. 불교가 주류이던 시기에는 상업이 자유롭고 여성의 지위가 높으며 경제적으로 풍요로웠다. 흔히 중국은 문명이 일찍부터 발달했으므로 아주 오래전부터 세계 최고였을 것으로 판단하는 경우가 있다. 그러나 사실 세계사에서 중국이 로마를 앞지르게 되는 것은, 불교가 지배 이데올로기로 확고해지는 수·당 시기부터이다. 즉 유교의 영향이 강한 시기에는 중국이 최고가 아니었던 것이다. 이는 우리 역사 또한 마찬가지이다.

신유학의 등장으로 불교가 주류에서 밀려나게 되자, 동아시아는 농업주의로 돌아가면서 서서히 몰락의 길을 걸었다. 동아시아의 쇠퇴에는 여러 가지 이유가 있지만, 가장 결정적인 것은 유교의 농업주의와 폐쇄성 때문이다.

2) 불교와 한국 문화

불교의 발전은 상업을 통한 경제력 확보를 가능하게 한다. 그 결과 문화의 성숙이 이루어질 수 있다. 오늘날 우리 문화재의 60~70%가 불교 문화재이다. 특히 세계적으로 내놓을 수 있는 문화유산인 불국사, 석굴암이나 팔만대장경은 모두 불교의 유산이다. 유교가 최근 500년을 주관했음에도 유교 문화재는 특별히 이렇다 할 만한 것이 없다. 창덕궁과 같은 궁궐을 얘기할 수도 있지만, 고려 왕궁이 조선의 것보다 더 컸다는 점을 우리는 상기할 필요가 있다. 이러한 가장 큰 이유는 바로 경제력이다. 문화 발달이란 경제라는 토대 위에서만 가능하다. 이는 고려에 세계 최고의 명품이 있었으며, 몽고와 장기간 항전할 수 있었던 가장 핵심적인 이유이기도 하다.

3절 | 경주와 불교

1. 신라 불교 시원의 미스터리

고구려나 백제 불교와 달리 신라 불교의 시작[始原]은 순탄하지 않았다. 이는 고구려나 백제에 비해서 신라의 불교 공인이 무려 150년이나 늦어졌다는 것을 통해서 단적으로 판단해 볼 수 있다.

1) 경주 김씨와 부처님

〈문무왕비문〉이 발견되기 전까지 경주 김씨는 하늘에서 계림으로 강림한 김알지의 후손으로 알려졌었다. 그러나 〈비문〉이 발견되면서 경주 김씨가 중앙아시아 휴도왕의 후손이라는 것이 분명해졌다. 이는 어째서 성씨가 황금의 의미를 가지는 '김'이었는지도 밝혀준다는 점에서 중요한 의의를 가진다. 휴도왕과 아들인 김일제의 이야기는 반고의 『한서』 권68에 수록되어 있다. 휴도왕의 휴도는 붓다에 대한 음역 중 한 가지이다. 그러므로 이는 '붓다를 섬기는 왕'이라는 의미이다. 이 세력을 한무제가 통합하면서 금인金人, 불상의 의미, 즉 금색 사람을 모시는 사람이라는 의미에서 성씨를 '김'으로 하사받는다. 이들이 중국의 혼란기에 한반도로 도래하는 것이다. 이렇게 놓고 본다면, 경주 김씨는 본래 붓다를 섬기는 사람들이었으며 성씨로 그 상징이 남아 있다고 하겠다.

2) 이차돈과 흥륜사

신라 불교의 공인 시기는 제23대 법흥왕 때로 이차돈의 순교가 일어난 527년이다. 이차돈의 이름은 박염촉인데, 염촉의 신라 방언에 해당하는 것이 바로 이차돈이다. 당시에는 한자 표기가 일반화하지 않았을 때이므로 방언이 정당성을 가진다.

이차돈의 순교에 대한 내용을 살펴보면, 불교를 통해서 왕권을 강화하려는 법흥왕과 화백 제도를 통해서 귀족의 영향력을 유지하려는 두 세력이 충돌하고 있다는 것을 알 수 있다. 이 두 세력 사이에서 이차돈이 순교하면서 귀족들이 신봉하던 전통 신앙을 압도하는 불교적인 이적異蹟이 일어나자, 귀족들의 태도가 바뀌어 불교를 믿는 바탕이 생겨난다. 이 이야기 속에서 강자인 전통 신앙과 약자였던 불교의 대립을 확인해 볼 수 있다. 또한 법흥왕의 불교 지지와 이차돈의 순교 과정에서, 이적을 통한 반전으로 불교를 공인하는 양상이 잘 나타나 있다. 한편 법흥왕이란, '붓다의 가르침을 일으킨 왕'이라는 의미이다. 이차돈의 순교지에 건립한 신라 최초의 사찰인 흥륜사興輪寺는 붓다가 깨달음을 얻은 이후 처음으로 설법하신 것처럼[初轉法輪], '붓다의 가르침이 흥성해졌다'는 의미이다.

3) 서출지의 미스터리

『삼국유사』의 「사금갑射琴匣」 조에는 신라 불교 초전기에 전통 신앙과 충돌했던 불교의 다른 기록이 전하고 있다. 그것은 제21대인 소지왕 때, 승려와 궁주宮主가 왕궁의 거문고 상자 안에서 함께 있다가 발각되어 죽임을 당했다는 내용이다. 이 이야기는 언뜻 들으면 종교인의 불륜 문제로 이해할 수 있다. 그러나 '당시 불교를 공인하기 전인데도 이때 왕궁까지 승려가 출입하고 있다는 점'과 '승려의 불륜을 일연이 굳이 기록했을 필요가 없다는 점'에서 내용의 상징 파악이 중요한 기사이다. 즉 여기에는 특수한 비밀 코드가 존재하는 것이다.

이는 사금갑이라는 한자 속에 있다. 사^射는 '쏘다'는 의미이니 정벌을 나타낸다. 금^琴이라는 한자를 깨트려 보면[破字], 두 임금이[王+王] 현재[今] 다투고 있는 것을 나타낸다. 또한 갑^匣의 안쪽에 있는 갑^甲은 한문에서는 첫째라는 의미이다. 그러므로 이 역시 왕을 상징한다. 그리고 갑은 방에 [口] 감싸여 있는데 이는 왕궁을 의미한다. 즉 사금갑은 전체적으로 왕궁 안에서 벌어지는 왕위 다툼을 나타내고 있으며, 이 과정에서 불교가 지지하던 쪽이 몰락하고 대대적인 종교 탄압이 있었다는 것을 의미한다. 이러한 결과가 이후 이차돈에 의한 힘겨운 불교 공인으로까지 이어지는 것이다.

4) 흥륜사와 서출지 인근의 불교 유적

신라 최초 사찰인 흥륜사는 현재 고속도로 경주 요금소를 빠져나오는 인근에 위치한다. 그러나 발굴 결과에 따르면 이곳이 아니라, 경주 시내에 위치한 경주 공고 자리가 더욱 유력해 보인다. 거리가 멀지 않으니 함께 가보는 것도 좋을 것이다. 서출지 인근에는 불교 유적들이 매우 많다. 서출지 옆으로 양피사지와 염불사지가 있으며, 현재 각각 통일신라 시대의 탑이 두 기씩 존재한다. 이 외에 서출지에서 조금만 나오면 사천왕사지와 망덕사지를 볼 수 있고, 그 옆으로 낭산의 선덕여왕릉과 능지탑 및 중생사를 답사하는 것도 가능하다.

2. 황룡사와 세계 정복 프로젝트

황룡사는 가장 늦게 불교를 공인한 신라가 불교를 통해서 국론을 결집하고 결국 삼국 통일의 초석을 다졌던 곳으로, 신라를 대표하는 최고의 사찰이다.

1) 전륜성왕을 꿈꾼 진흥왕

동남쪽 변방의 약소국 신라를 강국으로 변모시켰던 것이 진흥왕眞興王이다. 진흥왕은 불교를 통해서 이러한 대역전극을 전개한다. 진흥眞興이라는 시호는 법흥왕이 불법을 일으킨 왕이라는 것을 계승하여, 그 '불교를 널리 진작했다'는 의미이다. 또한 진흥왕은 인도 불교의 이상 군주로서 세계를 제패하는 전륜성왕轉輪聖王에 비견할 수 있는 인물이다.

진흥왕이 왕궁 건축을 시도하던 중 황룡이 나타나자 계획을 바꾸어 대규모 사찰을 건립하고 황룡사黃龍寺라 이름 짓는다. 황룡사는 한편 황룡사皇龍寺라고도 한다. '황룡黃龍'이나 '황皇'자는 모두 황제를 나타낸다는 점에서 양자는 통하는 의미이다. 진흥왕은 이 사찰에 전 인도를 최초로 통일한 불교 왕 아소카 왕이 주조하다가 실패한 불상을 단번에 주조해서 모셨다. 이를 결합해 보면, 불교를 통해서 천하를 통일하는 황제를 꿈꾸었던 진흥왕의 이상이 녹아 있는 절이 바로 황룡사라는 것을 알 수 있다. 변방의 후진국 신라에서 이런 거대한 이상을 가졌고 또한 그것을 실천했던 군주가 나왔다는 것은 한국사의 최대 미스터리 중 하나이다.

2) 나무만으로 80m, 황룡사구층목탑

진흥왕으로부터 60여 년 후에 선덕여왕이 등장한다. 여성 군주는 삼국시대 말의 치열한 전쟁 상황에서 군사를 효율적으로 통제하기에 어려움이 있었다. 더구나 당시 백제는 전쟁에 능한 무왕이 재위하고 있었다. 신라는 진흥왕 때 누렸던 위엄을 잃고 위기 상황에 직면한다. 이때 선덕여왕의 흔들리는 왕권을 불교적인 관점에서 재결집해주고, 재차 진흥왕의 이상을 상기시킨 인물이 바로 자장이다. 자장은 당에서 익힌 국제적인 감각과 선진 불교 문화를 바탕으로 황룡사에 9층 목탑 건립을 주장한다. 그런데 그 이유가 1층은 일본日本, 2층은 중화中華, 3층은 오월吳越, 4층 탁라托羅, 5층은 응유鷹遊, 6층은 말갈靺鞨, 7층은 단국丹國, 8층은 여적女狄, 9층은 예맥穢貊을 항복받고 통합하기 위함이었다. 즉 당시 관점에서 세계 정복을 목적으로 건립한 탑이 바로 황룡사구층목탑인 것이다.

남산 탑골의 황룡사구층목탑을 모사한 마애구층탑

황룡사구층목탑은 높이가 약 80m로 당시 세계 최대의 목조 건축물이었다. 특히 철골 구조나 쇠못조차 사용하지 않고 순수한 나무만으로 이루어낸 것이라는 점에서 경이적이다. 이는 오늘날 목조건축 기술이 순수 목재만을 사용해서는 불과 3층만을 올릴 수 있다는 점에서 더욱 그렇다. 즉 황룡사구층목탑은 그 뜻도 웅대하기 이를 데 없는 동시에 건축물 자체도 불가사의한 존재라고 하겠다.

3) 신라삼보 중 두 가지가 있던 국찰

『삼국유사』의 「황룡사구층목탑」 조에는 신라의 세 가지 보물[新羅三寶]에 대한 언급이 있다. 그것은 황룡사장육존상皇龍寺丈六尊象과 황룡사구층목탑 그리고 진평왕의 천사옥대天賜玉帶이다. 장육존상은 진흥왕이 세운 불상으로 크기가 1장 6척[약 4.8m]이기 때문에 붙여진 이름이며, 천사옥대란 진흥왕이 하느님[제석천]으로부터 받았다는 옥으로 만들어진 허리띠이다. 이렇게 놓고 본다면, 황룡사는 신라에서 가장 중요한 세 가지 중 두 가지가 모셔진 최고의 국찰國刹이었다는 것을 알 수 있다.

4) 황룡사지 인근의 불교 유적

황룡사지 인근에는 많은 유적지들이 존재한다. 황룡사 북쪽으로는 우리나라에서 가장 오래된 모전석탑이 있는 분황사가 있다. 황룡사와 분황사 사이는 예전에 용궁龍宮으로 알려진 곳이다. 황룡사 남쪽에는 미탄사지가 있고, 서쪽으로 차도를 건너서 조금 걸어가면 황복사지가 나온다. 즉 '황皇'자 들어가는 세 곳 절[三皇寺]을 모두 볼 수 있는 것이다. 황룡사지 동쪽 경주박물관 옆길로 나오면 김인문의 원찰인 인용사지와 유일하게 현존하는 누교樓橋인 월정교, 그리고 요석궁을 볼 수 있다. 요석궁을 돌아가면 경주 향교와 계림, 첨성대, 천마총으로 이어지는 산책로가 열려 있어 여유를 즐기기에 호젓하다.

3. 국가를 위한 마음과 불교의 이상 세계

신라의 삼국 통일은 오랜 전쟁을 종식시키고 한반도에 새로운 변화를 안겨 준 역사상 최대 사건이다. 통일 직후 신라는 고구려와 백제라는 정복한 지역의 융합과, 태평성대의 구가라는 화두를 안고 있었다. 이 문제를 불교적으로 드러내는 측면이 바로 동해구東海口 3유적이다. 또 통일 후 100여 년을 경과하면서 백제와 고구려의 전통은 사라져 가고, 완전히 하나를 이루는 통일신라의 면모를 갖추게 된다. 이때 만들어지는 사찰이 바로 불국사와 석굴암이다.

1) 동해구 3유적과 태평성대

통일 직후 신라가 가장 위협을 느끼던 존재는 내륙이 아닌 바다에 있었다. 이는 경주가 동남쪽에 치우쳐 대마도와 가깝기 때문이다. 이 문제를 해소하기 위해서 문무왕은 감은사 창건을 지휘한다. 이를 통해 민심을 수습하고 지역을 안정시키기 위해서였다. 그러나 공사 기간 중에 문무왕이 훙서薨逝하자, 결국 아들인 신문왕이 완공하고 이를 감은사感恩寺, 즉 문무왕의 은혜와 업적을 기리는 사찰로 변모시킨다. 문무왕의 유해는 능지탑에서 화장했으며 왕의 유언에 따라 감포 앞바다

대왕암 수중릉

대왕암에 안장된다. 이것이 세계적으로 유래를 찾아볼 수 없는 대왕암수중릉이다. 문무왕은 사후에 호국룡이 되어 왜구로부터 신라를 지킬 것을 서원했다. 이 용의 비상을 신문왕이 본 장소가 현재 사적 제159호로 지정되어 있는 이견대利見臺이다. 이렇게 감은사, 문무왕수중릉, 이견대를 동해구에 위치한 3유적이라고 한다.

또 호국용인 문무왕과 죽어서 도리천의 천신天神이 된 김유신이 합심하여, 신문왕에게 보낸 대나무로 만든 신물神物이 바로 만파식적萬波息笛이다. 만파식적은 적군을 물리치고 기상을 조절해서 농사를 풍요롭게 하는 마술 피리다. 이는 태평성대를 향해 질주해가는 통일신라의 상징이라고 하겠다.

2) 불국사, 현실 이상을 말하다

신라의 통일 과정과 통일 이후 고구려와 백제를 경영하는 과정에는

불국사

필연적으로 많은 폭력과 억압이 존재할 수밖에 없었다. 그러나 통일
후 100년쯤 지난 시점에서는, 이제 차별과 억압은 사라져야만 한다.
그래서 신라는 삼국의 공통분모인 불교를 통한 '붓다의 나라'라는 이
상 세계를 제시하게 된다. 붓다의 나라 안에서는 김유신과 계백이 모
두 정당성을 얻을 수 있기 때문이다. 국가와 민족을 넘어서는 대화합
의 가치가 붓다의 나라라는 큰 틀의 범주 안에 존재하는 것이다. 이것
을 현실화한 것이 바로 불국사佛國寺, 즉 '붓다의 나라 사찰'이다. 이는
신라야말로 최고의 불국정토佛國淨土라는 것을 상징적으로 나타내는 것
이기도 하다.

　불국사 건축에는 총 39년이 걸렸다. 이는 통일신라가 국민 소통과
화합에 얼마나 많은 노력을 기울였는지를 짐작케 한다. 석가탑과 다
보탑의 아름다움은 너무나 대단하기 때문에 신품神品에게 따라다니는
아사달, 아사녀의 전설이 서려 있다. 이러한 전설을 품었다는 것은 에

밀레종, 황룡사구층목탑, 황룡사장육존상에서도 확인할 수 있는 것으로 신품의 불가사의한 면모를 잘 나타내주는 것이다.

3) 감은사와 불국사 인근의 불교 유적

감은사지 앞으로는 임진왜란 당시 감은사 대종이 빠져서 잠겨 있다는 대종천이 흐르고 있다. 조금 떨어진 인근에는 많은 문화재를 간직한 기림사와 선무도로 유명한 골굴사가 위치한다. 또 폐사지 중에서 가장 유명세를 떨치는 곳 중 하나인 장항리사지도 있다. 장항리사지는 사찰의 명칭을 알 수 없어서 동네 이름을 딴 것인데, 이 역시 왜구의 기운을 누르기 위해서 창건했으며, 특이한 구조를 가진 사찰이어서 주목을 받는다.

불국사 주변에도 석굴암을 필두로 하는 유적이 여럿 있다. 불국사에서 울산 쪽으로 조금 가다보면, 아사달과 아사녀의 전설이 서린 영지와 영지불상이 있다. 불국사 뒤쪽으로는 김대성이 곰을 사냥하고는 그것을 뉘우치고 곰의 명복을 빌기 위해 지어 줬다는 웅수사지와 3층 석탑이 있다. 이곳에는 본래 석불 입상도 있었으나 현재는 국립 경주 박물관으로 이관되었다. 또 불국사로 들어가는 큰 길 쪽에는 구정동 방형 고분과 구정동 삼층석탑도 자리하고 있다.

4. 경주 남산, 세계문화유산을 품다

경주 남산은 산 전체가 유네스코 세계문화유산으로 지정된 세계적인 불교 성지이자 성산聖山이다. 이는 신라인의 산악숭배가 불교와 한

데 어우러져서 탄생한 장엄한 종교 문화의 오케스트라이다.

1) 남산의 유래와 경주의 5악산

경주 남산은 산이 수도의 남쪽에 위치한 데서 이름 붙여진 것이다. 이런 전통에 의해서 우리에게는 경주 남산과 서울 남산, 두 곳이 존재한다. 이는 본래 중국 장안의 남쪽 산을 남산이라고 한 것에서 유래한다. 참고로 중국의 (종)남산 역시 당나라 불교의 거대한 종파와 사찰들이 두루 밀집한 중요한 불교 유적군이다. 경주에는 남쪽의 남산 말고도 동쪽의 불국사가 위치한 토함산, 서쪽의 선도산, 북쪽의 백률사가 있는 금강산, 중앙에 사천왕사와 선덕여왕릉이 위치한 낭산이 있다. 이를 가리켜 경주의 5악이라고 하는데, 이 가운데 불교적으로 가장 성스러운 산이 바로 남산이다. 신라인들은 이 산의 바위에서 붓다의 모습을 찾고자 했고, 오늘날 우리는 그 자취를 흠뻑 느낄 수 있다.

2) 남산 탑골과 인근의 불교 유적

남산에서 가장 신령한 바위는 탑골에 있다. 탑골이라는 명칭은 황룡사구층목탑이 새겨진 거대한 부처 바위가 있기 때문이다. 이 바위는 높이 9m에 둘레가 약 30m 정도인데, 이곳에 불상과 보살상 및 탑과 승려상 등 무려 30여 구가 부조되어 있다. 많은 불상이 새겨져 있다고 해서 속칭이 부처 바위이다.

부처 바위에서 시내 쪽으로 조금 내려가면 부처골이 있는데, 이곳에 할매부처가 있다. 정식 명칭은 부처골감실석불좌상인데, 이 불상은 통일기 이전의 불상으로 남산에서 가장 오랜 것이다. 선덕여왕을 닮

았다고도 하는 불상은 무언가 할머니처럼 생겼기 때문에 속칭 할매부
처라고 불리곤 한다.

부처 바위에서 이번에는 부처골 반대 방향으로 조금만 가면 보리사
가 나온다. 이곳의 보리사석불좌상은 석굴암 불상과 더불어 우리나라
석불상 중 최고로 꼽히는 극품極品이다. 보리사 인근에는 보리사마애
여래좌상이 자리하고 있다. 이곳에서 경주 벌판을 내려다보면 가슴이
탁 트이는 호연지기를 느낄 수 있다.

3) 삼릉 냉골의 불교 유적

남산의 골짜기 중 가장 많은 불상군이 산재한 곳이 바로 삼릉三稜의
냉골이다. 삼릉이라는 명칭은 아달라왕, 신덕왕, 경명왕의 것으로 추
정하는 세 왕릉이 있기 때문이다. 이 계곡은 다른 곳보다 서늘한 바람
이 분다고 해서 냉골이라고 불린다.

냉골은 불교 유적이 너무 많아서 일일이 설명할 수 없다. 오르는 순
서로 만날 수 있는 유적들은 ① 삼릉계 석조여래좌상 → ② 삼릉계 마
애관음보살상 → ③ 삼릉계 마애선각육존불 → ④ 삼릉계 선각여래좌
상 → ⑤ 삼릉계 석불좌상 → ⑥ 상선암[사찰] → ⑦ 상선암 마애석가
여래대불좌상이다. 이 중 ①은 스님들이 착용하는 가사 끈이 잘 표현
되어 있기 때문에 스님상이라는 주장도 있다. ②는 입술만 빨간색이
남아 있어 이채롭다. 그리고 ③은 과거에는 채색이 잘 보였지만, 지금
은 색깔이 박락剝落되어 육안으로는 정확한 형태 파악이 어렵다. ④는
유일한 고려 시대 불상이며, ⑦은 머리 부분만을 고부조로 조각한, 남
산을 통틀어 가장 거대하고 위엄 있는 불상이다.

4) 『금오신화』의 땅 용장사

남산이 감싸고 있는 작은 산으로 금오산이 있는데, 이곳의 용장사茸長寺는 설잠雪岑 김시습金時習이 우리나라 최초의 한문 소설인 『금오신화』를 찬술한 곳이다. 김시습은 출가하여 법명을 설잠이라고 했는데 이곳에서 오래 살았다. 그래서 〈용장사〉라는 시를 남기기도 했다. 용장사는 원래 원효·경흥과 더불어 신라 시대 3대 저술가인 태현이 주석하던 사찰로, 현재 주판알 모양의 좌대를 하고 있는 특이한 모양의 용장사지석불좌상과 수려한 모습의 용장사지마애여래좌상이 남아 있다. 또 그 위쪽으로는 남산 전체를 기단으로 하고 있는 용장사지삼층석탑이 뛰어난 위용을 자랑하고 있다.

5) 칠불암과 신선암

서출지 쪽에서 길을 따라 쭉 올라가면 칠불암 계곡이 나타난다. 칠

칠불암 일곱 부처님의 조각 모습

불암七佛庵은 바위에 일곱 분의 불상이 조각되어 있기 때문에 붙은 이름이다. 전면에는 주사위 같은 바위 4면에 사방불四方佛이, 그리고 그 바위의 뒤쪽에는 거대한 광배형 바위에 3존불이 돋을새김되어 있다. 남산에서 사방불을 볼 수 있는 유일한 곳이 바로 이곳 칠불암이다. 칠불암 위쪽으로 올라가면, 남산에서 가장 높은 곳에 새겨져 있는 신선암神仙庵 마애보살상을 만날 수 있다. 이 상은 아주 좁고 위험한 곳에 새겨져 있어서 언뜻 눈에 잘 띄지 않기도 하는데, 그 절묘한 위치와 모습은 절로 감탄을 자아내게 한다.

키워드

경주 남산, 대장경, 선불교와 조계종, 원효와 의상, 의천과 지눌, 한국종

연구문제

1) 한국 불교의 전래와 더불어 고대인의 교류 방식에 대해서 생각해 봅시다.

2) 불교가 한국에 전래한 후 왜 귀족들에게 인기가 있었는지에 대해서 생각해 봅시다.

3) 선 수행을 현대의 명상이나 힐링 문화와 연관시켜 생각해 봅시다.

4) 조선의 지배 이데올로기인 유교는 사라진 반면, 불교는 숭유억불의 시대를 넘어 오늘날까지도 우리나라의 제1종교로 존재하는 이유에 대해서 생각해 봅시다.

5) 인간의 행복 추구와 관련해서 전통 문화의 향유 가치에 대해 생각해 봅시다.

6) 고령화 사회 속에서 불교 문화를 통한 행복 증대 방안에 대해 생각해 봅시다.

참고문헌

· 『한국 불교사-조계종사를 중심으로』, 대한불교조계종 포교원 지음, 조계종출판사, 2011.

· 『한국 불교사』, 鎌田茂雄 지음, 신현숙 옮김, 민족사, 2004.

· 『경주』, 한국문화유산답사회 지음, 돌베개, 1998.

· 『경주에서 길을 찾다』, 이소윤 지음, 스토리윤, 2014.

· 『사찰의 상징세계 상·하』, 자현 지음, 불광출판사, 2012.

III

불 교 와 현 대 사 회

1장
불자의 신행과 실천

　어떤 종교를 이해하고자 할 때, 일반적으로 이론적 접근을 시도하는 경우가 많다. 그러나 이론적 접근보다 실천적 접근이 더욱 효율적이다. 알고 싶은 종교의 생활과 실천을 들여다보는 방법이 훨씬 더 구체적이고 직접적이며 실제적이기 때문이다. 여기서는 현재 한국의 조계종 불자들이 어떻게 생활하고 실천하는지를 개괄적으로 이해할 수 있을 것이다. 이 책에서 어느 부분도 중요치 않은 곳이 없지만, 특히 불교를 처음 알고자 할 경우 이런 시도는 가장 중요하다고 확신한다.

　불자들은 크게 스님과 신도, 즉 가정을 떠나 출가수행에만 전념하는 출가불자[出家者]와 세속 생활과 종교 생활을 병행하는 재가불자[在家者]로 구분된다. 여기서는 전자를 출가수행자出家修行者 후자를 재가신자在家信者로 부르기로 한다. 재가불자에게도 수행이 가장 중요한 실천이라는 관점에서 재가수행자라고 불러야 한다는 주장도 있으나, 대승불교 운동 이후의 재가자들은 신앙을 기본으로 삼고 수행도 겸하여 실천한다는 점에서 그렇게 정하였다.

　출가수행자는 스님 지원자인 행자行者, 예비 스님인 사미[śrāmaṇera]·사미니[śrāmaṇeri], 정식 스님인 비구[bhikkhu]·비구니[bhik-khuni]로 구분한다. 행자는 출가자이지만 아직 스님이 아니다. 행자는 일반 신도가 아니라 이제 스님이 되기 위해 머리를 깎고[削髮], 고동 색깔의 행자복을 입은[染衣] 출가수행 지원자이다. 행자로서 6개월 이상 수행하면, 10계를 받은 뒤 이를 지키겠다는 맹세, 즉 수계受戒를 한 사미·사미니가 된다. 이들은 회색 승복과 장삼長衫을 입고 고동색 가사袈裟를 착용하며, 일반적으로 그냥 스님이라고 불리지만 엄격하게 말하자면 아직 정식 스님이 아닌 예비 스님이다. 사미·사미니가 된 후 4년 동안의 교육과 수행 기간을 거치면 정식 출가수행자인 비구·비구니가 된다. 정식 스님인 비구·비구니는 각각 250계와 348계를 수계한다.

인도 불교에서는 출가하지 않고 재가 생활을 하는 남녀 불자를 각각 우바사카upasaka·우바시카upasika로 불렀지만, 한국 불교에서는 전자를 처사處士 혹은 거사居士, 후자를 보살菩薩이라고 부른다. 대승불교를 다루는 장에서 분명하게 설명했듯이, 보살의 원래 말뜻에 여자 불교 신자라는 의미는 전혀 없었다. 그 까닭에는 여러 설이 있지만, 여자 불교 신자를 가리켜 보살이라고 부르는 것은 한국 불교에서 아주 일반적이다.

한국 불교의 재가신자는 삼귀의를 맹세하고 다섯 가지의 계율, 즉 5계를 수계한다. 그리고 출가수행자들이 수행 생활을 원만하게 할 수 있도록 그들의 의식주를 돌본다. 재가신자들의 이러한 역할을 출가수행 공동체 바깥에서 출가수행자들을 돕는다는 뜻에서 외호外護라고 한다.

1절 | 출가수행자

1. 출가의 목적과 방법

나의 출가는 병듦이 없고, 죽음이 없고, 근심 걱정 번뇌가 없는 가장 안온한 행복의 삶, 열반을 얻기 위해서였다.

- 중아함경 권56, 『라마경』

붓다는 자신의 출가 동기와 목적이 고통의 극복, 즉 행복 찾기임을 누누이 강조한다. 고타마 싯다르타는 한 작은 왕국의 왕자로서 우리가 그토록 열망하는 그런 세속적 행복을 충분히 누리고도 남았다. 그러나 그에게 그것은 언젠가는 끝날 것이기에 유한하며, 아무리 많아도 남보다 적을 때는 불만이기에 상대적이고, 끝끝내 만족을 느낄 수가 없기에 불완전한 행복이었다. 그래서 유한하지 않고 영원하며, 상대적이지 않고 절대적이며, 불완전하지 않고 완전한, 그런 궁극적 참행복을 찾아 나선 길이 출가였던 것이다. 붓다가 설파한 모든 가르침은 결국 한마디로 말하자면 행복을 찾는 길이다. 그분의 후예들이 제시한 가르침까지 망라하여 정리한 일명 팔만대장경은, 모두 행복으로 가는 길에 관한 해명이자 고백이다.

불교는 출가의 종교다. 가정을 떠나 삭발을 하고 승복을 입어야만 출가는 아니다. 세속적 가치들을 버리고, 초월의 경지와 인격으로 완전한 행복을 누리고자 구도求道의 길로 떨쳐나선다면, 겉모습과 상관없이 누구나 출가자란 것이 근본 뜻이다.

한국 불교의 최대 종단인 조계종은 현재 전국을 25개 지역으로 나누고 각 지역을 교구敎區라고 부른다. 각 교구에서 가장 대표되는 한 사찰

군대 내 법당에서의 행사 모습

을 본사本寺라고 하고, 나머지 사찰들은 그 본사에 소속되며 말사末寺라고 한다. 일반적으로 각 교구에는 적게는 수십에서 많게는 수백 개의 말사들이 있다. 현재 이 25개 교구 중에서 종합적인 수행 도량의 규모와 체계[승가대학, 선원, 율원, 염불원]를 갖췄다는 의미로 특별 지정한 여덟 개[통도사, 해인사, 송광사, 수덕사, 백양사, 범어사, 쌍계사, 동화사]의 총림叢林이 있다. 또한 군 포교를 담당하는 군종軍宗 교구와 전 세계 해외 포교를 총괄하는 해외 교구의 두 개 특별 교구가 있다.

만일 누구든 출가의 뜻을 품고 이들 본사나 말사를 직접 방문하여 그 뜻을 밝힌다면, 곧바로 출가의 길로 안내될 것이다. 또한 어떤 한 스님에게 출가의 뜻을 밝혀도 마찬가지다. 조계종의 출가 자격은 고졸 이상의 심신이 건강한 남녀로서 50세 이하이면 가능하다. 물론, 미혼이든 이혼이든 실질적으로 세속과의 관계를 모두 끊은 독신이어야 하며 법률적으로 하자瑕疵가 없어야 한다. 미성년자도 출가를 허락했던 예전에는 부모의 허락을 받고서 동자승童子僧이 되기도 했지만, 요즘 동자승은 실제로 있을 수 없다. 이런 자격을 갖추고 출가하면 바로 초심 출가수행자인 행자 생활을 시작할 수 있다.

2. 출가수행자의 삶

1) 교육

출가수행 생활의 가장 큰 특징 가운데 하나는 공동체 생활이다. 출가수행자는 특별한 경우가 아니면 공동생활이 의무이다. 제I-1장에서 배웠듯이 스님이라는 말 자체가 신행 공동체를 의미하는 상가[saṃgha]에서 왔다. 특히 행자와 사미·사미니들의 삶은 공동으로 받는 의무교육과 수행으로 짜여있다. 조계종은 출가수행자를 위한 교육 기관과 수행 기관을 설치하여 운영한다. 교육 기관은 기초 교육, 기본 교육, 전문 교육, 재교육, 특수학교 등 다섯 개 종류가 있고, 수행 기관으로는 기본 선원, 전문 선원, 기타 수행 기관이 있다.

기초 교육 기관은 의무적인 행자 교육원이다. 출가생활을 처음 시작하는 행자는 자신이 등록한 각 사찰에서 부모와 같은 역할을 하는 은사恩師 스님[스승]의 지도 아래 최소 6개월 이상 행자 생활을 한다. 이때 수행은 밥 먹고 잠자고 청소하고 예불하고 스승을 모시고 의례의식儀禮儀式을 익히는 등, 사찰의 일상생활 전반에 걸친 출가수행이다. 이렇게 6개월을 보낸 행자들은 행자 교육원으로 전국에서 함께 모여 한 달 정도 기초적인 교리와 계율과 의례를 학습한다. 스님들 대부분은

사미·사미니계를 주는 수계산림

행자 시절의 수행 경험이 출가수행자로서 살아가는 일생의 원동력이며 출가 생활 전체를 좌우하고 정향定向 짓는다고 토로한다.

기본 교육 기관으로는 예전의 강원講院을 계승한 해인사 · 운문사 등에 설치된 16개의 지방승가대학, 새롭게 설치된 서울의 중앙승가대학 그리고 동국대학교의 불교학부가 있다. 이들은 모두 행자 교육을 마치고 10계를 수계한 사미 · 사미니가, 비구 · 비구니로서 필요한 자질을 갖추기 위한 교육을 받는 4년제 상설 의무교육 기관이다. 이 과정에서는 중요 경전들을 중심으로 한 기본 교리의 학습과 수행자가 갖추어야 할 자질 함양은 물론, 진리를 세상에 전파하는 전법자傳法者로서의 역량을 기른다.

지방승가대학은 전통식 교육 과정, 중앙승가대학이나 동국대 불교학부는 현대식 교육 과정이라고 하는 서로 다른 특징을 갖는다. 사미 · 사미니들은 은사와 상담하여 이들 3종 교육 기관 중의 하나를 선

승가고시 광경

택하거나, 혹은 뒤이어 설명할 기초 선원을 선택할 수도 있다. 이 과정을 이수한 사미·사미니는 정식 스님이 되는 비구·비구니계를 받을 수 있는 자격을 얻는다. 비구·비구니계는 완전한 계율이라는 뜻으로 구족계具足戒라고 한다. 더러는 지방승가대학에서 전통 교육을 받고 나서 동국대학교에서 현대식 교육을 거듭 이수하기도 하고, 현대식 교육을 먼저 이수하고 전통 교육 기관으로 가기도 한다.

전문 교육 기관부터는 의무 과정이 아니라 선택 사항이다. 비구·비구니라면 누구나 선택하여 교육받고 수행할 수 있는 심화 교육 과정으로서 화엄華嚴 등 특정 사상을 연구하는 학림學林, 계율을 학습하고 실천하는 율원律院, 경전을 연구하는 승가대학원, 선 문헌 연구와 선 수행을 병행하는 선학연수원 등이 있다. 또한 대규모 종합 수행 도량인 총림에는 반드시 율원이 설치되어 있는데, 율원의 수행자들은 특히 모든 계율을 철저히 지키면서 엄격하게 수행한다.

재교육 기관으로는 모든 스님들의 정기적 재교육을 담당하는 중앙 연수원이 있다. 구족계를 받고 정식 스님이 되면 대략 10년 단위로 재교육을 받아야 한다. 재교육 후에는 의무적으로 치르는 승가고시^{僧伽}^{考試}라는 시험을 거쳐, 견덕^{見德, 1년}에서 대종사^{大宗師, 40년}까지 단계별로 위계^{位階}가 올라간다. 또한 각각의 위계에 따라 제자[上佐]를 둘 수 있는 자격에서부터 종단과 단위 사찰의 주지^{住持} 등 행정을 맡을 수 있는 자격이 정해진다.

특수학교는 의례의 집전에 필요한 범패^{梵唄} 등 불교 음악, 건축에 필요한 불교 미술 등의 불교 예술, 포교에 필요한 불교 언론과 문화 등을 교육하는 기관이다.

원론적으로 말하자면, 스님들의 생활은 시작부터 끝까지 연속적으로 교육을 받는 생활이라고 할 수 있다.

2) 수행

앞서 언급한 어떤 교육 과정도 수행 생활이 아닐 수 없지만, 조계종에서 수행이라고 하면 특별히 주로 선 수행을 가리킨다. 따라서 대한불교 조계종에서는 기본 선원^{禪院}과 전문 선원이 가장 중요한 수행 기관이고 이 외에 기타 수행 기관이 있다.

먼저 기본 선원의 수행은 1년 단위 초급·중급·상급의 수행 과정으로 나뉘고, 정규 8안거^{安居} 4년과, 4년 중 해제 기간에 시설하는 교과 6안거제로 구성된다. 안거란 여름[夏安居]과 겨울[冬安居] 각 3개월씩 선원 밖으로의 출입을 금한 채 집중적으로 수행하는 기간을 말한다. 앞서 말한 기본 교육 과정 대신에 사미·사미니가 이 기본 선원 수행을 거치면 기본 교육 과정을 받은 것과 마찬가지의 자격을 부여한다.

전문 선원으로는 일반 선원, 총림 선원, 특별 선원이 있다. 기본 선원이 정식 스님의 자격을 주기 위한 교육적 기능을 갖는 선원이라면, 일반 선원은 정식 선 수행을 위한 정규 선원이다. 조계종만 전국에 70개가 넘는 일반 선원을 운영하고 있어 한국 불교가 선을 중심으로 수행하는 불교임을 쉽게 알 수 있다. 총림 선원은 8개의 총림에 설치된, 비구들만을 위한 선원을 말한다. 특별 선원으로는 일반인이 들어오지 못함은 물론 선 수행자도 절 밖으로 나가지 않는 등, 모두의 출입을 봉쇄하는 산문山門 폐쇄 선원 등이 있다.

각각의 선원에서는 새벽 3시에 일어나 예불을 한 다음, 선방禪房에 모여 앉아 보통 50분 좌선에 10분 몸 풀기와 걷기[布行]를 하루에 9시간에서 12시간씩 반복 수행한다. 한국 선 수행자들은 대부분 중국 선종禪宗의 수행법인 간화선看話禪, 즉 화두참구話頭參究의 방법으로 참선한다. 간화선 수행은 조사祖師스님들의 짤막한 이야기[話頭, episode]에 관련한 문제의 해답을 터득코자 하는 독특한 수행법이다. 조사스님이란 동북아시아 불교의 전통과 역사에서 최고의 선 수행자로 추앙받는 선지식善知識을 말한다. 또한 선원에서는 안거 때마다 1회씩 용맹정진을 하는데, 이때는 모든 수행자들이 1주일 동안 자지도 눕지도 않으며 참선을 계속한다. 선원의 수행 생활은 대부분 침묵을 지키는 묵언黙言 수행을 병행한다. 이런 조계종의 전통적이고 공식적인 선정禪定, 명상 수행법인 간화선 수행과 달리, 최근에는 석가모니 붓다가 실천했던 선정 수행법인 위파사나vipasaana 및 사티sati를 수행하는 불자들이 늘고 있고, 또 그런 방법으로 수행하는 선원도 생겨나고 있다.

선원에서 수행하는 수행자들을 선방 수좌禪座라고 하는데, 이들은 불자들의 다양한 신행과 실천 중에서도 참선 수행을 최고로 여기는 강한 자부심과 긍지를 갖고 있다. 또한 조계종은 한국 불교의 정신적 사표師表로서의 종정宗正은 반드시 선방 수좌 출신이어야 한다는 전통을 지켜가고 있다.

안거를 시작하는 날을 결제結制, 푸는 날을 해제解制라 하는데, 선원의 수행자들은 해제가 되면 전국의 유명 수행처와 선지식들을 찾아 순례의 길에 나선다. 이런 수행을 만행萬行이라고 한다.

이들 선원 외에 기타 수행 기관으로는 염불원과 참회원懺悔院이 있다. 염불원에서는 부처님의 이름을 입으로 소리 내어 외우며 명상하는 염불과 진언암송眞言暗誦을 반복하는 주력呪力 위주의 수행을 하고, 참회원에서는 지은 허물을 뉘우치고 다시는 저지르지 않겠다는 다짐을 반복하는 절을 위주로 수행한다. 이런 기타 수행 기관에서 수행하는 출가 수행자는 많지 않은 편이다.

3) 일상

수행처修行處에서 이루어지는 수행자들의 일상생활은 앞서 개괄한 교육과 수행의 종류와 과정에 따라서 다양할 수밖에 없다. 그러나 불교의 출가수행자라면 누구나 예외 없이 공통적으로 실천하는 내용들이 있다.

첫째, 불교의 수행자들은 누구나 필수적인 의무로 새벽, 낮, 저녁, 즉 하루 세 번 예불을 올린다. 보통 새벽 예불은 총림이나 본사 등 큰 절에서는 3시에 시작하여 1시간 30분 정도 진행한다. '새벽 예불이 중노릇의 절반이다'는 말이 있을 만큼 새벽 예불을 중시한다. 낮에 하는 예불은 사시巳時, 9시~11시인 11시쯤에 부처님께 하루 한 끼의 점심 공양을 올

발우 공양하는 재가수행자들

리는 의례이고, 보통 저녁 예불은 일몰 시각쯤인 5시에 올린다. 스님들은 예불 때마다 지옥 중생을 구제하기 위해 범종梵鐘을 울리고, 길짐승을 위한 큰 북, 물고기를 위한 목어木魚, 날짐승을 위한 운판雲版을 친다.

출가수행자들은 공동생활이 필수이므로 식사도 당연히 함께 해야 한다. 절에서는 공동 식사를 대중공양大衆供養 혹은 발우 공양이라고 하는데, 공동 식사 때는 발우[pātra]라고 하는 네 개의 식기[밥, 국, 반찬, 물]만을 사용하여 음식을 한 톨도 남기지 않고 깨끗하게 먹는다. 심지어 발우에 묻은 밥물까지 김치 조각으로 씻어 마신다. 발우 공양 시간은 절대 묵언이다. 침묵 속에서도 죽비竹篦 신호에 따라 전체 대중이 일사불란하게 식사한다. 출가수행자들은 식사 전과 중간과 끝에 여러 차례 기도문을 합송한다. 대중공양 때의 기도문은 부처님의 위대함을 찬양하고 보시자布施者에게 감사하려는 것이고, 음식은 맛있음이나 포만감이 아닌 수행을 위하여 몸을 지탱하는 약으로 생각하여 주는 이, 받는 이, 주어지는 것들 그 어느 것에도 집착하지 않는다는 내용이다.

수행처에서 의식주를 유지하기 위해서는 여러 가지 공동 작업이 필요한데, 이 공동 작업을 힘을 쓴다는 의미로 운력運力이라고 한다. 출가수행자들은 누구나 농사나 청소와 같은 운력 시간에 의무적으로 참여한다. 수십 수백 명의 수행자들이 모여 사는 총림 같은 대규모 수행처에서는 수행자 저마다 수십 가지 역할이 있다. 예컨대 모든 수행자들은 최고 어른이며 정신적 지도자인 방장方丈으로부터, 행정과 운영을 맡는 주지住持, 사찰 운영을 위한 각각의 기능을 맡는 총무 · 기획, 교무 · 재무, 포교 등의 국장, 밥을 짓는 공양주, 국을 끓이는 갱두羹頭, 화장실을 청소하는 정두淨頭, 채소밭을 맡은 원감園監, 차와 차담茶啖을 준비하는 다각茶角, 손님을 안내하는 지객知客 등, 누구나 예외 없이 수행 공동체를 위해 각자 역할을 맡아 수행한다.

수행자들은 절제와 검약으로 채워진 수행 생활에서 거의 유일한 예외로서 음차飮茶 생활 같은 여유로움을 즐기기도 한다. 엄격하고 빡빡한 수행 생활 속에서 과일이나 간단한 다식茶食을 곁들여 먹으며 수행의 여담餘談을 나누는 다도 생활에는 마치 사막의 오아시스 같은 낭만이 있다. 조선왕조 때 제례祭禮에 술을 쓰기 시작하면서 끊어진 우리나라의 전통 다도의 맥은 다행히 스님들의 이러한 다도 생활에 의해 근근이 이어져왔다. 명절 제례를 차례茶禮라고 하는 것은 부처님께 차를 올리던 의례에서 온 말이다.

요즘 큰 절에서는 요가와 같은 전통적 선 체조 외에도 선무도, 탁구, 배드민턴, 축구 등 다양한 스포츠 시설을 마련하여 젊은 수행자들이 혈기를 발산할 기회를 주기도 한다.

수행처의 취침 시각은 매우 이르다. 밤 9시에 소등消燈과 취침을 알리는 죽비 소리가 세 번 울리면, 누구든 완전히 불을 끄고 절대적 침묵 속에서 잠들어야 한다.

4) 전도

일반적으로 불교의 특징은 지혜와 자비 두 마디로 압축된다. 출가수행자들은 수행인 전자에 주로 집중하는 편이지만 후자인 자비도 결코 도외시하지 않는다. 자비행의 구체적 내용은 다양하지만 그중에서도 첫째 덕목은 전도傳道, 즉 포교이다.

> 비구들이여,
> 자, 전도를 떠나라.
> 세상을 불쌍히 여기고,
> 모든 사람들의 이익과 행복과 안락을 위하여,
> 두 사람이 한 길을 가지 말라.
> 비구들이여,
> 처음도 중간도 끝도 좋으며,
> 조리와 표현을 갖춘 진리를 설파하라.
>
> - 잡아함경, 「승색경」

고타마 싯다르타는 깨달음을 성취하여 붓다가 된 후 처음으로 다섯 명의 출가 제자를 얻었으며, 곧이어 남녀 재가신자들을 포함하여 60명의 제자들이 생겼다. 붓다는 이들에게 온 세상 사람들의 행복을 위해 진리를 전파하러 떨쳐나설 것을 당부하고 자신도 전법의 길에 나선다. 이것이 그 유명한 전도선언이다. 붓다는 제자들에게 진리를 세상에 널리 펼치는 포교사 역할을 요청한 것이다.

불자들은 출가수행자와 재가신자를 막론하고 포교 활동을 의무로 여긴다. 많은 출가수행자들은 어느 정도 수행 생활을 거치고 나면 세상과 사회로 나와, 자신을 세상에 헌신하는 포교 생활을 한다. 대부분의 사찰 법당 벽에는 다양한 벽화가 그려져 있는데, 수행 과정을 잃어버린 소를 찾는 10단계의 행적에 비유한 그림인 심우도尋牛圖는 단골 아이템이다. 여기서도 맨 마지막 단계는 수행을 끝내고 세속 사람들의 삶터인 복잡한 시정市井으로 나아가 세상에 헌신하는 과정으로 그려진다.

한적한 산중에서의 수행이 아니라 사람들로 붐비는 도심에서의 포교를 위해 새롭게 세워진 사찰을 포교당이라 한다. 포교당을 책임 맡은 주지스님들은 신자들의 고민 상담, 의례 서비스, 교리 교육, 복지 봉사, 문화 행사 등 다양한 활동을 한다. 특정 활동에 초점을 맞추기 위해 대학에서의 전공을 살리기도 하고 새로 공부를 하기도 한다. 전문 포교사가 되어 전국의 불자들을 찾아다니며 교리를 해설하는 법회法會를 열기도 하고, 유치원이나 양로원·요양원 등을 설립하여 운영하기도 하고, 교도소를 찾아가 수용자들을 위해 봉사하기도 하고, 매일 무료 급식소를 열기도 하며, 군인들에게 봉사하기 위해 아예 직업 장교인 군종법사軍宗法師가 되기도 한다. 심지어 출가 전에 성악을 전공한 스님 가운데는 노래로 전국을 누비며 포교 활동을 하는 분도 있다.

2절 | 재가신자

1. 재가신자의 신행

대승불교 시대를 맞이하자 출가수행자의 삶이 가장 바람직한 길이라는 생각이 변화하여, 가정을 가지고 세속 생활을 하는 재가불자도 깨달음을 성취하고 자비를 실천하는 데에 아무런 장애가 없다는 생각이 일반화되었다. 재가신자는 오로지 출가수행자를 후원할 뿐이라는 입장에서, 재가신자도 출가수행자와 마찬가지로 지혜와 자비를 적극적으로 실천하여 부처가 되고 보살도 될 수 있다는 개념으로 사상이 변화한 것이다.

1) 수행과 기도

재가신자는 가장 먼저 삼귀의례로써 불·법·승 삼보三寶를 믿고 의지한다는 맹세를 반복적으로 다짐한다. 그런 다음에는 재가신자들도 출가수행자들이 하는 모든 수행을 똑같이 실천할 수 있다. 5계를 수계하여 지키고, 출가수행자들처럼 참선을 수행하며, 경전과 교리를 공부하고, 스님들과 함께 예불을 올린다. 한국에는 재가불자들을 위한 많은 수행처들이 있으며, 때로는 재가신자들이 스님들의 수행 처소에서 함께 수행하기도 한다.

근래에는 재가신자들이 스님들의 수행 생활을 똑같이 따라해 보는 템플스테이가 널리 각광받고 있다. 한국 불교의 출가수행 생활은 동아시아 불교 전통을 아주 원형적으로 계승하고 있다는 평가를 받는다. 따라서 많은 외국인들이 한국 전통 문화의 체험 기회로 템플스테이에 참여하고 있다. 하지만 재가신자들은 대부분 수행보다는 사찰을 유지하고 보살피는 역할을 하거나 기도 생활을 하는 데에 힘을 쏟는 편이다. 재가불자들은 다양한 시점과 경우에 따라서, 또한 스님들의 집전執典에 따라서, 기도에 동참하여 부처님께 공양을 올리고[佛供] 제식祭

참선 수행 중인 재가수행자들

式에 참여한다.

특히 한국의 재가신자들은 수행과 기도가 혼합된 절 수행을 좋아한다. 불 · 법 · 승 삼보에 바치는 삼배는 절을 방문하면 누구나 기본으로 하는 예배지만 108배, 1,000배, 3,000배 등을 하루에 다 하기도 하며, 매일 3,000배를 실천하는 불자들도 있다. 얼마 전부터는 이러한 절 수행이 심신의 어려운 질병을 쉽게 고친다고 하여 방송을 타고 유행처럼 번지기도 했다. 그러나 불자들이 절을 무수히 반복하는 이유는 그것이 탁월한 수행법이기 때문이다. 절은 잘못을 뉘우치는 참회, 아만심我慢心을 내려놓는 하심下心, 맹세[誓願]을 세우는 발원發願, 부처님을 찬양하는 예배를 위한 더없는 수행법이다. 절은 현재 한국 불교의 재가신자들에게 가장 보편적인 수행법이다.

최근에는 도법 스님과 수경 스님이 환경 운동의 실천 방법으로 행했던, 세 걸음마다 한 번씩 절하는 삼보일배三步一拜가 세상의 큰 주목을 받았다. 이는 티베트 불자들이 한 걸음마다 한 번씩 절하며 성지를 향해 순례하는 수행법에서 비롯했다. 남을 탓하며 주먹질하는 종래의 사회 운동들과 달리, 자신의 허물부터 먼저 돌아보고 고백하는 참회 수행을 사회 운동법으로 제시했다는 점에서 삼보일배는 큰 사회적 반향을 불러왔다. 삼보일배는 종교적 경계를 넘어 신부님과 목사님들도 스님들과 함께하는 환경 운동의 수단이 되었고, 이제 환경 운동의 방법을 넘어 노동운동 등 다양한 시민운동의 실천 방법으로 채택되고 있다.

2) 명절과 재일

재가불자들은 석가모니 부처님의 일생에서 가장 중요한 네 가지 사건을 기념하는 4대 명절을 특별히 기린다. 부처님 오신 날[음력 4월 8일]에는 모든 불자들이 연등을 켜는 대대적인 연등축제를 벌이고, 출가를 기념하는 출가절出家節[음력 2월 8일], 깨달음을 성취한 성도절成道節[음력 12월 8일], 완전한 열반을 기리는 열반절涅槃節[음력 12월 15일]에는 밤을 새워 수행하는 특별 용맹정진을 한다. 불교에서는 부처님께 공양과 예배를 올려 기도하는 의례와 수행을 재齋라고 한다. 불자들은 가족이나 친지가 세상을 떠나면 그날로부터 49일 동안 일곱 번에 걸친 재를 지내는데 이를 49재라고 한다. 조상의 기일忌日에도 재를 지내고 설과 추석 등 우리 민족의 명절에도 재를 올린다. 또는 생일이나 결혼기념일 등 축일에는 축하하는 불공佛供을 올리기도 한다.

또한 여러 부처님이나 보살님들과 관련된 날짜와 주제를 정해 재일齋日로 삼고 재를 올리기도 한다. 예컨대 매월 음력 18일은 지장재일地藏齋日인데 이날은 조상의 혼령은 물론 일체의 모든 외로운 떠돌이 혼령들까지 청하여 공양을 올리고, 그들이 좋은 세상에 다시 태어나도록[遷度] 독경讀經하고 기도한다.

불교는 원래 제사와 기도 중심의 브라흐만교를 비판하고 철저한 자력수행의 종교로 출발했다. 하지만 불교는 성립한 지 500년쯤 지난 대승불교 시대에 이르면, 인간의 보편적 종교 행태인 기도와 제사를 수용하여 타력신앙의 면모도 갖게 된다. 한국의 재가불자들은 변화한 불교인 타력신앙과 원래의 정체성인 자력수행을 동시에 수용하여 자신의 기호와 개성에 맞게 적용하며 실천하고 있다.

3) 자비의 삶

출가수행자도 마찬가지지만 재가신자들에게 특히 강조하는 실천은 자비이다. 불자들이 자비를 실천하는 방식은 매우 다양하지만 가장 중요한 덕목은 보시布施이다. 보시란 가난한 이들을 위해 자신의 재물財物을 베풀고, 진리를 모르는 이들에게 진리의 가르침을 베풀며, 외롭고 소외된 이들에게 위로와 위안을 베푸는 실천이다.

예컨대 한국의 재가 신행 공동체 중에는 자비를 가장 모범적으로 실천하고 있다고 평가받는 '정토회'가 있다. 정토회는 법륜 스님의 조직적 지도 아래 매우 일사불란하고 효율적인 실천을 하기로 유명하다. 정토회는 맑은 마음, 좋은 벗, 깨끗한 땅이라는 세 가지 모토 아래 전문 수련 기관인 '정토수련원', 세계의 기아와 빈곤 극복을 위해 노력하는 국제 구호조직인 'JTS Join Together Society', 북한 동포 후원 조직인 '좋은벗들', 환경보호 단체인 '에코붓다', 한반도 평화통일 운동 단체인 '평화재단', 출판 포교 조직인 '행복한책방' 등의 산하기관과 100여 개

JTS에서 설립한 수자타 아카데미

국내 지역 정토회, 10여 개 해외 정토회 등의 조직을 갖춘 대표적 재
가불자 신행 공동체이다.

정토회는 이러한 조직과 활동으로 세상과 세상 사람들을 위해 적극
적으로 자비를 실천한다. 한국 불교의 대표적 재가신자 공동체로서 정
토회 활동은, 자비를 실천함으로써 부처님 나라[불국토]를 구현한다
는 불교의 궁극적 이상을 모범적으로 실천하고 있다고 평가받는다. 이
외에도 '생명나눔실천운동본부'는 장기이식 결연 기관으로서 기증 및
후원 회원 수만 명이 가입해 있는 비영리 민간 단체이다. 이 단체는 불
교의 자비 사상을 바탕으로 장기 기증을 비롯한 의료복지사업을 실천
하기 위하여, 다양한 캠페인과 교육 계몽 활동을 지속적으로 전개하
고 있다. 이 외에도 무료 급식 운동 등 한국 불교의 재가불교 운동 단
체는 부지기수로 많다. 이들은 모두 자기 자신의 행복을 유보하고 세

통도사 예불 장면

상의 행복을 위해 자기를 희생하고 헌신하는 불자들이다.

출가와 재가를 막론하고 불자들의 실천 전부를 여섯 가지로 압축하여 육바라밀[sāt-paramitā]로 표현하기도 한다. 파라미타는 '저 언덕으로 건너감[到彼岸]'이란 뜻이다. 대승불교의 실천자인 보살은 이 육바라밀의 실천으로 자신을 완성하고 동시에 세상도 완성시켜 정토淨土를 건설해간다. 육바라밀은 조건 없이 베푸는 보시, 계율을 지켜 악을 막고 선을 행하는 지계持戒, 박해나 곤욕을 참고 용서하는 인욕忍辱, 꾸준하고 힘차게 노력하는 정진精進, 마음을 집중하여 평정의 경지에 이르는 선정禪定, 세계와 인간의 참모습을 통찰하는 지혜인데, 여기서도 자기 행복[自利]과 세상 행복[利他]의 균형 속에서 자비의 실천이 가장 먼저 등장하며 강조하고 있음을 알 수 있다.

불자들은 모든 의례의 끝에 반드시 네 가지 큰 맹세[四弘誓願]라는 발원문을 합송한다.

중생을 다 건지오리다[衆生無邊誓願度].
번뇌를 다 끊으오리다[煩惱無盡誓願斷].
법문을 다 배우오리다[法門無量誓願學].
불도를 다 이루오리다[佛道無上誓願成].

온 세상의 뭇 생명들을 전부 구제하겠다는 맹세, 즉 자비를 실천하
겠다는 다짐이 맹세의 맨 앞에 온다. 이처럼 한국 불자들은 지혜와 자
비의 균형 속에서 자신보다도 남과 세상을 위해 헌신하는 자비의 실
천을 우선시한다.

키워드

기본 교육 기관, 삼보일배, 선원, 승가대학, 율원, 재가신자, 정토회,
지혜와 자비, 총림, 출가수행자

연구문제

1) 출가수행자와 재가신자의 신행과 실천을 구분하여 설명해
   봅시다.

2) 붓다가 말한 출가의 이유와 목적은 무엇일가?

3) 자기 행복[自利]과 세상 행복[利他]을 파라미타로 설명해
   봅시다.

4) 출가수행자의 삶에서 행자 시절의 수행이 왜 중요한지 말해
   봅시다.

5) 정토회의 활동을 분야별로 연구하여 발표해 봅시다.

참고문헌

· 『승가』 창간호, 「승가교육의 역사적 고찰」, 남도영 지음,
  중앙승가대학, 1984.

· 『세계 승가공동체의 교학체계와 수행체계』, 조계종교육원 지음,
  가산불교문화연구원, 1997.

참고자료

· 문화콘텐츠닷컴, 『승려의 생활』 www.culturecontent.com

· 조계종 법령집(CD)

· 정토회 www.Jungto.org

2장
선과 명상

1절 | 명상의 이해와 실천

1. 선과 명상

오늘날 사람들은 명상에 관심이 참 많다. 그것은 바쁜 현대사회에서 많은 이들이 명상을 필요로 할 정도로 스트레스를 받고 있다는 증거이기도 하다. 명상은 현대인들에게 스트레스 감소뿐만 아니라, 자신의 정체성을 찾는 데 많은 도움을 준다. 그러나 명상에 대한 관심이 많은 만큼 넘쳐나는 명상 프로그램들로 혼란스런 경우가 많다.

전통적으로 마음공부를 '참선'이라고 말해 왔다. 어떤 이들은 참선 공부가 진짜 깨달음의 길이고, '명상'에는 깨달음이 없다고 애써 무시하기도 한다. 반대로 어떤 이들은 참선 공부는 일부 수행자들의 전유물로 대중적이지 못한 그들만의 공부라고 폄하하기도 한다. 이런 문제는 최근에 사회적으로 명상 붐이 일어나면서 생겨난 논의이다. 과연 참선과 명상은 정말로 서로 다른가? 참선參禪은 문자 그대로 해석을 하면 '선에 참여하다' 혹은 '선을 참구參究하다'는 의미로 불교의 발생과 더불어 시작된 것이다. 그렇기 때문에 그 방식도 인도 불교 및 중국 불교를 거치면서 다양하게 변화했다. 여기서 핵심 용어인 '선'이란 용어의 의미는 역사적으로 크게 세 가지로 파악할 수 있다.

첫째, 선禪이란 혼란한 마음을 고요하게 한다는 선정의 의미이다. 이것은 선이란 용어의 어원에 충실한 초기불교의 관점이다. 선이란 용어는 주지하다시피 원어가 팔리어로는 'jhāna'이고 산스크리트로는 'dhyāna'이다. 이것을 선나禪那로 의역해서 정定으로 음역하였는데, 특정한 대상에 대한 집중에서 오는 마음의 고요함을 의미한다. 이런 관점에서 보면 참선이란 고요함, 곧 선정에 드는 것을 가리키는 말이다.

둘째는 대승불교의 관점이다. 선이란 활발한 지혜를 의미한다. 교학과 선종의 대립을 지양하려고 했던 종밀宗密은 전통 강원의 교재이기도 한 『절요』에서, 선이란 '선정과 지혜의 통칭'이라고 정의를 했다. 이런 관점에서 보면 참선은 단순하게 마음의 고요함만을 의미하는 것은 아니고, 지혜의 작용을 포함한다. 이렇게 보면 우리가 참선 공부를 한다는 말은, 새의 양 날개처럼 선정과 지혜를 함께 닦는 것을 말한다. 정혜쌍수定慧雙修나 성성적적惺惺寂寂이란 말은 바로 이런 뜻이다. 선이란 선정과 지혜를 함께 닦아서, 고요한 가운데 깨어있고, 깨어있는 가운데 적적하다는 것이다.

셋째는 근본적인 자신의 문제를 참구하여 깨달음을 이룬다는 간화선의 입장이다. 고요함이나 지혜의 작용은 특별한 마음 현상이다. 자신의 정체성을 문제로 삼는 화두는 마음 현상을 관찰하는 방식이 아니라, 근본적인 자기의 본질[心地]을 깨닫고 체험하는 것을 강조한다.

이렇게 시대에 따라서 선이란 용어는 점차 그 의미가 변천해 왔다. 일상에서 참선이란 말은 궁극적인 진리를 탐구하는 종교적인 실천 수행을 의미한다. 그럼에도 불구하고 우리가 사용하는 '참선'이란 말은 사람에 따라서 다양한 의미를 함축하고 있기에, 그것이 어떤 의미로 사용되는지 전후 맥락을 자세하게 살펴볼 필요가 있다.

명상하는 태국 승려

명상 瞑想의 사전적인 의미는 '눈을 감고 차분한 마음으로 깊이 생각함'이다. '차분한 마음'은 첫 번째 마음의 고요함과 연결되고, '깊이 생각함'은 두 번째 지혜의 작용이나 세 번째 화두의 참구로 해석할 수가 있다. 이런 점에서 명상이란 선과 전혀 다른 의미는 아니다.

팔리어 'jhāna'를 중국식으로 보면 선이지만, 이것을 영어권에서는 'meditation'이나 'contemplation'이란 용어로 번역한다. 오늘날 명상이란 용어도 여기서 유래된 말로 '집중[concentration] 명상'이나 '통찰[cnsight, mindfulness] 명상'이 그 좋은 사례이다. 역시 참선의 경우도 마찬가지인데 선의 일본식 발음 'zen'을 사용하여 'zen meditation'으로 번역하기도 하고, 간화선의 경우는 'hwadu meditation [화두 명상]'이라고 번역한다. 이렇게 보면 과거에는 중국식 번역으로 '선'이나 '참선'이란 용어가 영향력을 행사했지만, 근래에는 '명상'이란 용어가 대중에게 더 잘 알려져 있다.

2. 명상의 유형

명상을 통해서 우리는 마음의 고요함과 평화를 찾고 있으며, 분명한 통찰과 더불어 자기의 본성에 대한 깨달음을 원한다. 이것들은 모든 영적인 전통에서 공통적으로 나타난다. 명상을 통해서 현실적인 어떤 이득을 얻고자 하는 방향도 있지만, 결국은 초월적이고 보다 영적인 성장의 중요성을 깨닫는다. 그렇다면 명상에는 어떤 유형이 있을까? 명상의 구체적인 방향과 수행에 따라서 다양하게 명상의 유형을 분류할 수 있다.

첫째, 명상의 대상에 따른 분류이다. 이를테면 걷는 행위를 명상으로 할 때는 '걷기 명상', 호흡을 명상의 주제로 하면 '호흡 명상', 화두를 중심으로 하는 명상은 '화두 명상'이라고 말할 수 있다. 먹는 행위를 주제로 하면 '먹기 명상', 몸의 느낌에 초점을 맞추면 '느낌 명상'이라고 이름 붙일 수 있다. 이런 유형들은 대상에 따라서 계속 새롭게 개발해나가고 있는 추세이다.

둘째, 경험 내용, 곧 명상의 목적에 따른 분류로 '알아차림 명상', '집중 명상'과 '통찰 명상'으로 구분한다. 알아차림 명상은 현재의 순간에 어떤 판단을 내리지 않고 경험 내용을 존재하는 그대로 분명하게 자각하는 것을 말한다. 이것은 무의식적인 대상을 분명하게 의식하는 것, 곧 알아차림 하는 것을 말한다. 예를 들면 자신이 화가 나 있음에도 불구하고 자신이 화가 난 상태를 분명하게 자각하지 못하는 경우가 있다. 혹은 음식을 먹을 때도 그 맛을 모르는 채로 식사를 할 때가 있다든지, 아니면 숨이 들어오고 있는지 숨이 나가고 있는지를 모를 때, 이것을 분명하게 자각하는 명상을 알아차림 명상이라고 말한다. 반면에 집중 명상은 특정한 대상에 마음이 머물러 있는 상태를 말한다. 화가 났다면 그 성남의 기분에 머물러 있는 것이고, 음식을 먹으면서 그 맛에 집중하거나, 숨이 들어오고 나가는 과정에 집중한 상태를 집중 명상이라고 말한다. 집중 명상은 마음의 고요함을 계발하는 데 도움을 준다.

한편 통찰 명상은 움직이는 대상을 주의 깊게 따라가면서 관찰하는 명상법이다. 내게 닥쳐오는 모든 경험들은 여인숙을 찾은 손님처럼 언젠가는 곧 지나갈 것이다. 왔다 가는 지나가는 현상들을 관찰하여 그 본질을 통찰하는 명상을 통찰 명상이라고 한다. 이것은 내적인 자기 관찰에 의한 통찰을 강조한 경우이다. 마지막으로 화두 명상법이다. 무엇이 진정한 나인지를 질문하면서 참구하는 명상법으로, 자기의 본성에 대한 탐색을 강조한다. 이 명상법은 통찰 명상과 유사하지만, 화두를 통한 의심과 더불어서 본성에 대한 깨달음을 강조한 점에서 차이점이 있다.

셋째, 명상의 과정에 따른 명칭이 있다. 예를 들면 3분 명상이나 염·지·관念·止·觀 명상이라는 것이 있다. '3분 명상'은 우리가 경험하는 스트레스는 생리적으로 3분이 지나면 흥분 상태가 정상적인 상태로 돌아온다는 것에 기초한 것이다. 첫 번째 단계는 스트레스의 긴장이나 흥분을 먼저 알아차림 하고, 두 번째 단계는 호흡으로 돌아와서 긴장을 이완한 다음에, 세 번째에서는 몸의 전체 감각을 관찰하는 방식을 말한다.

'염·지·관 명상'은 변화하는 과정을 연속적으로 관찰하는 명상법으로, 1단계는 '알아차림[念]'의 단계로 몸의 느낌이나 심층의 심리 현상을 존재하는 그대로 인식하는 것이다. 대부분 이것은 감추어졌거나 억압되어서 직면하기를 거부하는 경향이 있다. 알아차림은 어렵지만 일단 가장 중요한 첫 번째 요소이다. 이것이 없으면 앞으로 나아갈 수가 없다. 제2단계는 '머물기[止]' 단계로, 알아차린 마음 현상을 충분히 경험하는 단계이다. 억압하거나 회피하지 않으며 자기방어기제를 그대로 내려놓고, 온전하게 그 자체로 경험하는 수용의 단계이다. 이것은 억압되거나 감추어진 기억을 온전하게 다시 경험하는 것을 포함한다. 제3단계는 '지켜보기[觀]'로 경험 내용에 대해서 일정한 거리를 유지하면서 관찰하는 것을 말한다. 관찰은 곧 거리를 둔다는 의미이고, 그곳에서 빠져나오는 분리의 단계이며, 대상에 대한 분명한 통찰을 이루는 단계이다. '거리 두기'와 '통찰하기', 이 두 요소가 여기서 중요한 관점이다.

과정에 따른 명상은 주로 심리적인 현상을 관찰하는 '과정'을 중시하면서, 심리 치료나 상담의 영역에서 새롭게 구성한 명상법이다. 심리 현상은 고정적인 것이 아니라, 끊임없이 변화하는 과정에 놓여 있기 때문이다. 명상을 배우는 사람이나 지도자에게는 당연한 말이지만, 자신의 명상 수행이 어디를 향하고 있고, 그 목적이 무엇인지를 스스로 점검해야 한다. 이렇게 목표와 접근 방법에 대한 분명한 인식이 선행할 때, 효율적인 명상 수행을 해나갈 수 있다는 말이다.

2절 | 선과 명상

1. 집중 명상 - 사마타 수행

집중 명상은 감정을 조절하는 데 효과적인 것으로 알려져 있다. 집중이란 호흡과 같은 특정한 대상에 머물러서 마음이 고요해진 상태를 말한다. 우리의 마음은 항상 들떠 있거나 이곳저곳으로 떠돌곤 한다. 이것이 심해지면 근심과 걱정에 휩쓸리고 갑자기 강박적인 압박감으로 돌변하기도 한다. 이러할 때 어떤 하나의 대상에 지속적으로 머물러서 집중을 하면, 시간이 지나면서 마음은 자연스럽게 고요해진다. 이것을 우리는 '집중 명상'이라고 부른다.

여기서 집중이란 팔리어 사마타^{samatha, 止}의 번역어이다. 'sama'란 '고요함', '평정', '평화'로서 마음이 느려져서 가라앉은 상태를 말하고, 'tha'는 동사형으로 '지키다', '머물다', '어떤 상태로 남겨지다'는 의미이다. 그러니까 마음이 특정한 대상에 머물러서 고요한 평화의 상태로 남겨짐을 뜻한다. 분석적으로 이해해 본다면, 호흡과 같은 특정한 대상에 머무르는 것이 원인을 제공하고, 그 결과로서 마음이 고요해진 상태이다. 그런데 전통적인 한역에서는 이것을 '멈추다'는 의미의 '지止'로 번역했다. 탐착이나 분노와 같은 마음의 번뇌가 그치고 멈추어진 상태를 강조한 번역이다.

남방이나 북방의 전통적 고대 문헌에서 공통적으로 지관止觀이란 용어가 자주 나타난다. 오늘날 우리는 지를 사마타, 곧 집중 명상으로 관觀은 위파사나, 곧 통찰 명상으로 번역하여 사용한다. 사마타는 마음을 집중한 상태를 의미하기도 하고, 동시에 마음을 어떤 대상에 집중하는 방법을 의미하기도 한다. 집중한 상태의 경우는 선정이나 평정과 같은 용어로, 방법을 말할 때는 집중이나 머물기와 같은 용어로 설명한다. 신라의 원측圓測은 유식唯識 사상의 핵심 경전인『해심밀경』을 주석하면서, 사마타를 '마음이 어떤 한 대상에 머물도록 하는[令住]' 것으로 정의했다. 이 역시 수행의 방법을 설명한 것이라 볼 수가 있다.

사마타를 좁은 의미의 구체적이고 기술적인 의미로 사용할 때는, 지를 번뇌가 사라진 상태를 지칭하는 '그치다'보다는 집중하는 방법을 의미하는 '머물기'로 번역하는 것이 더욱 좋다. 이것은 특정한 대상에 집중하여 머물러 있음을 원인으로 하여, 그 결과로 번뇌가 그치면서 고요함이 나타나는 것을 강조할 목적이다. 이는 마음의 상태를 감안할 때, 결과보다는 원인을 우선하는 수행의 방법을 말한다. 예를 들어 마음이 다른 생각들로 산만하거나 불안하면, 우리는 호흡에 머물렀을 때 마음이 고요해짐을 느낀다. 이 과정을 정리하면, 먼저 '알아차림[sati, 念]'이 선행하고, 그런 다음에 호흡에 대한 '머물기[samatha, 止]'가 존재한다. 이렇게 알아차림과 함께 지속적으로 호흡에 머물러 있으면 호흡에 대한 머물기를 조건으로 마음이 조금씩 안정을 찾아가고, 결국 커다란 평화와 행복감을 경험할 수 있다는 것이다.

그런데 처음 집중 명상을 할 때에는 몇 가지 주의점이 있다. 우선적으로 명상의 대상을 선택할 때 직접적이고 구체적인 대상을 선택하라는 것이다. 예를 들면 숲을 산책할 때, 새 우는 소리가 들리고, 겨울 눈꽃의 색깔도 본다고 하자. 이때 주의를 소리나 색깔 가운데 하나의 지각 대상에 집중해야 한다. 그런 다음 그곳에 잠깐 동안 머물러 보라는 뜻이다. 그래야 우리는 온전한 경험 자체를 현재의 순간에서 경험할 수 있다는 것이다. 다음은 이때 언어적인 판단을 멈추어야 한다는 것이다. 그렇지 않으면 곧 장애가 끼어들면서 마음은 다시 산란함에 빠져들기 때문이다. 물론 반복적으로 끊임없이 일어나는 생각을 멈추기는 참으로 어렵다. 하지만 연습을 꾸준히 한다면 점차 나아질 수 있다.

또 한 가지 주의할 점은 처음 집중 명상을 시작할 때는, 느낌에 초점을 맞추지 말라는 것이다. 우리는 즐거운 느낌에 대해서는 탐착하여 그 속에 빠져들기 쉽고, 반대로 불쾌한 느낌에 대해서는 회피하려는 경향이 있다. 이런 느낌의 바다에 빠지면 매우 힘들어지며 계속하여 명상하기 어렵다. 처음에는 쉽고 구체적인 감각 대상을 명상의 주제로 선택하는 것이 좋다. 지금 여기에서 들려오는 전화벨 소리에 귀를 기울여 보라. 그곳에 머물러 보라. 이것이 일상에서 쉽게 실천할 수 있는 집중 명상이다.

2. 자애 명상

자애 명상은 마음을 고요하게 해주는 사마타, 곧 집중 명상에 속한다. 자애로운 마음은 우리의 정서를 안정시켜주며, 그렇게 안정된 마음에서 자애가 생겨난다. 이는 마음이 고요하지 않은 경우를 보면 금방 이해할 수 있다. 마음을 온통 뒤흔드는 대표적인 마음 현상들이란 불안, 분노, 슬픔과 같은 감정들이다. 일단 이것들이 몰려와서 화를 낸다면 몸과 마음이 크게 상한다. 정서적으로 안정을 찾을 때까지는 상당한 시간이 걸린다.

화를 낼 때 우리는 대부분 그곳에 이기심이 가로놓여 있음을 본다. 쉽게 말하면 내 뜻대로 할 수 없기에 화가 나는 것이다. 산업화 이후 우리는 심지어 사랑까지도 상품화되는 것을 보면서, 사업적인 열정을 가지고 끊임없이 일을 한다. 그러나 이곳에는 마음의 안식과 고요함이 없다. 우리는 지치고 짜증이 나 있다. 조금만 규격에 맞지 않아도 화가 난다. 이 성냄의 밑바닥에는 욕심, 곧 이기심이 가로놓여 있다.

이런 이기심은 항상 자기중심적이다. 이 자기는 그 자체가 부족하고 결핍되어 있기에 만족을 모른다. 이런 이기심을 이겨내는 수행이 바로 자애 명상이다. '살아 있는 모든 생명들이여. 행복하라. 안락하라. 편안하라.' 자애의 마음을 온 세상에 가득 채우는 것, 이것이 자애 명상이다.

온 세상을 한량없는 자애의 마음으로 가득 채우라.
위로 아래로 옆으로
장애가 없고 원한이 없으며 적의가 없는
자애의 마음으로 가득 채우라.

- 『숫타니파타』

여기서 말하는 장애란 탐욕이고 분노로서 바로 이기심이다. 이기심은 자애의 마음으로 사라질 수 있다. 자애의 마음이 이기심을 이겨낸다. 그러나 현실에서는 반대로 작용하는 경우가 많다. 하지만 이것은 겉으로 드러난 일시적인 현상일 뿐이다. 끝내는 자애의 마음이 이긴다. 이기심은 스스로를 지치게 만들지만, 자애의 마음은 한량없는 행복감을 선물하기 때문이다. 물론 쉽지는 않다. 분노가 마음을 지배하면 자신과 상대방을 배려하기 어렵다. 분노의 극복과 자애심은 비례한다. 성냄을 극복할수록 자애의 마음은 더욱 강력해진다. 자신을 용서하고 타인을 배려하는 것은 분노와 이기심을 극복한 지표이다.

걷거나 눕거나 깨어있거나
그 자체로 알아차려서
자애의 마음을 굳게 지녀라.
이것이 거룩함에 머무른다고 하는 것이다.

- 『숫타니파타』

분노를 이겨내기 위해서 스스로 명상을 하는 방법이 있다. 이것으로도 어려우면 상담을 받는 방법도 좋은 접근이다. 그것이 무엇이든 첫째는 알아차림이다. 내 안에 분노의 감정이 있다고 분명하게 자각한다. 둘째는 그 분노의 느낌에 충분히 머물러서 그 자체를 경험한다. 그런 다음에 자애 명상을 실시한다. '저는 당신이 행복하기를, 당신이 안락하기를, 당신이 평안하기를 기도합니다.' 이렇게 자애의 마음을 굳게 지닌다.

만약 분노가 마음속에 남아 있다면, 그 분노를 대상으로 명상을 한다. 자신의 분노를 인정하고 그대로 수용하여, 그것이 지나가도록 허용해야 한다. 분노를 억지로 제거하거나 통제하려는 노력은 수포로 돌아가며, 오히려 심한 스트레스를 남긴다. 분노의 근육을 내려놓고 사라질 때까지 그것을 바라본다. 자신과 싸우지 않기를 바란다. 아이들에게 미워하는 사람을 용서하고 수용하라고 설교하면, 그들은 십중팔구 '자기편이 되어주지 않는' 어른에게 화를 낼 것이다.

일상에서는 잘 경청하고 아픈 마음을 적극적으로 읽어주는 것이 자애 명상이다. 이것이 적의를 무너뜨리고 본래 우리의 본성인 자애의 마음을 드러나게 한다. 적의는 자애의 방해물이다.

그러나 한량없는 자애는 그것을 이겨낸다. 자애는 근본적으로 자기 자신과 세상에 대한 수용이고, 고통받는 모든 생명을 향한 무한한 연민이다. 자애 명상은 종교의 사회적인 성격을 잘 보여준다는 점에서 의의가 있다.

잠깐 일손을 멈추고, 눈을 감고 아주 가까운 사람을 떠올려 보라. 그들의 행복과 안락을 기원해 보라. 그리고 나의 잘못을 용서하고, 내 이웃들의 잘못된 행동들을 용서하라. 그러면 마음이 훨씬 편안해지고 안정감을 느낄 것이다.

3. 통찰 명상 - 위파사나 명상

있는 그대로 바라보기. 어떤 판단을 하지 않고 대상을 그대로 수용하기. 과연 이것이 가능할까? 우리는 항상 어떤 상태로 준비가 되어 있으며 물들어 있지 않은가? 한 생각이 일어나면 온갖 물결이 폭풍처럼 일어난다고 하지 않는가? 한 생각을 어떻게 내려놓을 수가 있을까?

이것을 가능하게 하는 수행이 '위파사나'이다. 위파사나^{vipassanā}는 알려진 바처럼, 거리를 두고 대상을 존재하는 그대로 바라본다는 의미이다. 이런 해석은 'vi'가 '떨어지다', '거리 두다'와 같은 의미를 가진 접두어이고, 'passanā'는 '지켜보다', '바라보다'라는 뜻으로 동사 'passati'에서 파생한 말이다.

거리를 둔다는 것은 어떤 의미일까? 대상과 일정한 거리를 둔다는 것은 그 대상을 향하여 감정적인 투사가 이루어지지 않는다는 말이다. 일반적으로 엄마에 대해서 우리는 어떤 감정을 갖고 있다. 이를테면 엄마를 생각하면 안쓰럽고 그러면서도 화가 난다고 한다면, 이것은 나의 감정이 엄마라는 인물에 투사된 상태로, 엄마를 존재하는 그대로 바라보는 것은 아니다. 다른 예로는 어떤 사람이 누군가 나를 비난하고 다닌다는 생각에 불안하다면, 이것 역시 거리를 두고 바라보는 것은 아니다. 이것은 감정이나 생각을 자신과 동일시하는 것으로, 불안은 바로 자신이고 자신은 곧 그대로 불안이다. 불안이 너무나 강력하여 나를 완전히 압도한다. 이런 상태에서는 대상을 존재하는 그대로 바라볼 수가 없다.

존재하는 그대로 바라보기. 이것은 말로는 쉽지만 실제로 실천하기가 참 어렵다. 사실 우리의 마음이란 문화에 의해서 특정한 가치로 온통 물들어 있기 때문이다. 일상에서 우리의 삶은 끊임없이 평가를 받으며, 또한 타인의 행동에 대해서 평가할 수밖에 없는 상황에 놓이는 경우가 많다. '저 사람은 왜 저러지. 그것은 잘못된 거야.', '그 사람은 나를 좋게 보지 않을 거야.' 이런 생각들은 대상에 대한 주관적인 평가이지, 결코 대상을 객관적으로 바라보는 것은 아니다.

우리의 거의 모든 사회적인 활동은 가치로 물들어진 판단의 연속이다. '그래, 나는 능력이 있어. 그러나 나는 그만큼 인정받지 못하고 있어.' 이런 판단의 배후에는 항상 대상에 대한 기대와 갈망이 가로놓여 있다. '왜 저렇게 행동할까? 옷은 왜 저렇게 입고 다니지?' 함께 사는 가까운 상대방일수록 기대가 커지면서 나도 모르게 주관적인 평가를 한다. 존재를 있는 그대로 수용하지 못하고, 어떤 식으로든지 자신의 가치와 견해를 개입시켜서 상대방을 자신의 방식으로 통제하려 한다.

그래서 존재를 객관적으로 존재하는 그대로 바라보기가 참 어렵다고 말한다. 사회생활에서 경쟁하고 이윤을 남겨야 하는 이들에게는 더욱 어렵다. 서로를 비교하고 그 업적을 평가하며, 결국 이제 기업의 윤리가 모든 집단에 속속 영향력을 미치고 있다. 이렇게 살다보면, 우리의 도시적 삶은 메말라 가고 지쳐간다. 우리는 절대적으로 휴가가 필요하다. 휴식이란 긴장을 내려놓고 있는 그대로 바라보기이다. 이것은 어떻게 가능할까?

모든 설명을 뒤로 하고, 언어적인 해명을 바라지 말고, 일단 편견과 일상의 생활 리듬에서 벗어날 필요가 있지 않을까? 그것도 일시에! 심호흡하면서 들숨과 날숨에 집중할 수도 있다. 아니면 눈을 감고 음악을 즐길 수도 있다.

혹은 들판으로 나가는 것을 생각해 볼 수 있다. 주관적 평가로 가득 찬 인간 사회를 떠나서, 우리에게 너무나 소중한 자연을 만나는 것이다.

들판에 나가서 냇물에 세수하고 맑은 하늘을 바라보며 산책하는 사람들을 바라본다면 어떨까? 그들에 대한 평가는 없다. 그냥 그대로 수용하고 웃으면서 따뜻

인도 뭄바이 글로벌 위파사나 파고다

한 시선으로 바라볼 수 있다. 노란 들꽃을 발견하고는 그것이 왜 하얀 색이 아니고 노란색인지 묻지 않고 그 자체로 바라본다. 어떤 언어적인 판단도 걸지 않고 그 자체로 즐거워한다. 도달해야 하는 목표도 없다. 옳고 그름의 강박적인 판단에 불안해하지 않아도 된다. 햇살이 반짝이는 그대로, 우리 스스로를 판단하지 않고 그 자체로 허용하는 것이 가능해진다. 이것이 존재하는 그대로 바라보기이다.

4. 화두 명상 - 간화선

당신은 누구인가?
진실로 무엇을 나라고 할 수 있는가?

이런 질문을 받아본 적이 있거나 아니면 혼자서라도 이런 질문을 자신에게 해 본 적이 있을 것이다. 인간은 자신의 정체성에 관심을 가진 유일한 동물이 아니던가. 이런 관심을 궁극적인 관심 혹은 영적 관심이라고 한다. 여기에 좋은 문답이 있다. 마조馬祖대사와 무업無業스님의 대화이다.

무업을 처음 본 마조대사는 이렇게 말했다. "우뚝한 불당佛堂이지만 그 안에 부처가 없구나." 마조의 말을 듣고, 무업은 절을 하고 꿇어앉아서 물었다. "교학 공부는 그런대로 했지만, 선문에서 이르는 '마음이 곧 부처'라는 말은 잘 모르겠습니다." 마조가 대답했다. "다만 알지 못하는 바로 그 마음이지, 다른 것은 없다." 그러자 무업은 여전히 그 뜻을 알지 못하고 다시 물었다. "어떤 것이 달마대사가 서쪽에서 오신

뜻입니까?" 마조가 말했다. "지금 마음이 산란하여 보이니, 다음에 다시 오게." 무업이 일어나 물러나려 하는데, 마조가 다시 불렀다. "어이, 잠깐!" 무업이 고개를 돌리자 마조가 물었다. "이것이 무엇인가?" 여기서 무업은 문득 깨달았다.

이것은 무엇인가? 이런 질문은 오늘날에도 여전히 유효하다. 무엇이 진정으로 나일까? 네, 대답하는 이것은 무엇일까? 대답하는 이것을 나라고 하는데, 진정으로 무엇을 나라고 할 것인가? 이런 질문은 궁극적으로 나의 본성, 본래 면목에 닿아 있는 질문이다. 이런 질문을 참구하는 명상을 우리는 간화선 혹은 화두 명상이라고 한다.

우리는 거의 모든 가르침을 언어로 배운다. 어느 곳의 특정한 언어를 모르면 그곳에 적응하기가 어렵다. 하지만 선종은 언어를 뛰어넘는 근본적인 인간의 본성에 대하여 질문한다. 역사적으로 보아도 841년에 중국에서 회창 법난이 시작되었다. 이 법난으로 많은 사찰이 무너지고 경전은 불살라졌다. 이로 말미암아 언어에 의존한 교학 불교는 쇠퇴했다. 반면에 마음의 깨달음에 기반을 둔 선종은 큰 타격 없이 지방이나 산중에서 성장했다. 또한 선종은 불상이나 경전보다는 현재에 작용하는 마음 자체에 대한 자각을 중시하고, 특히 경제적인 기반을 시주에 의존하지 않고 자급자족한다는 점에서 상대적으로 큰 장점을 가졌다.

선종의 실질적인 토대가 된 마조대사의 가르침[오늘날의 간화선]이 역사적으로 크게 번창한 데는 이런 역사적인 배경이 있었다. 그렇지만 심리학적인 관점에서 보자면 마조대사가 강조한 현재의 마음으로서 평상심은, 인간의 보편적인 가치에 맥락이 맞닿아 있다. 마조대사가 강조한 현재의 마음 작용은 불교의 핵심적인 가치이고, 또한 시대를 초월한 진리를 담고 있다. 마조대사의 이런 정신은 스승인 회양에게서 배운 것으로 알려져 있다.

어느 날 회양대사는 좌선하고 있는 마조에게 다가와서 물었다. "좌선을 해서 무엇을 하려 하는가?" 마조는 답했다. "부처가 되고자 합니다." 그러자 회양은 마조 앞에서 벽돌을 갈기 시작했다. 마조는 "벽돌을 갈아서 무엇을 하려합니까?" 하고 물었다. 이에 회양이 "거울을 만들까 한다."라고 대답하자, 마조는 "어떻게 벽돌로 거울을 만들 수가 있습니까?"라며 반문했다. 그러자 회양은 "좌선을 한다고 어떻게 부처가 되는가?"라며 오히려 반문했다.

여기서 마조는 크게 깨닫는 바가 있었다. 앉아서 좌선만 하는 것은 부처의 흉내를 내는 것이지, 부처의 길이 아니다. 부처란 외형적인 어떤 모습이 아니다. 부처란 지금 여기서 작용하는 마음이다. 이것은 어떤 모양과 형상으로 결정할 수가 없다. 모양과 형상으로 얻는 일은 언어적인 개념이나 관념이지 부처가 아니다. 이후 마조는 이런 깨달음을 제자를 지도하는 데 철저하게 적용했다.

마조대사가 취한 방식은 두 가지이다. 하나는 외적인 형상에 집착하는 마음을 지금 여기의 현존으로 주의를 돌리는 회광반조回光返照의 방식이다. 설혹 그것이 부정적인 느낌이라 할지라도, 마음의 현상들을 평가하지 않고 존재하는 그대로 알아차리고 지켜보는 명상이다. 다른 하나는 얼마간 충격 요법적인 질문이다. 고개를 돌리는 순간, '이것이 무엇인가?'라고 질문을 던지는 것이다. 이 방식은 이후 송나라의 대혜大慧선사에 의해서 공식화된 간화선, 곧 화두 명상이다.

이것은 무엇인가?

사람마다 나란 멋에 살건만 무엇이 진실로 나인가?

화두는 직접적으로 내 실존의 문제여야 한다. 선문답이 단순한 지식일 뿐이며 나의 문제로서 절박한 과제가 아니라면, 그 무엇도 화두는 아니다. 스스로 진리에 대한 열정과 탐구심을 가지고 의심을 해야만, 이때 비로소 화두가 된다. 전래하는 수많은 선대의 선문답, 그 자체로는 결코 화두가 아니다. 그것이 화두로서 작동하기 위해서는, '지금 여기'에서 그것이 '나'의 문제가 되어야 한다. 그렇지 못하면 조주趙州의 '무無'자라도 그것은 화두가 아니다. 나의 절박한 문제, 그것이 바로 화두이다. 당신의 절박한 문제는 무엇인가?

3절 │ 명상과 심리 치유

1. 명상과 우울증 치료

사회는 복잡해지고 날로 경쟁이 심해져간다. 개인들은 끊임없이 스트레스에 시달리고 있다. 우울증은 어느 정도 보편적인 현상이 되었다. 괜히 슬프고 의욕이 없으며 자신에게 비관적인 생각이 자주 일어난다면, 우울증의 초기 증상으로 의심해 볼 만하다. 이것이 더욱 심해지면 해오던 일들을 갑자기 포기하고 방문을 닫고 밖에 나가지 않으며 대인 관계를 기피한다. 또한 두통이나 위경련과 같은 신체적인 징

후가 함께한다. 그러다가 만성적인 피곤함과 함께 잠을 이루지 못하는 심각한 상태에 빠져든다. 이것이 지속되면 '이렇게 살 바에는 여기서 끝내자'는 극단적인 생각이 종종 찾아오곤 한다.

우리에게 우울증의 심각성을 알려주는 계기는 사회적인 관심을 받는 사람들[정치인, 연예인, 기업가]의 자살이었다. 겉으로는 돌발적인 사건과 함께 자살한 것으로 이해되지만, 대부분은 오랫동안 우울증을 앓아왔을 가능성이 높다. 우울증이 심각한 것은 완치되었다 해도 어려운 상황에 빠져들면 70~80%가 대부분 재발하기 때문이다.

이런 극단적인 경우를 제외하더라도 우울증은 오늘날 '정신적 감기'라고 해서 우리가 자주 경험하는 보편적인 정서이다. '날 건들지 마라. 지금 나 우울해.' 이런 식으로 우울증은 아니라 할지라도, 많은 사람들이 인생의 중요한 시점에서 한 번씩은 우울한 기분에 빠져본 적이 있을 것이다.

그러면 우울증의 원인은 무엇이고 어떻게 치료가 가능한가? 1970년대 이후로 우울증 치료로 가장 널리 사용하는 방법은 '인지 치료'이다. 인지 치료에서는 우울증의 원인으로 '자동적으로 일어나는 끊임없는 부정적인 생각[rumination]'이라고 본다. 사람들은 자신의 실수나 좋지 않았던 상황을 반복적으로 생각한다. 이것을 비유하자면, 자신의 머리를 '망치질하는' 것이며, 마치 소가 밤 새워서 '되새김질'하는 것과 같다. 자신이 처한 상황의 부정적인 측면에 끊임없이 초점을 맞추어서 스스로 비극적 상황으로 몰고 간다. '그는 날 싫어하는 게 분명해', '내가 하는 일은 잘된 게 하나도 없어', '나는 정말로 쓸모없는 인간이야' 우울한 사람들은 이렇게 자신과 세계를 부정적으로 해석하여 자꾸 파국적 의미를 재생산해낸다.

이럴 때, 인지 치료는 부정적인 생각들을 긍정적인 생각들로 바꾸는 변화 전략을 선택한다. 우울 정서는 부정적인 생각에서 비롯했기에 그 생각을 긍정적으로 바꿀 수만 있다면, 그곳에서 발생한 정서도 마찬가지로 긍정적으로 바뀔 것이라고 예측된다. 구체적으로 보자면, 첫 번째 전략은 그때의 상황을 그렇게 해석하는 근거를 찾게 하고, 부정적인 의미 부여가 객관성이 없음을 보여준다. 곧 그 생각이 사실이 아님을 밝혀준다.

두 번째는 성공한 사례를 보게 한다. 실패한 그곳에서도 긍정적이고 보람 있는 교훈을 찾게 한다. 그래서 세 번째 전략은 직면한 사태를 현미경으로 보지 말고, 망원경으로 바라보도록, 나무보다는 인생이란 숲 전체를 보도록 해서 자신에게 고착된 생각의 웅덩이에서 빠져나오게 만든다.

인지 행동 치료자들은 이렇게 자동적으로 떠오르는 생각과 그 밑바닥의 신념이 근본적으로 바뀌면, 마찬가지로 그의 삶도 바뀐다고 믿는다. 실제로 이런 전략은 임상뿐만 아니라 교육과 경영의 일선에서도 자주 사용되는데, 건강하게 삶을 살아가고자 하는 이들에게 매우 효과적임이 분명하게 증명되었다.

그렇지만 여전히 어려움이 있다. 오래되고 익숙한 '신념'을 바꾸기란 결코 쉽지가 않다는 것이다. 더구나 상대방의 생각을 바꾸려는 태도는 잘못하면 커다란 저항과 역효과만 불러일으킬 수 있다. 아마도 아이를 키워본 학부모님들은 이 점을 공감할 것이다.

현실적으로도 우울증에 대한 인지 치료는 약물 치료보다는 훨씬 효과적이지만, 여전히 재발률이 높은 것이 사실이다. 상담실에서 호전

된 것 같지만, 일상의 현장으로 돌아가면 다시 옛날 습관으로 되돌아가곤 한다. 그래서 인지 행동 치료 전략에 새롭게 도입한 방식이 '알아차림' 명상이다.

2. 알아차림과 수용

오늘날 명상이 중요한 힐링의 통로로 인정받으면서, 자연스럽게 심리 치료뿐만 아니라 상담 분야에서도 명상을 적극적으로 활용하고 있다. 명상의 심리 치료적인 적용이 이루어진 대표적인 사례는 유럽의 게슈탈트 심리 치료가 있으며, 미국 쪽에서는 인지 행동의 전통과 결합하여 등장한 '명상치료[Meditation Therapy 혹은 Mindfulness Therapy]'가 있다. 게슈탈트에서는 'awareness'란 용어를 더 많이 사용하는 반면에, 인지 행동의 전통에 기반을 둔 명상치료에서는 'mindfulness'란 용어를 즐겨 사용한다. 이들의 원음은 모두 알아차림에서 파생한 영어 번역어로서, 결코 서로 다른 개념이 아니다.

새롭게 등장한 명상치료의 특징은, 전통적인 인지 행동 치료에서 비과학적이란 이유로 허용하지 않았던 인간의 영적 측면을 치료적 상황에 적극적으로 도입한 점이다. 여기에 속하는 대표적인 그룹으로는, 알아차림 명상에 기반을 둔 스트레스 감소[MBSR]와 인지 치료[MBCT], 변증법적인 행동 치료[DBT], 화두 명상을 활용한 수용 전념 치료[ACT] 등이 있다. 이들은 공통적으로 알아차림 명상과 더불어서 '수용[acceptance]'을 강조한다.

기존 인지 행동 치료의 핵심적 용어가 '통제'라면, 새롭게 등장한 명상치료의 결정적인 키워드는 바로 '수용'이다. 이것은 단순하게 치료 기술의 변화를 의미하지 않고, 철학과 심리학적 패러다임의 전환을 내포한다. 보통 '삶이란 고통이다'라고 말할 때, 부정적인 증상으로 보고 그 고통과 싸워서 제거하려거나 아니면 회피하려는 관점이 있다. 그러나 수용은 알아차림과 동의어로서, 현재의 경험과 고통을 존재하는 그대로 자각하여 허용함을 의미한다.

사실 근대 서구의 이원론적인 세계관은 싸우고 투쟁할 것을 명령한다. 자아를 실현하고 전쟁터에서 승리자가 되기를 권장한다. 이는 경쟁이 치열한 현대사회에서 정치, 경제, 교육 등 거의 모든 정책을 수립하는 데 여전히 유효한 관점으로 채택되고 있으며, 현실 속에서 강력한 동기로서 작용하고 있다. 그러나 그 부작용도 심각하다. 지구의 온난화, 개발에 의한 환경 파괴, 자원의 고갈로 인한 전쟁들, 급증하는 정신 질환들, 이들은 인간의 근본적인 영적 건강을 위협하는 요소들이다.

갈수록 강력해지는 자신과 세상에 대한 통제는 우리를 고요함과 평화로 이끄는 것이 아니라, 결국 인류를 더욱 깊은 불안과 공포로 인도하고 있다. 여기에 좋은 사례가 있다. 심리학자들은 통제와 수용에 대해서 재미있는 실험을 했다. 이 실험은 일명 '이산화탄소 흡입 실험'이다. 이산화탄소는 대기의 오염을 상징하는 은유이다. 참가자들은 이산화탄소를 10분 간격으로 두 번 흡입하는데, 이때 정신이 몽롱해지고 죽을 것 같은 공포감을 경험한다.

현재의 경험을 통제하도록 지시받은 집단에서는, 심각한 고통과 더불어 실제로 발작을 일으켜 포기하는 사람들이 발생했다. 그러나 이런 경험을 그대로 알아차리고 수용하도록 훈련받은 집단에서는, 대부분 죽을 것 같은 공포감을 경험하지도 않았고 중도에 포기하는 참가자 역시 한 명도 없었다.

이것은 고통에 대한 통제와 회피는 불안을 감소시키는 것이 아니라, 반대로 오히려 더욱 고통을 증가시킨다는 실험 결과이다. 이 실험은 현재의 고통을 충분하게 경험하면서, 그것들을 그 자체로 알아차리고 수용하여 바라본다면, 고통은 점차로 스스로 물러간다는 명상치료의 중요한 원리를 잘 보여준 사례이다.

키워드

간화선, 간화선, 명상, 선, 심리 치료, 심리 치유, 알아차림, 자애, 집중, 통찰

연구문제

1) 오늘날 많은 사람들이 명상을 하는 데는 어떤 이유가 있을까?

2) 명상과 선은 서로 다른 점이 있을까? 있다면 어떤 차이가 있을까?

3) 명상은 인간의 마음을 치유하는 데 어떤 도움을 줄 수 있을까?

4) 명상 프로그램이나 명상 캠프에 참여해 볼 의사가 있는가? 만약 있다면 그 이유는 무엇인가?

참고문헌

· 『현재, 이 순간에 머물기』, 인경 스님 지음, 명상상담연구원, 2011.

· 『명상심리치료』, 인경 스님 지음, 명상상담연구원, 2012.

· 『심리치료와 불교』, 안도 오사무 지음, 인경 스님·이필원 옮김, 불광출판사, 2010.

· 『Satipatthana, 깨달음에 이르는 알아차림 명상수행』, 아날요 지음, 이필원·강향숙·류현정 옮김, 명상상담연구원, 2014.

· 『선심초심』, 스즈키 순류, 강연심 역, 불일출판사, 1999.

3장
불교와 현대사회

1절 | 현대사회와 불교 윤리

현대사회는 과학기술의 발전에 따라 물질적 풍요를 누리고 있지만 많은 윤리적 문제를 안고 있다. 기계화·공업화에 따른 대량생산은 생활을 풍요롭게 만들었지만, 자원이 고갈되고 환경오염과 생태계 파괴의 결과를 초래했다.

사회구조가 갈수록 체계화되고 가족 기능이 새롭게 분화되었으며, 전문성과 효율성에 따라 새로운 대중문화가 형성되면서, 현대인의 인격적·정서적 유대는 단절되고 고립되는 현상이 일어났다. 현대인의 가치관 역시 물질로 인간을 평가할 만큼 바뀌면서, 인간의 존엄성을 상실하고 생명을 경시하는 풍조가 생겼다. 이러한 변화는 살인, 폭력, 자살 등의 심각한 사회문제를 파생시켰다.

특히 지식 정보가 지배하는 가상공간은 사이버 폭력과 범죄 등 새로운 윤리 문제를 일으키고 있다. 또한 자동화와 신속화는 현대인의 삶을 더욱 편리하게 만들어가고 있지만 강박감과 긴장감, 우울증, 스트레스 등 새로운 정신적 문제들을 부추기고 있다. 이러한 현대사회의 윤리적 · 정신적 문제들은 서구의 인간 중심적 사고에 편향되어 물질적 가치를 지나치게 추구한 결과라고 생각한다. 새로운 사고의 윤리적 접근이 필요하다.

불교 윤리는 연기법에 기초한다. 연기의 원리는 세상 모든 존재들이 상호의존[相依] 관계로 연결되어 있기 때문에 서로 영향을 주고받는다는 것이다. 이것은 현대사회의 윤리적 문제들을 지혜롭게 바라볼 수 있는 시각을 제시한다. 불교의 업 이론은 현대인의 이기적인 생활 태도를 바꿀 수 있게 한다. 업은 의도에 의한 행위를 말한다. 선한 행위나 악한 행위는 반드시 그 결과를 가져오고, 그 결과는 현생은 물론 내생에까지 이어지면서 윤회한다고 설명할 수 있다.

인간은 자신의 자유 의지에 따라 행위를 할 수 있다. 그래서 행위에 대한 선악의 가치 판단이 중요하다. 불교에서 선한 행위는 먼저 행위의 의도가 선해야 하고, 그 행위의 결과가 자신과 타인 모두에게 선한 영향을 가져 오는 것이어야 한다. 불교는 인간의 행복과 불행은 정해진 것이 아니라고 설명한다. 모든 것은 무상無常하고 원인과 조건에 따라 변화하는 것이기 때문에, 현대인들이 어떠한 마음가짐으로 살아가느냐에 따라 행복과 불행이 바뀔 수 있다는 것이다.

인간은 탐욕과 성냄과 어리석음 때문에 모든 악한 행위를 한다. 이것들을 억제하지 않고서는 어느 누구도 올바른 행위를 할 수 없다. 그래서 불교는 생활 규범을 따라 살아가면서 탐욕과 성냄과 어리석음을 버리고, 지혜와 자비의 마음을 계발하라고 가르친다. 더불어 현대사회의 윤리 문제들을 극복하기 위해, 불교는 오계五戒를 생활 실천 규범으로 삼고 십선업도 $^{+善業道}$ 를 구체화하도록 한다. 특히 중도 ^{中道} 의 가치를 팔정도 ^{八正道} 를 통해 실천하면서 열반의 행복을 추구할 것을 강조한다.

1. 환경문제

현대사회의 환경문제는 생태 위기라고 할 만큼 심각하다. 토양오염과 수질오염, 지구온난화 현상 등은 자연 생태계를 파괴하고, 심지어 인간의 생존을 위협하고 있는 실정이다. 이러한 환경문제를 일으킨 원인들은 인구 증가, 경제 성장, 과학기술의 발전 등 복합적이라 할 수 있다. 그러나 가장 근원적인 원인은 인간 중심적 사고에 있다. 행복을 성취하는 수단이 고도의 생산과 소비, 무한한 물질적 진보를 이루는 것이라는 사고 속에서 인류는 욕망을 충족시키기 위해 자연을 착취하고 있다. 생태계의 순환과정에 대한 무지 역시 자연을 무분별하게 개발하고 생태계의 자정작용을 불가능하게 만든 근본 원인 가운데 하나이다.

불교는 인간이 자연을 지배하는 것이 아니라 자연과 공존해야 한다고 설한다. 연기관 ^{緣起觀} 에 의하면, 인간은 자연과 연결된 하나의 조직체, 즉 생태계의 한 부분이다. 생태계의 구조 원리는 상호의존성과 순환성이다. 이 구조 원리 속에서 인간과 동물, 식물, 토양, 수자원 등이 서로 영향을 주고받으면서 순환한다.

현대인들이 어떠한 가치관을 가지고 생활하는지가 환경문제에 있어서 매우 중요하다. 환경오염과 생태 위기가 현대인의 가치관과 생활 태도에서 비롯한 것이기 때문이다. 공장 폐수를 몰래 강으로 흘려보내는 행위를 하지 않을 때, 한 사람의 그 행위[業]는 환경의 정화라는 공동선[共業]의 결과를 가져온다. 현대인들이 자신들의 생활 태도를 비평적으로 숙고함으로써 환경문제의 해결은 더욱 용이해질 것이다.

환경문제에 대한 불교 윤리적 관점은 중도관이다. 이것은 환경 보존이나 자연 개발이라는 어느 하나의 가치만을 주장하는 것이 아니라, 각각의 올바른 가치를 조화롭게 포용하는 것이다. 오염된 환경을 정화하는 데도 과학기술과 경제 발전의 도움이 필요하다. 환경 친화적인 기술 개발이 필요하고, 환경보호와 산림 회복의 계획 역시 이루어져야 한다.

모든 생명을 존중하는 불살생계不殺生戒를 실천함으로써 우리는 폭력으로 생명체를 파괴하거나 지구 환경을 오염하는 행동들을 멈출 수 있다. 또한 훔치는 삶이 아니라 나누는 삶, 즉 불투도계不偸盜戒를 실천하는 삶은 지구의 자원들을 무분별하게 남용하는 것을 막을 수 있다.

경제 발전은 인간의 욕구를 자극하고 소비를 증가시킴으로써 지속된다. 그러나 이것은 자원 고갈과 환경문제를 심화시킨다. 지나친 소비 활동을 자제하기 위해 욕구를 다른 방향으로 바꿀 필요가 있다. 이익을 바라는 인간의 욕망은 끝이 없기 때문이다. 그래서 불교는 물질적 추구에서 정신적 풍요로 의식 전환을 요구한다. 이 의식 전환은 환경문제의 해결에 중요한 역할을 할 것이다.

불교는 건강하고 단출한 삶을 지향함으로써 자기 자신의 탐욕을 제어하고, 환경 윤리의 규범을 실천하는 진실함과 양심을 가지도록 가르친다. 이것은 한정된 지구 자원을 보존하고, 미래 세대들이 맞이할 자연환경에 대한 권리를 보장하기 위한 방법이기도 하다.

1) 혼전 성관계

현대사회는 성이 완전히 개방된 사회이다. 그래서 이성 간의 교제가 자유롭고, 혼전 성관계 역시 빈번하게 이루어지고 있다. 성관계의 문제는 지극히 당사자들만의 문제일 수 있다. 그러나 그 영향이 사회적으로 확산된다면 문제가 달라진다.

불교는 출가수행자들에게는 엄격하게 금욕 생활을 하도록 한다. 반면에 결혼한 재가자들에게는 삿된 음행[邪淫]을 금하고 있다. 대승경전에 의하면 결혼한 부부라고 하더라도 시간, 장소, 방식 등이 적절하지 않으면 삿된 음행이 된다. 이러한 설명은 결혼한 부부라도 성관계를 행할 때, 외부적 요인에 의해 억압되거나 강요하지 말아야 한다는 의미이다.

이 경전의 가르침을 현대사회에 적용해 보면, 혼전 성관계는 적어도 이성 교제가 허락되지 않은 경우거나, 강요받거나, 거래에 의하거나, 유혹하거나, 속이거나, 술[약물]에 빠진 상태 등에서는 이루어지지 말아야 한다. 혼전 성관계는 성적 욕망을 부추기고, 성 문란과 성폭력뿐만 아니라 원치 않은 임신과 낙태, 미혼모와 혼외 출생자 등의 심각한 사회적 문제를 일으킬 수 있는 원인이다.

2) 낙태

현대 우리 사회는 낙태를 법으로 금하고 있지만 낙태 시술은 공공연히 이루어지고 있다. 현대인이 낙태를 하는 여러 가지 이유들이 있겠지만, 생명의 잉태 과정과 낙태에 대한 잘못된 인식이 주된 이유라고 할 수 있다.

전통적으로 불교는 낙태를 반대한다. 낙태가 인간의 생명을 의도적으로 해치는 것이기 때문이다. 인간은 어머니의 자궁 안에서 정신체가 발생하는 임신 순간부터 존재한다. 그래서 율장에서는 "의도적으로 인간 존재에게서 생명을 빼앗는 비구는 유산을 야기하는 정도라 할지라도 더 이상 붓다의 제자가 아니다."라고 낙태를 엄격하게 금하고 있다. 낙태는 생명 존중의 불살생계를 어기는 것이다.

인간으로 태어나는 것이 깨달음을 얻을 수 있는 기회임을 고려할 때, 낙태는 임신한 여성이 태아로부터 그 권리를 빼앗는 것이며 살인을 하는 것이다. 그럼에도 불구하고, 현대사회에서는 낙태를 고려해야할 경우가 발생한다. 임신한 여성의 생명이 위험할 경우, 태아보다 여성의 생명을 우선시한다. 또한 태아의 신체적 기형과 정신적 발달 지체가 극심한 경우와 성폭력 등과 같은 사회적 이유 등도 낙태를 수용할 수 있는 경우들이다.

낙태를 피할 수 없는 경우라면, 낙태를 한 사람의 심리적 고통을 덜어주는 것이 중요하다고 할 것이다. 낙태를 하는 여성은 물론 낙태를 돕는 사람까지도 낙태 행위를 가슴깊이 참회하고, 태아가 선처에 환생하도록 기도 발원하는 것이 하나의 방법이라 할 수 있다.

3. 자살과 안락사

인간의 생명은 업業에 의해 지속하는 것으로서 죽음은 자연스럽게 다가오는 것이다. 이것은 불교의 전통적인 견해이다. 자살이나 안락사는 이러한 생명을 인위적으로 단축하는 것이다.

1) 자살

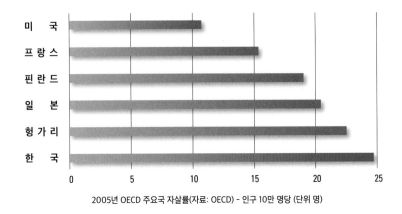

2005년 OECD 주요국 자살률(자료: OECD) - 인구 10만 명당 (단위 명)

현대 우리 사회에서 자살하는 원인은 다양하게 나타난다. 치열한 경쟁과 사회적 박탈감, 대화 단절로 인한 고립감, 스트레스로 인한 우울감과 절망감 등을 손꼽을 수 있다. 그러나 죽음에 대한 잘못된 인식과 생명 경시 풍조를 더 큰 문제로 지적할 수 있다.

율장에는 비구가 자신의 육체에 심한 혐오감을 느끼고 자살한 사건을 기록하고 있다. 부정관不淨觀 수행을 잘못 이해한 것이 원인이다. 또한 심한 질병을 앓고 있던 재가자가 병으로 고통스럽게 살기보다 차라리 죽어 천상에 태어나는 것이 낫다는 유혹에 빠져 자살한 사건도 있다. 부처님은 자살을 반대하고, 생명을 죽이거나 죽는 것을 돕거나 죽음을 부추기는 것을 죄로서 엄격하게 금하고 있다. 자살은 생명을 존중하는 불살생계를 어기는 것이다. 업의 관점에서 보면, 자살은 결코 고통에서 벗어나는 방법이 아니다.

자살의 직접적인 원인은 어리석음과 욕망이다. 죽을 만큼 괴로운 상황이 왜 발생했는지를 알지 못하는 사람은 죽으면 모든 고통이 끝나

는 것이라 생각하고, 고통스러운 상황을 이겨내려고 노력하기보다는 달아나고 싶은 욕망에서 자살을 한다. 그 욕망은 비존재의 갈애渴愛로서 지옥과 같은 곳에 다시 태어나는 원인이다.

자살을 예방하는 불교적 대안은 고통스런 상황을 객관적으로 바라보는 지혜를 갖는 것이다. 자살의 충동을 일으키는 분노와 절망감, 억압된 두려움 등을 해소하기 위해 통찰 수행을 생활화한다. 이 수행은 고통스러운 상황도 결국 변한다는 것을 알게 하고, 나약해진 자존감을 회복하게 한다. 또한 자애의 마음으로 타인의 고통을 덜어주는 보시행布施行을 적극적으로 실천하도록 이끈다. 이것은 현대인의 대화 단절의 고립감을 해소할 뿐만 아니라, 이기주의적인 사고와 생활 태도를 바꿀 수 있게 한다.

2) 안락사

현대사회가 고령화되면서 안락사에 대한 논쟁이 더욱 활발해지고 있다. 죽을 권리와 생명 존중이 그 핵심이다. 안락사는 불치병 환자를 고통 없이 죽음에 이르게 하는 것으로, 약물을 사용하거나 치료를 중단하는 방법에 따라 적극적 안락사와 소극적 안락사로 나뉘고, 환자의 동의 여부에 따라 자발적 안락사와 비자발적 안락사로 나뉜다.

안락사를 반대하는 사람들은 환자의 병이 치료할 수 없는 것이라고 하더라도 인위적으로 환자의 생명을 끊지 말아야 한다고 주장한다. 의사의 의료적 판단이 잘못될 수도 있고, 안락사의 선한 의도가 악용될 수도 있다는 것이다. 안락사를 찬성하는 사람들은 불치병의 환자가 스스로 자신의 죽음을 선택할 권리가 있다고 주장한다. 환자 가족

의 정서적 · 경제적 부담 등도 반
대 이유이다.

불교에서 안락사는 생명 존중
의 불살생계를 범하는 것이다.
환자 입장에서 안락사는 약물을
통하거나 치료 중단의 수단으로

호주에서 안락사에 이용되던 기계

자기 스스로 죽는 자살과 다르지 않다. 또한 의사 입장에서는 안락사
는 자살을 돕는 살인 행위이다. 불교는 환자의 통증을 완화시키기 위
한 의사의 의료 행위가 죽음의 결과를 가져올 경우라도, 살인과 같은
악한 행위로 여기지 않는다. 반면에 환자나 환자 가족의 안락사 요청
에 의한 것이라도, 환자를 죽게 할 의도를 가지고 하는 의료 행위는 살
인과 다르지 않다고 본다.

태어난 사람은 늙고 병들고 죽는다. 이처럼 죽음은 삶의 자연스러
운 과정이지만, 극심한 고통을 겪고 있는 환자는 죽음의 두려움을 느
끼기 마련이다. 그러나 환자가 죽음은 필연적인 것이라는 것을 수용
하고, 생애 동안의 악한 업들을 참회하면서 극락세계에 태어날 수 있
기를 발원한다면, 마음은 조금 더 안정을 찾을 수 있을 것이다. 또한
죽음의 마지막 순간까지 알아차림을 통해 매 순간 극심한 고통마저도
'변한다'는 본질을 통찰한다면, 이것은 성스러운 죽음을 맞이하는 것
이라 할 것이다.

4. 사이버 윤리

정보통신기술의 발전은 현대 우리 사회에 급속한 변화를 일으켰다. 컴퓨터가 인터넷 통신망을 통해 서로 연결되면서 사이버 공간이라는 새로운 생활공간을 형성했다. 사이버 공간은 우리의 생활 전반에 편리성과 효율성을 가져 왔지만 그에 못지않은 부작용과 새로운 문제를 양산했다. 인터넷 중독과 음란물처럼 자신에게 피해를 가져오는 것뿐만 아니라, 사이버 폭력과 범죄처럼 타인에게 심각한 피해를 주는 것들이 사회문제를 일으키고 있기 때문이다.

이러한 문제들은 인터넷이 가지고 있는 특성의 역기능이라 할 수 있다. 인터넷의 익명성과 비대면성이 사이버 폭력 같은 비윤리적 행위를 아무런 죄의식 없이 저지를 수 있도록 한다. 부정행위를 하더라도 적발하기가 용이하지 않다는 점이 인터넷에서 일어날 수 있는 비윤리적 행위를 부추기는 요인이다. 로저스^{Rogers}는 "익명의 상황은 자아의식의 작용을 감소시킨다."라고 설명한다.

자아의식의 감소는 타인에게 자신이 어떻게 보이는지를 무감각하게 만들고, 자신의 내적 규제와 감정 조절 능력을 약화시킨다. 그래서 익명의 상황에서 사람들은 비윤리적이고 충동적인 행위를 더 빈번하게 범한다는 것이다. 불교의 사이버 윤리는 먼저 가상공간에서 이루어지는 모든 활동들의 연기적 관계를 이해하는 것이다. 그리고 십선업도와 사섭법^{四攝法} 등과 같은 올바른 생활 방법을 생활 속에서 실천하는 것이다.

사이버 공간은 물질적 실제성이 없는 가상공간이다. 그 속에서 익명성과 속도와 순간적인 변화가 지속적으로 이어지고, 인간은 네트워크의 구성원으로서 지식과 정보를 공유한다. 그러한 모든 행위들은 단지 마음이 지어내는 작용들이기 때문에, 개인이 어떤 행위를 하든지 그 행위의 영향을 타인보다 자신이 먼저 받는다. 또한 서로가 네트워크를 통해 관계하고 있기 때문에 타인도 그 영향을 쉽게 받는다. 따라서 가상 공동체가 건강하게 기능하려면, 현실에서 먼저 윤리 규범을 생활화해야 한다.

불교의 윤리 규범 가운데 열 가지 선한 행위 방법[十善業道]이 대표적이라 할 수 있다. 살생과 훔침과 삿된 음행을 하지 않는 것은 몸을 절제하는 행위로서, 자애와 비폭력, 함께 나눔, 성에 대한 청결함을 키워준다. 이러한 몸의 절제는 사이버 폭력, 저작권 침해, 음란물 접속과 사이버 매춘 등을 예방할 수 있다.

거짓말, 이간질, 욕설과 비방, 쓸데없는 말을 하지 않는 것은 언어를 절제하는 행위로서 진실을 말하고 화합을 도모하며, 상냥하고 의미 있는 말을 하게 한다. 이러한 말의 절제는 사이버 공간에서 욕설이나 명예훼손 등과 같은 언어폭력을 예방할 수 있다. 탐욕과 악의와 잘못된 견해를 버리는 것은, 모든 형태의 범죄나 폭력 또는 사이버 비행들을 근절할 수 있는 근원이 된다.

정보화 사회의 가장 큰 특징은 정보의 공유이다. 사섭법은 사이버 공간의 생활 지침으로 삼을 수 있다. 보시布施는 지식 정보를 제공하고 서로 간의 지적 가치를 향상시킨다. 사랑스런 말[愛語]은 언어 사용을 순화하는 것이다. 이로움의 증장[利行]은 상호 이익이 되는 정보를 공유함으로써 정보의 효율성을 키우는 것이다. 뜻을 함께함[同事]은 자신과 타인을 구별하지 않는 마음으로 지식 정보를 개방한다.

정보의 효율성은 올바른 가치 판단의 능력에 있다. 불교의 가치 판단 기준은 중도관이다. 이것은 가상공간에서 극단에 치우치지 않고, 객관적으로 사물과 정보를 인지할 수 있게 한다.

2절 | 불교의 비폭력 평화운동

불교는 개인의 깨달음을 강조하는 출가 지향의 종교이므로 종종 사회문제에 큰 관심을 기울이지 않을 것이라는 생각을 하기 쉽다. 그러나 모든 불교 교리의 기본이 되는 연기緣起 사상만 살펴보더라도 불교가 타인과 사회에 무심할 수 없음을 알 수 있다. 연기 사상에 기초하여 생각해 보면 내가 이 세상에 존재할 수 있는 것은 나를 있게 해준 수많은 요소들 덕분이다.

그 요소들 중에서는 공기와 물 같은 자연 요소들도 있겠지만 사회 제도와 사회 구성원 등도 포함되어 있다. 자신이 속한 사회가 평화롭지 않을 때, 개인은 당연히 그 영향을 입게 되므로 사회문제에 무심할 수 없는 것이다. 현대사회에서 여러 종류의 문제가 발생할 때, 불교 지도자들은 불교적인 방법으로 그 해결책을 모색해 왔다. 여기서는 세계적으로 널리 알려진 불교 지도자들의 사회참여 양상을 살펴보고자 한다.

1. 자비와 평화의 상징 달라이 라마

노벨평화상 수상을 계기로 전 세계에 널리 알려진 인물인 제14대 달라이 라마Dalai Lama 텐진 가초bsTan 'dzin rgya mtsho는 티베트 불교의 종교 지도자이다. 티베트 불교에서만 볼 수 있는 달라이 라마 제도는 불교의 윤회 사상에 기반을 두고 있는데, 달라이 라마가 사망하면 그의 환생자를 찾아 다시 그 자리를 계승하게 한다. 티베트 불교 겔룩파dGe lugs pa의 수장이었던 달라이 라마는 겔룩파가 티베트 정치를 장악한 뒤에는 겔룩파의 수장인 동시에 티베트 불교와 정치의 최고 책임자가 되었다.

1933년 12월 7일 티베트의 수도인 라사Lhasa에 있는 포탈라Potala 궁전에서 13대 달라이 라마가 열반에 들었다. 그 후 그의 제자들은 그가 환생하여 태어난 아이를 찾기 위해 노력했다. 13대 달라이 라마의 유해 얼굴이 북동쪽을 향했던 것과 전통적으로 환생자를 찾아주는 신비한 호수인 라모이 라초Lhamoi Lhatso에 비춰진 글씨 등을 근거로 한 아이를 찾아냈다. 13대 달라이 라마의 측근들과 제자들이 신분을 변장하고 그 아이를 찾아갔을 때, 그 아이는 그들이 스님임을 바로 알아보았다고 한다. 그리고 13대 달라이 라마가 쓰던 물건들과 다른 물건들을 함께 보여주었을 때, 그 아이는 달라이 라마의 물건만을 정확하게 골라내었다. 이런 과정을 통해 그 아이는 전임 달라이 라마의 화신으로 인정을 받고, 14대 달라이 라마에 올랐다. 달라이 라마의 환생으로 확인된 아이는 철저하고 엄격한 불교 교육을 받았고 성장한 후에는 공식적으로 달라이 라마의 업무를 맡았다.

14대 달라이 라마인 텐진 가초는 중국의 침공으로 인해 티베트가 매우 혼란스럽던 시기에 태어났다. 그가 즉위했을 때는 더 이상 중국

의 공세를 막아낼 수 없는 상황
이었다. 1957년부터 중국의 티
베트 침공이 본격화하였고, 결국
1959년에 달라이 라마는 티베트
를 떠나 인도로 망명했다.

제14대 달라이 라마 텐진 가초

인도로 망명한 후에도 티베트
문제는 달라이 라마의 가장 큰
관심사이다. 일부 젊은이들은 티
베트의 독립을 위해서 강경책을
펴야 한다고 주장하지만, 그는 불교식 중도^{中道}적 접근으로 티베트 문
제를 해결하려고 노력한다. 따라서 그가 원하는 것은 티베트의 완전
한 독립이 아니라 티베트의 정신과 문화를 보존할 수 있는 특별 자치
지구를 세우는 것이다. 이를 위한 그의 노력은 1989년 노벨평화상 수
상을 통해 널리 알려졌다. 노벨상 심사위원회는 달라이 라마에게 노벨
상을 수여하면서, 오랜 시간 비폭력을 통해 티베트의 자유를 성취하기
위한 그의 노력을 치하한다고 밝힌 바 있다.

티베트인들은 그를 관세음보살의 화신으로 생각하고 숭배하지만,
그는 언제나 스스로를 한 명의 비구일 뿐이라며 겸손하고 소탈한 태
도를 취한다. 또한 불교를 전통의 테두리 안에만 가둬두지 않고 불교
의 과학적 해석을 시도하는 등, 불교 교리에 관해서나 타 종교에 대해
서도 열린 모습을 보여준다.

서양에서 티베트 불교가 큰 인기를 얻은 것은 이 같은 그의 개인적
인 매력도 크게 작용했다. 현재 그는 티베트의 지도자를 넘어 전 세계

의 영적인 스승으로 추앙받고 있으며, 2009년 한 설문 조사에서는 세계에서 가장 존경받는 지도자로 선정되기도 했다. 현재 달라이 라마는 티베트 문제뿐만 아니라 종교 간의 평화, 인권, 환경문제 등에도 관심을 기울이며 세계 평화를 위해 노력하고 있다.

2. 불가촉천민의 영웅 암베드카르

힌두교의 계급제도인 카스트 Caste 제도는 인간을 네 계급으로 나누고 있다. 브라만, 크샤트리아, 바이샤, 수드라가 그것이다. 이 네 계급에도 속할 수 없는 계급 바깥의 존재들로서 천하고 오염된 존재로 취급받던 사람들이 있었다. 그들은 접촉해서는 안 되는 존재라는 의미로 불가촉천민이라 불렸다. 현재 이들을 지칭하는 인도 정부의 공식 명칭은 지정카스트[scheduled caste]이다. 그리고 이들은 스스로를 핍박받는 사람들이라는 의미의 달리트Dalit라고 부르고 있다. 이들은 전통적으로 더럽고 위험한 일에 종사했으며, 상위 계급들은 이들을 보기만해도 자신들이 오염된다고 생각하며 그들을 핍박했다.

암베드카르 Bhimrao Ramji Ambedkar는 달리트로 태어나 인도의 초대 법무부 장관에 오른 입지전적 인물이다. 달리트에게 행해지던 차별과 억

1950년의 암베드카르

압을 겪으면서 학창 시절을 보낸 그는 당시 달리트로는 드물게 고등학교를 졸업했고, 이후 미국과 영국에서 박사 학위를 받고 변호사 자격까지 얻은 후 귀국했다.

달리트들이 여전히 차별과 학대에 시달리고 있는 것을 본 암베드카르는 달리트들의 인권과 권리를 위한 운동에 투신한다. 이를 위해 정당을 구성하거나 사회 계몽운동을 벌이는 등 여러 활동을 했다

정치적으로 그는 달리트들의 이익을 위해 활동할 국회의원을 당선시키기 위해서 달리트만으로 구성된 특별 선거구 제정을 주장했으나, 상위 계급들의 반대에 부딪혀 이루지 못했다. 또한 달리트들이 공동 우물을 이용하지 못하는 것에 항의하기 위해 시가행진을 조직해 저수지의 물을 떠먹는 행사를 하자, 상위 계급들이 몰려와 달리트들을 폭행하는 등 그의 여러 시도들은 좌절로 끝났다.

마침내 그는 카스트 제도의 굴레를 벗어나는 길은 카스트 제도를 사회질서로 삼고 있는 힌두교를 떠나는 것뿐이라는 결론을 내린다. 그는 달리트에 대한 차별과 학대를 명문화하고 있는 인도의 고대 법전인 '마누Manu 법전'을 공개적으로 불태우고, "나는 힌두로 태어났지만 힌두로 죽지는 않겠다."라는 연설을 했다. 즉 힌두교를 떠나 다른 종교로 개종하겠다는 선언을 한 것이다.

그의 개종 선언은 당시 인도 사회에서 큰 논란을 불러왔다. 인도의 아버지로 알려진 마하트마Mahatma 간디Mohandas Karamchand Gandhi는 매우 격렬하게 개종에 반대했다. 간디는 달리트에 대한 억압에 반대하기는 했지만, 결코 카스트 제도 자체를 부정하지는 않았다. 그는 카스트 제도를 바탕으로 인도 사회가 지금까지 존속해 올 수 있었다고 생각하는 인물이었다. 따라서 간디는 카스트 제도에 따른 계급 분류는 그대로 두고 그 안의 계급들이 서로를 평등하게 대하는 것이 바람직한 사회라고 생각했다. 그러나 달리트에게 가해지는 차별과 냉대를 몸소 겪

은 암베드카르에게 그것은 터무니없는 생각으로 보일 수밖에 없었다. 개종 선언 전에도 간디와 만난 적이 있던 암베드카르는 카스트 제도를 옹호하는 간디에게 "선생님, 저는 조국이 없습니다. 우리는 개나 고양이만도 못한 취급을 받고 있고 마실 물도 구할 수 없는데, 어떻게 제가 이 땅을 나의 조국이라고 부르고 그런 나라의 종교를 나의 종교라고 부를 수 있겠습니까?"라며 울분을 토했다.

달리트들을 위한 새로운 종교를 찾기 위해 그는 여러 종교를 탐색했다. 인도의 기독교나 이슬람교에 대해서 알아본 그는, 그 종교들 안에서도 달리트들이 차별을 당하고 있음을 알게 되었다. 마침내 그는 달리트들이 새로 귀의할 종교로 불교를 선택했다. 불교는 붓다 당시부터 카스트 제도를 부정했다는 점과 기독교나 이슬람교처럼 외부에서 들어온 종교가 아니라 인도에서 발생해 전 세계로 퍼져 나간 종교라는 점 등이 그의 선택에 영향을 끼쳤다. 또한 암베드카르는 절대적인 존재를 믿는 것보다는 인간이 수행을 통해 깨달음을 성취할 수 있다는 불교 사상에 더욱 매력을 느꼈다. 마침내 암베드카르는 50만 명의 지지자들과 함께 1956년 10월 14일에 개종식을 치르고 불교도가 되었다. 인도 땅에서 사라졌던 불교가 다시 부흥하는 순간이었다.

암베드카르는 달리트만이 아니라 인도의 모든 약자들의 인권 보호를 위해 애썼다. 인도가 독립하기 전 정부의 노동 문제 담당관이었던 암베드카르는, 노동자들의 권익 보호를 위해 최저 임금과 유급 휴가 제도를 법제화했다. 또한 독립 인도의 초대 법무부 장관으로 임명된 후에 달리트 제도의 철폐를 헌법에 명시했으며, 수백 년간 무시당했던 여성들의 권리를 법적으로 보장하는 데 크게 기여했다.

3. 베트남의 참여 불교

　1945년 8월, 제2차 세계대전이 끝나면서 베트남 남부 지역은 영국이, 북부 지역은 중국이 제국주의 청산을 맡았다. 그러나 프랑스가 지배권 회복을 위해 공격을 시작함으로써 제1차 인도차이나 전쟁이 발발했다. 이 전쟁에서 베트남이 승리하고 제네바 협정이 체결되었다. 1954년 7월에 체결된 제네바 협정에 따라 북위 17도 선을 경계로 베트남은 남북으로 분단되었다. 미국의 지원을 받는 남베트남에서는 베트남 공화국이 수립되어 친미적 성향의 응오 딘 지엠 Ngô Đình Diệm이 대통령으로 취임했다. 소련의 지원을 받는 북베트남에서는 공산정권인 베트남 민주공화국이 세워졌다.

　남베트남에서 친가톨릭 성향이었던 응오 딘 지엠 정권은 수차례 불교 탄압을 자행했는데 이는 불교도들의 반정부 항쟁을 촉발시켰다. 1963년 부처님 오신 날을 맞아 행사장에 나부끼던 불교기들을 군대가 훼손하고 경축 행사도 갑자기 취소시켰다. 이에 항의하는 시위를 벌이고 있던 시위대를 향해 군인들이 발포해, 세 명의 여자와 두 명의 어린이를 포함한 아홉 명이 사망했다. 이에 그치지 않고 약 1개월 후에는 기도하고 있는 불교도의 머리에 정부군이 최루탄 액체를 부어, 학생들을 포함한 67명이 호흡 곤란과 화상으로 병원에 실려 가는 사건까지 발생했다.

　당시 많은 이들의 존경을 받고 있던 틱꽝득 Thích Quảng Đức 스님은 종교의 자유를 위한 비폭력 항쟁에 가담했고, 정부에 불교 탄압을 중지할 것을 촉구하는 서신을 몇 차례 보냈지만 소용이 없었다. 결국 틱꽝득 스님은 1963년 6월 11일 거리에서 가부좌를 한 채로 많은 사람들이 보고 있는 가운데 분신했다. 틱꽝득 스님이 몸에 불이 붙은 채 꼿꼿하게 가부좌를 하고 있는 사진은, 다음 날《뉴욕타임즈》에 실려 전 세계인이 큰 충격을 받고 지엠 정권이 불교 탄압을 중지해야 한다는 여론이 들끓었다. 그런데도 불구하고 같은 해 8월에는 총을 든 군인들이 사원에 난입하여 불상을 파괴하는 등의 불교 탄압을 계속했다.

지엠 정권은 불교 탄압뿐만이 아니라 독재와 부정부패까지 자행했기 때문에 전 국민적인 반정부 운동이 일어났다. 불교도는 물론 일반 대중, 학자, 교수, 고위 공직자 등도 시위에 참여하거나 사임했다. 불교는 이런 반정부 투쟁을 이끌었으며 사원이 모든 반정부 활동의 중심 역할을 했다. 결국 1963년 11월, 미국의 지원을 받은 군사 쿠데타가 발생해 지엠이 사망함으로써 지엠 정권은 막을 내렸다.

불교계에서는 베트남 통일 불교회[Unified Buddhist Sangha of Vietnam]를 조직하고 민중들의 고통을 달래주기 위해 노력하였으나, 미국은 불교계가 공산주의자들과 연합하려 한다고 의심했다. 베트남

틱낫한 스님

전쟁이 터진 후 불교계가 반전운동을 전개하자 남베트남 정부는 불교계에 군사 탄압을 자행했다. 불교의 사회참여를 강조하는 참여 불교[Engaged Buddhism]를 제창한 틱낫한 Thích Nhất Hạnh 스님이 이러한 반전운동의 중심에 있었다.

베트남에서 활발한 사회참여

활동과 불교 교육의 현대화를 위해 활동하던 틱낫한 스님은, 1966년 미국 워싱턴에서 베트남 전쟁의 종전을 설득하기 위한 평화 제안서를 발표했다. 이 때문에 베트남 정부로부터 귀국 금지 조치를 당한 스님은 1973년 프랑스로 망명했다. 베트남 전쟁이 끝난 후에는 베트남 난민을 돕는 일에 주력했고, 1982년에는 프랑스에 수행 공동체 플럼 빌리지^{Plum Village}를 설립하고 현재까지 여러 가지 명상 프로그램을 진행하고 있다. 또한 100여 종이 넘는 책을 발표하고 세계 각국을 오가며 사람들에게 붓다의 가르침을 전하고 있다.

키워드

낙태, 달라이 라마, 불가촉천민, 사섭법, 사이버 윤리, 상호의존성, 십선업도, 안락사, 암베드카르, 음행, 익명성, 자살, 자연 생태계, 자유 의지, 지엠 정권, 참여 불교, 카스트, 티베트, 틱낫한, 환생

연구문제

1) 불교의 선한 행위와 악한 행위에 대한 정의가 타 종교와 어떻게 다른지 알아봅시다.

2) 낙태를 줄일 수 있는 방법들을 조사해 봅시다.

3) 자살과 안락사에 대한 불교적 관점은 기독교와 차이가 있습니다. 어떻게 다른지 알아봅시다.

4) 인터넷 중독, 게임 중독을 예방하는 방법을 알아봅시다.

5) 참여 불교의 의미에 대해 알아봅시다.

6) 불교의 사회참여의 교리적 배경을 공부해 봅시다.

7) 불교인들의 사회참여 활동을 조사해 봅시다.

참고문헌

· 『현대사회윤리』, 구승회 지음, 인간사랑, 2005.

· 『불교응용윤리학 입문』, 다미엔 키온 지음, 허남결 옮김, 한국불교연구원, 2007.

· 『불교생태철학』, 김종욱 지음, 동국대학교출판부, 2004.

· 「사이버 폭력과 인터넷 윤리 실태조사 보고서」, 성동규 지음, KT문화재단, 2006.

· 『달라이 라마 자서전 - 유배된 자유를 넘어서』, 텐진 가초 지음, 심재룡 옮김, 정신세계사, 2003.

· 『암베드카르 평전 - 간디와 맞선 인도 민중의 대부』, 게일 옴베트 지음, 이상수 옮김, 필맥, 2005.

· 『화 - 화가 풀리면 인생도 풀린다』, 틱낫한 지음, 최수민 옮김, 명진출판, 2013.

· 『평화와 행복을 위한 불교지성들의 위대한 도전(아시아의 참여 불교)』, 크리스토퍼 퀸· 샐리 킹 지음, 박경준 옮김, 초록마을, 2003.

참고자료

· 달라이라마 홈페이지 www.dalailama.com

· 암베드카르 홈페이지 www.ambedkar.org

4장
불교와 미래

1절 | 불교와 서양

1. 불교는 변화한다

불교는 변화의 종교이다. 시대와 지역과 상황에 따라서 적절하게 대응하고 수용하는 성격을 지닌 것이 불교다. 긴 시간을 거쳐 광대한 지역으로 전파된 불교는, 그 어느 종교와 비교해도 유래를 찾을 수 없을 정도의 넓은 지역에 분포되었고 수없이 많은 변화를 했다. 근대라고 하는 거대한 격변을 겪는 오늘의 현실에서 볼 때, 불교는 오히려 원형을 고수해야 한다는 주장이 나올 정도로 변화를 거듭하고 있다. 그러나 불교는 그 교설의 탄력성 덕분에 이런 시대와 지역에 따른 변화와 현실 적응에 적절한 종교로 부각되고 있다.

불교는 과거의 형태에 머물며 과거만을 주장하는 종교는 아니다. 이미 참여 불교[Engaged Buddhism]란 명칭 아래 현실과 현장 속에서 새로운 신행信行 형태를 드러내고 있다. 또 이런 불교의 움직임은 서구에서만 일어나고 있는 현상도 아니다. 중국을 포함한 동남아시아는 물론 우리에게서도 새로운 형태의 불교가 태동하고 있다. 동양학의 석학인 하버드대학의 라이샤워$^{E. O Reischauer}$ 교수의 통찰 어린 발언은 불교의 변화를 적확히 지적하고 있다. 그는 "불교가 중국을 변화시킨 것만큼 중국이 불교를 변화시켰다."라고 말했는데, 불교는 과거에 중국을 변화시켰을 뿐만 아니라 오늘날 서구 사회 종교의 모습과 서구 사회 자체를 변모시킬 것으로 보인다.

2. 불교가 없었던 땅, 서양

불교는 동양의 종교이며 서구로 전파해갔다. 불교는 서구 문화나 서구 종교 전통과는 사뭇 다른 점을 지니고 있다. 서양 종교와 여러 가지 점에서 이질적인 불교가 어떤 과정을 겪으며 서구로 전파해갔는지, 그 과정에서 불교는 어떤 모습으로 이해되었고 또 어떤 형태로 서구 현장에 적응해갔는지, 그래서 어떤 변모를 일으킨 것인지, 이 모든 과정을 살피는 일은 흥미로운 주제이다.

무엇보다 주목해야 할 일은 서양에서는 불교를 처음 접하면서 서양 자체의 종교와는 이질적인 종교로 여겨 개종의 대상으로 삼았다는 점이다. 이런 인식은 뿌리가 깊어 기독교 일부에서는 아직도 시대착오적인 개종을 시도하고 있다. 그러나 서구에서 불교를 깊이 연구할수록 드러난 심오한 내용은 불교를 하나의 철학 사상으로 수용하게 만들었고, 따라서 서양에서는 불교를 철학적 종교 또는 종교적 철학으로 특징지었다. 한걸음 더 나아가 이제 불교는 서양에서 새로운 문화 현상이나 삶의 방식으로 정착해가고 있다. 이런 태도는 서양에서 행하는

서양에서 강연 중인 달라이 라마

불교에 대한 기존의 연구에도 큰 영향을 끼치고 있다.

현대에 이르러 여러 계통으로 분화한 다양한 학문 분야들의 경계선을 넘어, 학문 상호 간 초학제적인 연구에서 중요한 역할을 하고 있는 것이 오늘의 불교학[The Study of Buddhism]이기도 하다. 이제 과거와 다르고 현대가 요구하는 형태의 불교가 출현할 시대가 도래하고 있는 것이다.

3. 불교는 어떻게 서양에 전파되었는가?

오늘날 불교는 서양 곳곳에서 손쉽게 눈에 띠는 현상이라고 할 수 있다. 그리고 법복을 입은 파란 눈의 서양 스님들과 마주치는 일도 많아졌다. 매력적인 영화배우 리처드 기어의 손에 항상 단주가 들려 있다거나, 지난 미국 대통령 후보였으며 현 캘리포니아 주지사인 제리 브라운이 독실한 불교 신자인 것은 잘 알려진 사실이다. 미국뿐만 아니라 세계의 저명한 불교인을 나열하는 일은 이제 흥밋거리를 지난 지 오래이다.

단주를 착용한 리처드 기어

전문 직종에 종사하는 불교인들을 분류하는 일마저 가능해졌다. 사회봉사와 기증을 잘하는 미국의 재벌가문 출신의 록 펠러와 같은 불교인은 '자선 불교인'이라 불린다. 따라서 '예술 문예 불교인', '과학자 불교인'이라는 분류도 가능해졌다. 1960년대 반전 문화의 상징이었던 '비트 불교인[Beat Buddhist]'이란 말은 이제 서구 불교인을 지칭하는 고전적 명칭이라 할 수 있다.

원래 불교와 인연이 없었던 서양 땅에서 들판의 민들레꽃처럼 불교는 갑자기 이곳저곳에서 피어나기 시작한 것이다. 불교는 어떻게 불모의 서양 땅에 씨를 뿌리며 퍼져나갔던 것일까?

1) 동서 접촉과 『나선비구경』

동양과 서양의 본격적인 만남은 기원전 알렉산더 대왕의 동방 진출 [BCE 334]에서 시작한다. 힌두쿠시 산맥을 넘어 탁실라에 진출해 부장들에게 개척한 봉토를 나누어 준 후 퇴각한 것이 서양의 그리스와 동양의 인도의 만남이었다.

불교는 아소카ᴬˢᵒᵏᵃ 왕대에 이르러 급속히 팽창하며 북인도 전 지역으로 확대되었다. 유명한 아소카 석주는 불교가 퍼진 영역을 확인해준다. 종교 간의 대화와 종교 공존이란 평화 메시지가 이 아소카 왕의 석주에 새겨져 있었고, 그것은 그리스까지 알려졌다.

그 후 갠지스 강 문명의 중심지인 파탈리푸트라ᴾᵃᵗᵃˡⁱᵖᵘᵗʳᵃ를 통치한 메난드로스ᴹᵉⁿᵃⁿᵈʳᵒˢ, 彌蘭王 왕 때, 불교 승려인 나가세나ᴺᵃᵍᵃˢᵉⁿᵃ, 那先比丘와 이 그리스 계통의 왕이 서로 만난다. 그리고 두 사람 사이에 유명한 대담이 있었다. 이 대담의 기록이 바로 『밀린다팡하ᴹⁱˡⁱⁿᵈᵃᵖᵃⁿʰᵃ, 彌蘭王所問經』였고, 이 기록은 『나선비구경那先比丘經』이란 명칭으로 한문 불교 경전[대정신수대장경, T. 1670] 속에 번역 편입되어 있다. 이 경전의 내용은 동서 간 사상적 접촉의 발단이자 가장 심오한 철학적 대화였으며, 서양이 불교를 접촉하는 결정적 순간이었다.

이후 불교의 여러 요소들이 서양으로 흘러들어 많은 동양의 흔적을 남기고 있다. 대표적인 사례는 '바알람ᴮᵃʳˡᵃᵃᵐ과 조샤파트ᴶᵒˢᵃᵖʰᵃᵗ'의 전승으로 동서에 걸친 넓은 지역에 유포되었다. 이런 전승들은 오늘날 동서 비교 사상 연구의 근거가 된다.

2) 불교 경전과 만들어진 불교

그리스 알렉산더 대왕의 동양 접촉 이후 몇몇 사건을 제외하고는 13세기까지 서양에서 불교에 대한 지식이나 기록을 거의 찾아볼 수가 없다. 이후 주로 가톨릭 예수회 선교사들이 접촉한 단편적인 사실들만 기록으로 전해질 뿐이다. 18세기 말에 이르러 해양로의 발달로 서양은 동양으로 진출했고, 팽창주의 정책을 계속 펼치며 동양을 식민지

화했다. 또한 서양의 문화적 우월성을 주장하며 동양 문화를 폄하했다. 특히 기독교를 앞세워 불교에 대한 적대적 태도를 노골적으로 드러내었다. 서양인들은 불교뿐만 아니라 다른 동양 종교들까지도 이교적 우상숭배라 간주하여 배척하는 태도로 대했다.

19세기 초에 이르러 이런 자세는 서서히 우호적인 태도로 바뀌는데, 대체로 두 가지 모습으로 나타난다. 첫째는 주로 영국이 인도를 식민지로 경영하기 시작하면서 빅토리아 조의 낭만주의적 분위기에 의하여 동양에 대한 신비하고 이국적인 환상을 지니게 된 것이다. 둘째로 불교를 합리적 · 과학적 지식의 분야로 다루기 시작한 점이다. 이런 경향은 주로 스리랑카와 인도, 티베트 등지에서 팔리어와 산스크리트로 쓰인 불교 경전을 발견하여 판독하면서 불교 내용의 합리성을 발견했기 때문이다. 영국의 리즈 데이비스[T.W. Rhys Davids]가 '팔리 성전 편찬회'를 설립하여 방대한 양의 팔리어 불교 경전을 영어로 번역하고, 프랑스의 외진 뷰르누프[Eugene Burnouf]는 산스크리트 경전을 근거로 최초의 불교 입문서를 발간했다. 이런 번역 작업과 불교 연구를 막스 뮬러[Max Mueller]가 계승하여 『동방성서東方聖書』를 편찬하고 100권의 동양 고전을 번역한다.

이로 인해 '종교학[Religionswissenschaft, History of Religion]'이 학문 분야로 대두했다. 이때 동양에서는 개화에 앞장섰던 일본이 동양 고전의 번역 소개를 본받아 대장경 편찬 사업을 진척시켰고, 우리의 고려대장경을 기본으로 한문 대장경 100권을 편찬했다. 또한 한국, 중국, 일본이 중심인 동북아시아 대승불교권에서 전해 오던 한문 경전을 망라한 『대정신수대장경大正新脩大藏經』을 편찬하는 계기가 되었다.

불교 경전의 번역과 그 이해를 통해 급속도로 서양인들은 호기심에 사로잡혔다. 무엇보다 부처님 생애의 청순함, 교리의 합리성, 개인적 수련의 청정함에 매료당했다. 이때에 발간한 에드윈 아놀드 E. Arnold 의 『아시아의 빛 The Light of Asia 』이란 장편 시는 부처님의 아름다운 생애를 영어로 표현한 당시의 대표적인 글이었다.

경전 번역과 문헌을 통한 불교에 대한 접근은 서양이 불교를 이해하는 전형적 틀이었다. 그것은 근대 불교학의 발전을 가져다주었다. 동시에 불교와 서양의 사상, 문화, 종교를 비교하는 비교론적인 입장의 학문이 등장했다. 이러는 과정에서 서양인들은 주로 서양적인 틀로 불교를 이해했다. 따라서 불교는 서양적 철학 사상을 통해 해석되었고 기독교나 서양 철학과 비교되었다. 이런 경향 때문에 불교를 곧잘 철학이라고 규정했으며, 절대적 신을 내세우지 않기 때문에 무신론적 종교라고도 특징지었다.

기존에 성립된 서구 철학이나 종교적 틀에 불교의 다양한 내용이 들어맞지 않기 때문에 불교는 철학이기도 하고 종교이기도 하며, 더 나아가 불교는 종교이자 철학이라고까지 평가되었다. 그러나 불교에 대한 이런 서구적 문헌과 사상만을 통한 이해 방식은 신행 현장이나 역사 현장이 결핍된, 단지 이론만을 통한 반쪽뿐인 접근이었다.

오늘날 서양의 불교학자들은 이런 불교 이해를 문헌을 통해 '만들어진 불교'라고 비판한다. 곧 문헌 속에 갇힌 불교로 책을 펼칠 때만 나타나고 책을 덮으면 사라지는, 이론 속에서만 존재하는 불교라고 한계 짓는다. 역사적 실제의 현장이 빠져버렸고, 그렇기에 살아 생동하는 불교는 아니라는 자기비판인 셈이다.

3) 서양으로 날아온 백조

미지의 황막한 땅에 백조가 날아든 것처럼, 불교를 모르는 서양 땅에 불교가 들어온 것을 서양인들은 일종의 축복으로 받아들이고, 불교를 호수로 날아온 백조에 비유한다. 19세기 초 서구의 제국주의적 팽창과 지배를 바탕으로 피식민지 종교인 불교를 알게 되었지만, 그들은 결과적으로 불교의 위대한 정신성에 매료되었다.

한편 19세기 중엽부터 미국 대륙의 개발과 인력 동원을 위한 이주민 허용에 따라 아시아인들이 미주에 옮겨 살기 시작했다. 1850년대 중국 인력이 미국 서부 지역의 샌프란시스코로 이주하여 불교 사찰을 설립했다. 1870년대에 일본인들은 하와이에 정착하며 역시 사찰을 세웠다. 자연스럽게 이 지역 이주민들을 중심으로 한 불교 신행이 이루어지고, 불교 사찰은 이주민의 정신적인 위안처 역할을 하며, 새로운 정착인들이 형성하는 문화와 사회생활의 중심 역할을 했다. 그리고 승려나 불교 지도자는 그들의 정신적 지주 역할을 했다. 그러나 불교는 아직 동양 소수민의 종교일 뿐, 서구인이 불교로 귀의하는 일은 드물었고 관찰의 대상일 뿐이었다.

그러나 동양 종교 사상으로서의 불교는 이미 서구 지식층에게 깊은 영향을 끼치기 시작했다. 미국 뉴잉글랜드 보스턴 지역 지식인들은 불교 수용의 주역을 담당했다. 신학자이며 철학자인 에머슨 Ralph Waldo Emerson은 불교의 영향을 받으며 초절주의[transcendentalism] 문예, 철학 운동을 내세웠다. 『숲속의 생활』이란 저술을 내며 자연의 생태를 예찬하는 데이빗 소로 Henry David Thoreau도 인도 사상을 위시한 불교 사상에서 깊은 영향을 받았다.

불교기 佛敎旗

일부 서구인들은 1870년대에 이르러 자신의 종교로 불교를 받아들여 개종을 단행하고 불교 홍보에 적극 앞장섰다. 특히 미국인 올콧트 Henry Steel Olcott는 뉴잉글랜드에 뿌리를 둔 자신의 청교도 전통을 포기하고 불교로 개종을 했다. 그는 개종을 감행하는 행동에서 한걸음 더 나아가 불교 선교를 위한 활동을 전개한다.

따라서 그는 전통적인 불교의 여러 행사들과 설법 내용들을 기독교적인 틀에 맞춰 근대적인 모습으로 탈바꿈시킨다. 불교 일요 학교, 기독교의 YMCA를 본 딴 YMBA(Young Men's Buddhist Association)를 결성하고, 불교 교리 문답집[buddhist catechism]을 편찬하며 세계 불교인들이 공동으로 사용하는 불교기旗를 제정한다. 올콧트의 활동과 업적은 서구에서 불교 선교와 그 사회 활동의 전형적인 모범으로 인정받았다. 그래서 그는 '백색의 불교도[White Buddhist]'라는 별칭까지 획득했다.

4) 신천지에서 대승불교와 테라바다 불교의 만남

서양 특히 미국에서 불교로 귀의하는 사람들이 증가하게 된 이유 중의 하나는 1893년 미국 시카고에서 개최된 세계 종교 회의World's Parliament of Religions였다. 이 해에는 최초로 미국에서 만국박람회가 열림과 동시에 세계의 대표적 종교 지도자들이 동참하는 세계 종교 회의가 문화 행사의 하나로 개최되었다. 곧 문물文物의 세계적 교류라는 상호 이해와 협력의 차원에서 만국박람회와 함께 이 종교 문화 행사가 개최된 것이다.

세계 종교 회의에는 불교계를 대표하여 테라바다 불교를 대변하는 스리랑카의 담마팔라Anangarika Dharmaphala가 참석했고, 북방불교인 대승불교를 대변하여 일본 임제종의 샤쿠쇼엔[釋宗演]이 참석했다. 이 회의는 한국, 중국, 일본의 한문권 대승불교가 본격적으로 자기 주장을 펼친 첫 장소이기도 했다. 그때까지 서구인들에게 불교는 석가모니 당시에 가까운 남방의 팔리 경전 불교만이 원형이고, 북방에 전래한 한문 문화권의 불교, 또는 티베트 불교는 모두 다른 지역으로 분파되어 이차적으로 변형된 타락한 불교라는 인식이 강했다. 그러나 이 회의를 통해 비로소 서구인들은 한문권의 북방불교의 심오한 발전을 주목하기 시작했고 처음으로 선 불교의 특징에 경도되기 시작했다. 미국의 불교 전파에는 이런 사회 상류층과 사상가, 불교 활동가들의 지도적 역할이 큰 몫을 담당했던 것이다.

한편 아시아계 이민자들이 점차 증가하며 불교는 서서히 그러나 확고하게 뿌리내리기 시작한다. 동북아시아 여러 불교 종파가 각기 사찰, 선방, 수련회를 조직하였으며, 일반의 눈에도 쉽게 뜨이는 종교로 부상하기 시작했다. 이제 불교는 선 불교와 더불어 티베트 불교, 남방 불교 등이 미국을 비롯한 서양 곳곳에서 적극적으로 수용되고 있으며, 다양한 모습으로 활발한 신행 활동을 전개하고 있다.

4. 파란 눈, 회색 장삼의 그들은 누구인가?

1) 누가 불자인가?

서양 사회에서 누가 불교인이고 누구를 일컬어 불교를 믿는 사람이라고 할까? 듣기에 따라 모순일 수 있는 우스꽝스러운 질문이다. 절에 나가 적당히 불교 수행을 하면 불교 신자라 할 수 있고, 또한 다른 종교를 믿는다고 자신의 종교적 정체성을 말하면 불교 신자가 아닐 것이다. 그러나 이런 정의는 서양의 불교인에게 해당되지 않는다. 오히려 불교인이 되는 과정과 불교인으로 규정하는 현장은 무척 복잡하다. 우리 상식에 의존하여 설명할 수 없고 우리의 고정적인 틀로 불교인을 정의할 수 없는 현장이 펼쳐지고 있다. 따라서 이제까지의 종교에 대한 정의를 확대시켜야 하는 일이 벌어지고 있다. 곧 이런 상황은 서양이 정의해 놓은 종교에 대한 규정이 잘못된 것이었음을 반증한다.

불교는 회원 조직[membership]의 종교가 아니다. 즉 불교는 세례를 받고 일정한 조직의 구성원이 되고, 그에 따른 의무와 활동을 지속해야 하는 등의 회원 조직인을 요구하는 종교가 아니다. 기독교 계통의 종교들은 대부분 이런 범주에 속한다. 그러나 기존의 틀과 형식을 넘어서는 것이 불교이고 또 이런 틀을 벗어나는 것이 동양 종교들이다. 오히려 회원 조직을 벗어나기 때문에 서양인들은 불교를 선택한다. 곧 서양 전래의 기독교를 믿으면서 불교 신자가 되기도 하고, 유대인이며 불자가 되기도 하며, 이슬람교도이면서 참선 수행에 동참한다. 전형적인 유대교인이며 심리학자인 실비아 부어스틴은 자신의 종교 정체성을 '유대 불교도[Jubu, Jewish-Buddhist]'로 자처한다.

참선 중인 서양 불자들

서양 불교인들은 사찰이나 일정한 수행 단체에 소속하지 않으면서도 적극적으로 불교 수행에 동참한다. 그런가 하면 오계를 받고도 자신을 불자라고 말하지 않는다. 오계를 수지하는 일은 불교인이 되기 위한 전제 조건이 아니라 불교 수행을 시작하는 발단일 뿐이다. 따라서 서양 불교인들을 정의하는 일은 단순하지 않고 오히려 다양하며 그 모습도 다채롭다. 그래서 불교인을 정의하는 갖가지 재미있는 어휘들이 만들어졌다.

'아직은-아닌-불자[not-just buddhist]'로부터, 어떤 불교가 자기에게 적합한지 상품을 고르듯 하는 '구매자 불자[shopper buddhist]'이거나, 불교 수련회나 고승들의 법회를 부지런히 찾아다니는 '메뚜기 불자[dharma hopper buddhist]'에 이르기까지, 여러 양태의 불교 추구자들이 존재한다. 그러나 이들의 공통적 특징은 책을 통해 불교로 귀의한다는 점이다.

2) 책방 불교

서양에 처음 불교가 알려진 것도 불교 경전에 대한 이해에서 출발했듯, 서양인들이 불교를 접하는 것은 대체로 책을 통해서이다. 앞서 언급한 아놀드의 『아시아의 빛』이 100만 부 이상 팔린 베스트셀러이고, 헤르만 헷세의 『싯다르타』는 미국 명문 대학들의 필독서 명단에 올라 있다. 불교 명상서나 수행서들, 달라이 라마의 글이나 틱낫한의 수행 지침서들이 《뉴욕타임즈》 베스트셀러 명단에 오르는 건 어제오늘 일이 아니다.

이렇게 책을 통해 불교를 알고 불교에 귀의하는 모습을 두고 '책방 불자'라고 애칭하지만, 서양의 거의 모든 불교인들은 독서와 그 교양을 통해 불교에 접근한다. 따라서 이런 불자들은 직장에서 퇴근한 후 저녁 조용한 시간 침실 조명등을 켜놓고 수행 명상서를 읽으며 참선을 한다.

상당한 수의 서양 불자들은 한결같이 고등교육을 받은 교양인이고 전문직에 종사하는 중산층에 속한다. 그리고 서양 본래의 종교 전통에 대한 충분한 경험을 거쳐 불교로 귀의하였기에, 종교 간의 갈등이나 타 종교를 무시하거나 배척하는 모습은 볼 수 없다. 불교의 가르침 그대로 이웃 종교에 대한 관용과 자비의 태도를 견지한다. 그리고 교양인으로서 과학적이고 합리적인 자세와 개인주의적 행위를 존중하며 동시에 남과 함께하는 공생의 삶을 꾀한다.

3) 서양 속의 불교인가 서양화된 불교인가

서양 불교인들 가운데는 최근 미국 이민법을 따라 정착한 아시아계 미국인들이 존재한다. 지난 세기에 중국과 일본에서 이민을 온 세대로부터 월남전 이후 최근에 이민을 와서 정착한 아시아 불교인들까지, 서양의 불자는 다양할 수밖에 없다. 따라서 서양의 불교 판도는 인종적으로도 무척 다양하다. 그것을 크게 백인 불교와 이민 불교로도 나누고 있으나 인종주의 문제를 일으킬 소지가 있어 다른 분류를 사용한다. 곧 '아시아계 미국 불자'나 '유럽계 미국 불자', 밖에서 들어왔다는 뜻에서 '수입 불교', 또는 선교를 위해 내보냈다는 뜻에서 '수출 불교', 이민과 함께 지니고 왔다는 뜻에서 '수하물 불교'로 나누는 등 다양한 분류 방법을 사용한다.

그러나 각기 다른 분류 방법을 사용해도 지역, 인종, 소수 대 다수라는 분류 양태에서 벗어나기 어렵고, 또 분류한 내용마저 어떤 측면에서는 공허하게 들리는 문제점이 있다. 이른바 앞으로 다가올 새 시대의 미래 지향적인 불교로 변화시키기 위해서는 '서양, 혹은 미국 속의 불교'라기보다는 '서양화한, 혹은 미국화한 불교'이기를 주창해야 할 것이다.

이제 불교는 신천지인 미국과 호주와 유럽에서 새롭게 태어난 종교이기를 원한다. 불교가 인도에서 발생한 이래로 지역과 문화 그리고 인종에 따라 소승[테라바다], 대승, 밀교승으로 변모하여 정착했듯, 새로운 땅에서 이 시대에 알맞은 신승^{新乘, Navayana}으로 거듭 태어나기를 기대하는 것이다.

5. 신승의 출현

1) 도시 속의 불교

서양에서 불교는 새로운 문화, 새로운 생활양식에 적응해가야 하는 과제를 안고 있다. 동양 전통 속에서 태동하고 성장한 불교는 그 어느 면에서도 서양 기독교 문화와의 유사점이나 공통점을 발견할 수가 없다. 그래서 초기부터 서구 기독교는 은연중에 불교를 기독교 최대의 걸림돌로 생각했다. 동양에 대한 선교를 위해서뿐만 아니라 근대화라는 명제를 내세워 사회, 문화, 경제의 모든 영역에 걸쳐 기독교의 우월성과 발전상을 증명하려고 했다. 따라서 서구인이 불교로 귀의하고 불교적인 생활양식을 수용하려 할 때, 여러 난관에 부딪히는 것은 당연한 일이다.

전통적인 사찰도 없고, 생활화된 신행 공동체도 없고, 출가승과 재가 신자 사이에 상관적 관계도 설정되어 있지 않는 것이 서구 불교의 현장이다. 이러한 전통의 결여와 동양과의 차이점은 서양인들로 하여금 오히려 새로운 불교 공동체를 모색하게 한다. 또한 세속적인 일과 조화를 이루면서 일상적인 삶 속에서 실천 수행을 적용시키기 위해 고민한다. 서양에서 불교는 전통적 불교와의 단절을 걱정하는 것이 아니라, 새로운 전통의 개발에 힘을 쏟고 있으며 새로운 신행 양식의 창안을 시도하고 있다. 그 새로운 신행 양식을 살펴보면 몇 가지 특징을 발견할 수 있다.

첫째로, 서양의 불교인은 성직자인 승려가 되는 일보다는 일반 신행자인 재가성을 강조한다. 곧 일상 속에서 불교적 실천 수행을 강조한다. 그래서 이런 불교는 '거리에 존재하며, 사회조직 속에 존재하며, 작업장 속에 존재하며, 가정 속에 존재'하는 재속在俗의 형태라고 말한다.

둘째로, 서양에서 불교는 도시 중심이다. 생활 활동이 대체로 도시 중심으로 이루어지기 때문에 도시 중심으로 불교 공동체가 설립되고, 큰 도시를 따라 하나씩 만들어져 퍼져 나가며 성장한다. 각기 다른 도시의 멤버들이 인터넷 같은 각종 현대적인 소통 매체를 통해서 서로의 경험과 수행 및 불교 지식을 공유하는 것이다. 현대적인 통신 매체를 가장 활발히 활용하는 것도 서구 불교의 특징이며, 사이버상가 cybersangha까지 출현하고 있다.

셋째, 이런 도시 중심적인 재가자의 불교 내용은 개인적인 참선과 명상에 집중하거나 사회봉사의 보살행 성격을 띠며 정치적인 일에도 참여적이다. 이들은 동양의 전통적인 위계질서나 엄격한 계율을 준행하기가 어렵다.

한편 남녀평등의 민주적인 절차를 따르고 여성에게 동등한 권리와 의무를 부여하게 되면서, 많은 여성 불교 지도자들이 배출되었다. 여성 불자들은 전통적 가부장제를 극복하여, 성 평등과 남녀평등성 회복을 위한 지름길로 불교 신행을 받아들이고 있다. 우리의 전통적 여성 불자들과는 현격한 차이를 나타내고 있는 셈이다. 서양 불자들을 지도한 동양의 한 스님은, 미국 불제자들은 승려도 아니지만 완전한 재가인도 아니며, 동양에서 재가나 출가라고 이분법적으로 분류하는 것과는 다른 양태를 보여준다고 지적한다.

2) 비승비속의 재가 스님

우리는 더 이상 서양 불교를 아시아인들에 의한 전통 불교의 한 분파로 간주할 수 없다. 그럼에도 불구하고 이 새로운 형태들은 한결같이 부처님 말씀과 불교 사상에 근거를 두고 있다. 서양 불교인들은 어떻게 부처님 말씀과 부처님 뜻을 서양적인 여건에 합치시킬 것인지를 고민한다. 부처님 열반에 즈음하여 남긴 마지막 말씀인 '스스로의 수행에서 터득한 자신을 등불로 삼을 것[自燈明]'과 '이제까지의 불법 가르침을 등불로 삼을 것[法燈明]'을 지표로 삼는다. 그러나 이 두 가지 등불을 쉽게 이해하여 실천에 옮길 수 있는 것은 아니다.

서구 불자들은 자신들의 실생활[自燈明] 속에서 불교를 새롭게 해석[法燈明]하려는 과감한 시도를 한다. 한국의 전통 사찰에서 수행했고 서양의 불교 수행을 선도적으로 이끄는 스티븐 베철러 같은 서양 불자는 이렇게 실토한다.

"나의 경우와 또 수많은 다른 사람들의 경우, 전통적인 아시아 불자들의 접근 방법이 제대로 작동하지 않는다는 것은 분명하다. 불교 역사를 훑어보아도 불교의 강력한 힘은 불교를 수용한 문화의 요청에 따라 불교 자체를 수없이 다시 창안하고 있다. 오늘날 서구에서 일어나고 있는 일 역시 다르지 않다고 본다. 불법을 우리 자신의 언어, 우리의 시대적 맥락에서 활용한다면 승직에 연계된 교리적 권위로부터 벗어나서 자신의 본래의 목소리를 찾을 필요가 있다."

즉 더 이상 동양의 불교를 원형으로 생각하지 않고 그 모형을 액면 그대로 수입하는 형태를 지양하려는 것이다. 이러한 변모를 일으킬 때, 기존의 종교적 세계와 세속적 영역을 갈라놓는 승속僧俗의 차별과 출가와 재가의 한계가 없어진다. 곧 출가한 승려처럼 계행을 지키며, 동시에 재가에 머물며 세속적인 직업에 종사하는 일상인으로서 삶을 살 수 있는 것이다.

일찍이 미주와 서구 각국에 수행처를 설립하여 수많은 서양 불교 수행자를 배출시킨 숭산 스님의 '보살승菩薩僧, bodhisattva monk'이 바로 이 비승비속의 개념에 해당한다. 결국 계율과 불자 되는 일은 과거와는 달리 이해하고 정의할 수밖에 없다. 원효대사의 보살계菩薩戒는 서양의 이런 새로운 해석에 그대로 적중한다. 곧 "계율 자체에는 본질이란 것이 있을 수 없다. 그것은 여건과 상황에 따라 적용할 수밖에 없고 또는 철폐시킬 수도 있다."라고 설파한 것이 그것이다. 그렇다면 이제 서양의 불교는 독립을 선언하고 있는 셈이다.

2절 | 불교와 미래

1. 새로운 불교 공동체 - 현실 속의 불교

불교는 서양에서만 새롭게 태어나고 있는 것은 아니다. 앞에서 언급했지만 동양의 여러 나라들도 극심한 근대화를 겪으며, 동아시아의 전통적인 대승불교 역시 또 한 번 큰 변화를 시도했다. 19세기에 이르러 중국은 전통적인 유교적 통치 이념의 몰락을 경험했다. 청 왕조의 무기력한 붕괴를 목도하며 그에 대한 동양 정신의 제고를 부르짖었다. 곧 유교적 통치 이념 대신 오히려 불교의 정신력을 부흥 이념으로 채택한 것이다.

중국 근대화에 앞장섰던 캉유웨이[康有爲]나 량치차오[梁啓超]와 같은 중국 개화 혁신 운동가들의 정신 기반을 형성한 것이 불교였다. 특히 자기 개혁과 자신의 정체성을 찾는 법상유식法相唯識 불교는, 이들이 근대적 민족 부흥 운동의 근간으로 삼기에 부족함이 없었다. 한문 경전으로 번역한 대승불교는 이미 나의 것으로 변모했기 때문에 쉽사리 중국 본래의 정신으로 채택할 수 있었다.

잇달아 탄쓰퉁[譚嗣同], 장타이엔[章太炎]과 타이쉬[太虛]와 같은 불교계의 인물들이 뒤따라 개혁 불교를 내세우며 구국 운동에 동참했다. 이들은 불교를 더 이상 종교로서 '불교'라 부르지 않고 '불학佛學', '불법佛法'이라 하며, '응용불학應用佛學'과 '입세불교入世佛教'이기를 표방하여 현실 속에서 사회와 남을 돕는 이념으로 내세웠다. 이것이 곧 보살의 행동이고 보살의 이념이다. 특히 타이쉬의 '인간 불교'는 대만 생활 불교의 근간을 이루며 불교 생활화의 새로운 동력으로 작용한다. 잇달아 대만에서는 자제공덕회와 같은 사회봉사적인 불교 운동이 전개된다. 모든 새로운 신행 운동이 한결같이 현실에 참여하는 현장 불교이기를 표방하는 것이다.

일본 역시 사회 개혁에 몰두하며 서양 세력에 대한 방파제 역할로 불교를 앞장세웠다. 명치유신을 통한 불교 개혁으로 실생활에 밀착한 생활 불교를 앞장세웠고, 오늘날 우리와 차이를 보이는 대처육식帶妻肉食의 불교마저 나타나게 되었다. 한편 재빠르게 서양 문물을 흡수하면서도 동양적 가치로 한문권의 대승불교를 '근대불교近代佛教'로 정착시키며 아시아적인 가치를 정립시키려 했다. 그러나 다른 한편으로는 동양 침략의 기제로 삼는 결정적인 잘못을 저질러 아시아 주변국들을 침탈하는 폐해를 끼쳤다.

한국의 경우, 조선 시대에 행했던 불교 억압 정책인 도성 출입을 해제하며 개화기에 알맞은 불교 개혁을 시도했다. 앞서 보았지만 유대치劉大致나 이동인李東仁을 비롯한 선각자들이 불교 정신에 입각한 개화 사상을 널리 폈다. 그들에게서 정신적 감화를 받은 김옥균, 서광범 등 개화 인물들의 개혁 의지는 불교적 정신에 힘입을 수밖에 없었다. 특히 일제강점기에 한용운의 한국 불교 유신론이나, 백용성의 일본 불교에 대한 반대 입장과 우리 전통을 주장하는 대처육식의 반대 이론은 한국 불교의 정통성과 현실관을 대변한다. 또 두 사람이 한결같이 3.1운동 당시 33인에 속하는 불교의 대표적 인물이라는 사실은 불교와 민족중흥, 또한 국권 회복을 위한 불교의 현실 참여를 웅변해준다.

한마디로 근대기 동아시아에서 변모한 불교는 전통 부활과 함께 현실 속의 재가불교를 표방했다. 곧 열반과 깨달음을 목적으로 하기보다는 일상생활에서 자비로운 행위와 남을 돕는 행위를 통해 덕행을 쌓는 일을 목표로 한다. 그것으로 자신을 정화시키는 일[淨業]은 물론 사회에 대한 기여[共業]를 하고, 결국 그 과정에서 완전한 깨달음에 이르기를 바란다. '승복을 벗고, 거리에서, 직장에서, 가정에서, 그리고 각각의 제도 가운데' 존재하는 불교이기를 표방하는 서양의 모습도 이런 근대기 동양의 현장성과 서로 닮아있다.

이렇게 해서 오늘날 우리가 목도하는 불교는 현실 속에 '참여하는 불교'라 할 것이다. 곧 사회 속에서 또는 정치 현장 속에서 작동하는 불교인 것이다. '참여 불교'라는 말을 처음 사용한 사람은 베트남의 틱낫한 스님이다. 그는 "사찰 밖으로 나와 사람들을 돕고 동시에 '마음 챙김' 속에서 그런 행을 실천해야 된다."라고 하며 수행과 사회참여를 동시에 실천했다. 그리하여 갖가지 사회참여적인 보살행들이 여기저기에서 속출했다.

선 수행자가 빵 가게를 차려 이웃을 돕는 일을 시작하는가 하면, 홈리스나 어린이 돌보기 집, 에이즈 환자 센터 등의 시설들을 설립 운영한다. 미국의 '불교 평화 우의회[Buddhist Peace Fellowship]'는 이런 사회봉사적인 활동 단체의 하나로 출발해서 병원, 형무소, 행려인 식사 대접[soup kitchen]뿐만 아니라 한걸음 더 나아가 정치적인 문제에도 참여하고 있다. 월남전, 이라크전, 아프카니스탄 전쟁은 물론이고 티베트나 동남아 각지에서 일어나는 종교나 인종적인 갈등, 생태 파괴에 대해서도 정치적 발언과 평화적 행동으로 참여하고 있다.

우리 한국 불교에서도 지구촌공생회, 한국정토회나 참여불교재가연대 등이 위에서 말한 사회봉사와 현실 참여적인 불교를 실천하고 있다. 흔히 불교의 정치적 참여는 불법과는 상관없는, 혼란을 가중시키는 일이고 명상을 방해하는 행위로 오해를 받고 있다. 그러나 현실 참여 없는 불법 수행은 삶의 현장을 무시한 초월적인 세계, 자신의 정화만을 목표로 하는 이상론에 빠질 위험성이 있다.

불교가 현실 참여에 적극적이기를 바라는 하버드대학교의 크리스토퍼 퀸 Christopher Queen 교수는 서구의 불교인들도 더 이상 개인적인 "마음챙기기" 수행에 몰두해 있는 것이 아니라고 말한다. 즉 스트레스 해소를 위한 명상이나 참선의 열락에 빠지는 것이 불교의 모든 것이 아니라고 말한다. "부처님의 가르침으로 인권, 경제적 정의, 소수민을 위한 관용, 인종차별의 치유, 환경보호와 같은 매일 매일의 사회 변화에 관여하고 있다."라고 증언한다.

불교는 이제 한 개인의 종교적인 신념과 수행 실천 단계를 벗어나 사회규범과 정치적 이념과 정책을 표방한다. 과거 호불好佛의 왕이 불교 정신에 입각해 정책을 펼치거나, 불교가 왕권에 영향을 끼쳐 민생을 위한 시책을 펼친 것도 같은 맥락에서 이해할 수 있다. 더욱이 왜침倭侵이 있었을 때 승군이 활동한 것과 군역에 참여한 것을 두고 타락한 종교의 일면으로 보는 것은 역사를 너무 단순하게 해석하는 것이다. 이것은 현실에 참여하는 불교의 실제 모습을 간과한 일부 학자들이 서구적인 종교 해석의 단견으로 판단한 것일 뿐이다.

오늘날 불교는 변화를 추구하여 스스로의 독립과 독자성을 주장하고, 다변화한 새 시대의 신승新乘이기를 주저하지 않는다. 서양만 그런 것이 아니고 전통을 개혁하는 동양 불교들도 마찬가지 모습이다.

2. 새로운 시대의 불교는 무엇을 지향하는가? - 불교는 삶의 양식

서구적인 기준에 의해 불교를 단순히 종교라고 정의할 때에는 불교가 지닌 포괄적이고 미래 지향적인 요인들을 모두 담아낼 수 없었다. 그래서 불교의 깊은 사상을 공감하고 그 철학적 내용을 드러내기 위해 불교는 종교를 포괄하되 그것을 넘는 것이라고 정의한다. 또는 철학적 종교, 종교적 철학 혹은 철학적 윤리, 윤리적 철학이라고까지 말했다. 그러나 이 모든 정의를 포괄하며 동시에 그것들을 넘어서는 시각이 요청되고 있다.

이에 불교를 '삶의 양식'으로 정의하기에 이르렀다. 인간의 삶이 앞으로 어떻게 펼쳐지고 발전할지 모르며 그것을 어떤 학문 분야로 분류해 다루어야 할지도 알 수 없다. 세계는 앞으로 무한하게 열려진 가능성의 장소이다. 그리고 앞으로 일어날 변화는 미확정의 세계이다. 이러한 미확정의 미래 속에서 불교는 우리 삶의 내용과 함께 어울리며 무한히 변화하고 발전할 가능성을 지닌다. 곧 미래적인 비전을 제시하자는 것이다. 이러한 미래를 향한 불교의 비전은 이제껏 불교에 대해 끊임없이 이끌어온 종합적 연구가 맺은 결실들이다. 그것이 바로 불교가 종교나 철학이라는 영역을 넘어서는 '삶의 양식'임을 표방하자는 이유이다.

3. 불교와 과학

이제 우리는 옛것에 대한 고고학적 취향으로서 불교에 접근하는 것이 아니라 현실적 삶의 모순을 극복하는 현대적인 삶의 지표로 삼아 불교로 다가가고 있다. 가장 박물관적인 것을 가장 현대적 취향으로 접근하는 재미있는 현상이 오랜 역사를 지닌 불교를 통해 일어나고 있다.

오늘날 불교에 접근하는 가장 새로운 방법으로 대두된 분야는 무엇보다도 과학이다. 기독교에서는 자연과학의 기초인 진화론마저 수용하는 일이 쉽지 않다. 그러나 불교는 거의 모든 분야의 자연과학적 접근을 가능하게 한다. 불교의 기본적인 틀은 원인과 결과에 대한 이해를 바탕으로 한다. 원인 없는 결과는 나올 수 없고 주변 여건이 뒷받침해야 한다.

모든 결과는 그것을 만든 원인이 있다. 곧 인연론因緣論과 인과론因果論이 그것이다. 모든 사물과 사상事象은 홀로 스스로 존재하는 것이 아니라 다른 것과의 연관 속에 존재한다. 곧 연기緣起 이론으로 모든 사물의 의존성을 말한다. 이 두 이론에 의거할 때 이제껏 오해를 불러일으켰던 업業, karma도 자연과학적인 입장에서 풀이가 가능해진다. 곧 원인과 결과, 상호의존적으로 존재하는 틀이 바로 업이고, 사물과 사건이 얽혀 구성되어 있는 상황인 것이다.

서양이 불교를 수용하게 한 결정적 계기는 바로 합리적인 사고에 근거하여 과학적 인과관계를 설명하는 불교의 설명 방식에 있다. 특히 물리학이나 우주 천체론을 연구하는 과학자들이 불교에 경도하는 이유도 불교의 이런 과학적 통찰력 때문이다. 아인슈타인이 '미래에 유일하게 남을 종교는 불교'라고 한 것은 수사적으로 꾸민 말만은 아닌, 불교의 과학성에 근거한 증언이었다.

1) 불교와 심리학

불교는 인간의 주관적 입장과 개인의 심리적 상태를 통해 사물을 파악하고 사건의 전후를 판단한다. 곧 우리의 주관이 객관적 사물에 대한 이해의 척도라 할 수 있다. 이런 입장은 철학에서 인식론의 발단이기도 했다. 오늘날 이 인식 주체인 인간의 마음과 의식에 대한 연구와 분석을 통해 심리학과 인지과학, 또는 뇌 과학의 발달을 가져왔다.

심리학, 인지과학 또는 뇌 과학은 자연과학이나 의학의 분야들로서 불교와는 전혀 다른 입장에서 출발하여 각각의 학문 분야를 형성하고 있다. 그러나 이 분야의 학자들이 일정한 연구를 진척시켜나감에 따라 불교의 마음에 대한 이해나 분석 또는 전통적 교설인 유식唯識 사상과의 유사성을 알아보기 시작했고, 마음의 분석이라는 측면에서 놀랍도록 근접한 유사성을 발견한 것이다. 곧 불교의 궁극적 목적이자 실천의 방안인 마음의 수련이 자연스럽게도 인간의 의식과 마음으로 집중되어 왔다.

불교의 유식은 인간 의식과 마음에 대한 철저한 분석이어서, 이 새로 대두한 학문 분야들과 자연스럽게 결합하여 연구되고 있다. 따라서 오늘날 '불교와 심리', 또는 '불교와 마음'이라는 표제 아래 수많은 연구 서적과 실천 응용 방법이 나타난 것도 결코 우연이 아니다. 이제는 많은 서양 심리학자들이 불교적 심리 치료를 수용하고 있다. 어떤 심리학자는 불교를 두부와 같다고 하며 두부가 어떤 음식과도 잘 어울리듯, 불교는 심리학의 어떤 영역과도 조화를 잘 이룬다고 경탄한다.

2) 불교와 인지과학, 뇌 과학

심리학은 불교와 현대 과학을 연결시킨 효시였다. 그 뒤를 이어 인지과학과 뇌 과학의 발달과 함께 불교는 또 다시 현대 과학과 긴밀한 연관을 가진다. 일찍이 달라이 라마는 이 분야 전문인들과 공동 연구를 해 왔으며, 불교와 과학의 동반자적 입장을 천명하고 있다.

물리학이나 의학 등의 자연과학은 객관적 대상을 연구 소재로 하고 있다. 그러나 실제로 이 객관화된 대상은 우리의 관점과 평가, 연구 방법에 의해 탐구되어 근대적인 학문 분야로 태어났다. 곧 학문의 분야란 필요에 따라 설정되고 만들어진 것이다. 그러나 우리가 발전시켜온 과학의 여러 분야들도 이제껏 표준으로 삼았던 기존의 척도에만 매달려 있을 수는 없게 되었다. 뉴턴의 물리학의 가설을 위시한 과거의 과학적 척도와 명제들은 끊임없이 수정되고 있다. 인지과학적 틀에 따라 사물을 보고 판단하는 우리 인식의 틀도 바뀌고 있다.

불교의 유식, 또는 마음 수련은 사물을 보고 규정하는 틀을 새롭게 설정하고 있다. 곧 마음에 대한 분석이 자연과학과 상보적으로 접근하고 조응할 때 새로운 영역이 가능해지는 것이다. 오늘날 불교에 대한 새로운 학문적 분류가 등장하고, 응용 불교학이란 이름 아래 새로운 영역의 연구를 진척시키고 있는 것은 이런 사실을 반영하고 있다. 불교적 관점과 접근으로 새로운 분야를 개척하고 새 영역을 열어놓는 것은 좋은 시도이다. 그렇다면 불교를 통해 패러다임을 바꾸는 일도 창조적이고 미래지향적일 수 있다. 이른바 '패러다임 전환'인 것이다.

4. 패러다임의 전환

이제 불교는 더 이상 종교나 철학의 영역 속에 머물 이유가 없다. 과거의 종교의 틀이거나 철학적 이해의 틀 속에 가두는 것이 아니라 기존의 서구적 틀로부터 펼쳐낼 필요가 있다. 불교는 새로운 영역으로 확대되고 또 새롭게 이해되어야 한다.

선 불교의 경우는 그 좋은 예에 속한다. 선의 자유로운 정신은 기존의 인습을 과감하게 타파하는 모습을 보여주고 있다. 제아무리 성스러운 것으로 나타나 있다고 할지라도, 그것이 고정된 틀로 한정되고 집착이나 타성에 빠져있는 경우라면, 그것을 극복하기 위하여 기존의 제도나 인식의 틀을 벗어날 필요가 있다. 선 불교의 교외별전教外別傳과 직지인심直指人心을 주창하는 것도 이런 관점과 일맥상통한다. 자신이 지니고 있던 현실의 틀을 부정하는 것이다. 선은 이런 기성의 틀과 패러다임을 전환하여 새롭게 보고 재구성할 것을 요구한다. 선 불교만이 그런 것이 아니라 불교가 그런 것이고, 이런 패러다임의 전환적 특징을 지닌 것이 불교이다.

이제 불교는 과거처럼 동양 세계에만 국한된 것이 아니고, 또 종교나 철학이라는 서구 중심의 틀에 갇혀 있지도 않으며, 서구까지 포용한, 그리고 종교를 벗어난 새 시대의 새 세계관을 요구하는 것이다. 끊임없이 새로 보고 새 길을 갈 것을 지향한다.

불교에 대한 이해가 거쳐 온 과정은 이제껏 우리가 살펴온 것처럼 단순치 않았다. 우리가 불교로 접근하는 길은 거의 무한대로 열려 있으며, 자연과학적 관점을 가진 객관적 세계뿐만 아니라 인문학적 사회, 문화, 제도의 개선과 개량을 목표로 하는 새 시대의 새로운 패러다임을 요구하고 있다. 불교는 종교일 뿐 아니라 삶의 양태이고 인간의 미래인 셈이다.

키워드

보살승, 불교 심리학, 불교와 과학, 불교와 서양의 접촉, 불교의 발견과 창안, 비승비속의 불교인, 새로운 불자, 서양 속의 불교와 서양화된 불교, 인지과학, 참여 불교, 책 속의 불교, 패러다임 전환

연구문제

1) 동서양 문화의 접촉에서 불교가 어떤 역할을 하였는지 생각해 봅시다.

2) 테라바다 불교의 위파사나 수행과 대승불교의 참선 수행은 어떤 차이를 보이는지 알아봅시다.

3) 서양의 불교와 불자들의 특징에 대하여 생각해 봅시다.

4) 현대사회 속에서 불교는 어떤 모습으로 존재할 수 있을까?

5) 승려, 재가 불교인, 타 종교인을 가르는 기준점은 무엇일까?

6) 일상 사회생활 속에서 불교는 어떤 형태로 나타날 수 있을까?

7) 불교의 정치와 현실 참여는 어떻게 가능할까?

8) 진화론을 대하는 불교와 기독교 각각의 입장은 무엇일까?

9) 오늘날 학문 영역에서 불교가 차지하는 분야들은 얼마나 될까?

참고문헌

· 『달마, 서양으로 가다』, 진우기 지음, 불교시대사, 2002.

· 『불교, 이웃종교로 읽다』, 오강남 지음, 현암사, 2006.

· 『불교란 무엇인가』, 데미언 키언 지음, 고길환 옮김, 동문선, 1998.

· 『마음과 철학-불교편』, 「심층적인 마음의 발견」, 안성두, 서울대학교출판문화원, 2013.

· 「서구불교운동의 문화사적 조명」, 이민용 지음, 불교학회, 2010.

· 「학문의 이종교배 - 왜 불교신학인가?(종교문화비평 3권)」, 이민용 지음, 한국종교문화연구소, 2003.

색 인

사진 정보

308 틱낫한 스님 _ 위키미디어

313 서양에서 강연 중인 달라이 라마 _ 위키미디어

314 단주를 착용한 리처드 기어 _ 위키미디어

319 불교기佛敎旗 _ 위키미디어

322 참선 중인 서양 불자들 _ 위키미디어

불교와의 첫 만남

2015년 3월 9일 초판 1쇄 발행
2021년 2월 19일 초판 4쇄 발행

지은이 불교교재편찬위원회
발행인 박상근(至弘) · 편집인 류지호 · 상무이사 양동민 · 편집이사 김선경
편집 이상근, 김재호, 양민호, 김소영 · 디자인 더 크리에이티브 리퍼블릭
제작 김명환 · 마케팅 김대현, 정승채, 이선호 · 관리 윤정안
펴낸 곳 불광출판사 (03150) 서울시 종로구 우정국로 45-13, 3층
　　　　대표전화 02) 420-3200 편집부 02) 420-3300 팩시밀리 02) 420-3400
　　　　출판등록 제300-2009-130호(1979. 10. 10.)

ISBN 978-89-7479-095-0 (03220)

값 19,000 원

이 도서의 국립중앙도서관 출판예정도서목록(CIP)은
서지정보유통지원시스템 홈페이지(http://seoji.nl.go.kr)와
국가자료공동목록시스템(http://www.nl.go.kr/kolisnet)에서 이용하실 수 있습니다.
(CIP제어번호: CIP2015005997)